"DZ Mafia" : enquête au cœur du narcotrafic marseillais

Jeunes recrues, cités sous tension, économie souterraine : anatomie d'un système

“DZ Mafia” : enquête au cœur du narcotrafic marseillais

Jeunes recrues, cités sous tension, économie souterraine : anatomie d’un système

"DZ Mafia" : enquête au cœur du narcotrafic marseillais

Jeunes recrues, cités sous tension, économie souterraine : anatomie d'un système

Sommaire :

“DZ Mafia” : enquête au cœur du narcotrafic marseillais

Jeunes recrues, cités sous tension, économie souterraine : anatomie d'un système

INTRODUCTION

Ce livre n'est ni une accusation, ni un réquisitoire.

Il est une enquête.

L'expression « DZ Mafia » s'est imposée progressivement dans le débat public, les médias et parfois les discours politiques. Elle évoque, suggère, inquiète. Mais que recouvre-t-elle réellement ? Existe-t-il une entité structurée, identifiable, homogène ? Ou s'agit-il d'un terme médiatique utilisé pour désigner un ensemble de phénomènes criminels complexes, imbriqués et souvent mal compris ?

Ce livre ne prétend pas trancher juridiquement cette question.

Il ne désigne aucun individu, aucun groupe précis, aucun territoire comme responsable d'un phénomène criminel. Il ne s'appuie ni sur des rumeurs, ni sur des accusations personnelles, ni sur des enquêtes en cours.

Cette enquête repose exclusivement sur :

- des décisions de justice définitives,
- des rapports officiels et institutionnels,
- des données publiques,
- des travaux universitaires,
- et des éléments journalistiques recoupés.

L'objectif est clair : analyser un système, comprendre ses logiques économiques, sociales et territoriales, et donner au lecteur les clés pour dépasser les simplifications.

À travers une narration immersive mais rigoureuse, ce livre explore les mécanismes du narcotrafic à Marseille, les parcours des jeunes recrues, la structuration de l'économie souterraine, les réponses de l'État et le rôle du regard médiatique.

Comprendre n'est pas excuser.

Nommer un phénomène n'est pas désigner des coupables.

En s'attachant aux faits établis et aux dynamiques observables, cette enquête propose une lecture lucide d'un système criminel qui dépasse largement les frontières d'une ville, d'un quartier ou d'une communauté.

CHAPITRE 1

Le mot qui dérange

« Les mots sont des pistolets chargés. »

— Jean-Paul Sartre, *Qu'est-ce que la littérature ?* 1948.

I. Un soir de novembre

Le mot est apparu sur un mur.

Pas n'importe quel mur. Celui d'une barre d'immeuble du nord de Marseille, quelque part entre les 13e et 15e arrondissements, dans cette géographie urbaine que les Marseillais eux-mêmes peinent parfois à délimiter — là où les cités portent des noms de fleurs ou de poètes, comme pour conjurer ce qu'elles sont devenues. Deux lettres, un mot. Tagués à la bombe noire, en capitales maladroites, sur un crépi déjà saturé d'inscriptions superposées. **DZ MAFIA.**

C'était à l'automne 2019. Ou peut-être 2020. Personne ne se souvient exactement. C'est le propre des graffitis que de ne pas dater leur naissance. Celui-ci n'avait rien de spectaculaire. Pas de calligraphie travaillée, pas de mise en scène. Juste deux mots, jetés là comme un cri, une revendication, un avertissement — ou peut-être rien de tout cela. Peut-être simplement un geste d'adolescent, une provocation de plus dans un quartier qui en avait vu d'autres.

Mais les mots, même tagués à la va-vite, ont une vie propre. Ils voyagent. Ils mutent. Ils finissent par signifier bien davantage que ce que leur auteur avait en tête au moment où il secouait sa bombe aérosol.

Celui-ci allait traverser les murs des cités pour atteindre les rédactions, les plateaux de télévision, les rapports de police, les cabinets ministériels, les discussions de comptoir et les fils de réseaux sociaux. Il allait devenir un mot-valise, une étiquette, un raccourci. Un mot qui simplifie et qui enferme. Un mot qui désigne sans expliquer, qui accuse sans nuancer, qui effraie sans éclairer.

« **DZ Mafia** » : deux syllabes et un emprunt à la culture populaire mafieuse qui, en l'espace de quelques mois, se sont imposés dans le vocabulaire du narcotrafic marseillais — et, par extension, français. Une expression que tout le monde utilise, que peu définissent, et que personne, ou presque, n'a pris le temps de déconstruire.

C'est précisément l'objet de ce chapitre. Et, d'une certaine manière, de ce livre tout entier.

II. Deux lettres, un continent, mille malentendus

Commençons par le commencement. Par les lettres elles-mêmes.

« **DZ** ». Pour quiconque a grandi dans la diaspora algérienne ou fréquenté les quartiers populaires des grandes villes françaises, ces deux lettres n'ont rien de mystérieux. « DZ » est le code ISO 3166-1 de l'Algérie — le même qu'on retrouve sur les plaques d'immatriculation, les extensions de noms de domaine internet (.dz), les abréviations aéroportuaires. Dans le langage courant, « DZ » est devenu, depuis les années 2000 au moins, un diminutif familier, presque affectueux, pour désigner l'Algérie ou, plus largement, tout ce qui s'y rapporte. On dit « je rentre au DZ » pour parler des vacances d'été au pays. On écrit « DZ » sur les réseaux sociaux pour signaler une origine, une fierté, une appartenance. L'expression n'a, en elle-même, rien de criminel. Elle appartient au registre identitaire, à cette grammaire intime que les enfants de l'immigration manient avec une aisance que leurs parents, souvent, ne maîtrisent pas tout à fait.

C'est un code générationnel. Un marqueur culturel. Un clin d'œil entre initiés.

Mais accolé au mot « mafia », il change de nature.

« **Mafia** ». Le terme, lui, porte un poids historique considérable. Né en Sicile au XIXe siècle — même si son étymologie exacte fait toujours débat parmi les historiens —, il désigne à l'origine une forme d'organisation criminelle fondée sur le secret, la hiérarchie, le code d'honneur, le contrôle territorial et la violence comme instrument de régulation. La Cosa Nostra sicilienne, la Camorra napolitaine, la 'Ndrangheta calabraise : ces structures, étudiées de manière approfondie par des chercheurs comme Salvatore Catania, Diego Ferrante ou, en France, Fabrice Ferrante et Clotilde Champeyrache, répondent à des critères précis. Elles possèdent des rituels d'initiation, des règles internes codifiées, une capacité à infiltrer les institutions politiques et économiques, une permanence dans le temps qui dépasse les individus.

Le mot « mafia » a été, au fil des décennies, utilisé de manière de plus en plus extensive — et de plus en plus floue. On parle de « mafia russe », de « mafia chinoise », de « mafia albanaise », de « narco-mafia mexicaine ». Dans le langage médiatique contemporain, « mafia » est devenu synonyme de « criminalité organisée », sans que cette équivalence soit toujours rigoureuse. Tous les réseaux criminels ne sont pas des mafias. Tous les trafics ne sont pas mafieux. La distinction n'est pas seulement sémantique : elle est analytique, et elle conditionne la manière dont on comprend — ou dont on échoue à comprendre — les phénomènes auxquels on prétend s'attaquer.

Quand on accole « DZ » à « Mafia », on produit donc une opération linguistique lourde de sens. On associe un marqueur identitaire à une catégorie criminelle. On crée un lien — implicite, mais puissant — entre une origine nationale (ou une ascendance) et une activité délictueuse. On ethnicise un phénomène criminel. On transforme un code culturel en label d'infamie.

La question n'est pas de nier l'existence de réseaux criminels impliquant des individus d'origine algérienne — les procédures judiciaires existent, les condamnations sont publiques, les faits sont documentés. La question est de comprendre ce que le mot « DZ Mafia » produit dans le débat public, ce qu'il permet de voir et ce qu'il empêche de penser.

III. Généalogie d'une expression

Retracer l'apparition exacte de l'expression « DZ Mafia » dans le champ médiatique et policier est un exercice plus complexe qu'il n'y paraît. Les mots n'ont pas d'acte de naissance. Ils circulent d'abord dans l'oralité, dans les échanges informels, dans les notes internes des services de renseignement, avant de cristalliser dans un article, un rapport, un titre de presse.

Plusieurs sources convergent néanmoins pour situer l'émergence du terme dans sa dimension publique autour de la période 2019-2021, au croisement de plusieurs dynamiques.

La première est locale. À Marseille, le narcotrafic connaît depuis le milieu des années 2010 une reconfiguration profonde. Les réseaux historiques — ceux qui, dans les années 2000, étaient déjà solidement implantés dans les quartiers nord et certaines cités des arrondissements périphériques — subissent des chocs successifs : démantèlements judiciaires, arrestations de figures de premier plan, rivalités internes, arrivée de nouvelles générations de trafiquants plus jeunes, plus violents, moins attachés aux codes informels qui régulaient — imparfaitement — l'usage de la force. Dans ce paysage mouvant, des groupes se restructurent, des alliances se font et se défont, des routes d'approvisionnement changent. Certains de ces groupes, selon les éléments rendus publics lors de procès ou de conférences de presse des autorités judiciaires, sont composés en partie d'individus ayant des liens familiaux ou logistiques avec l'Algérie. C'est dans ce contexte que l'expression « DZ Mafia » commence à circuler — d'abord dans la rue, entre trafiquants eux-mêmes, comme un nom de bande ou un signe de ralliement, avant d'être reprise par les enquêteurs, puis par la presse.

La deuxième dynamique est médiatique. Le traitement journalistique du narcotrafic à Marseille est un sujet en soi, auquel nous consacrerons un chapitre ultérieur. Mais il faut noter, dès à présent, que l'expression « DZ Mafia » possède toutes les qualités d'un bon titre de presse : elle est courte, frappante, évocatrice, légèrement exotique, suffisamment vague pour couvrir des réalités disparates. Elle se prête aux gros titres, aux accroches de reportages télévisés, aux unes de magazines. Elle crée un « brand », au sens marketing du terme — un mot-repère autour duquel organiser un récit. Le récit, en l'occurrence, est celui d'une menace : une organisation criminelle puissante, structurée, transnationale, liée à un pays étranger, infiltrant les quartiers populaires de la deuxième ville de France. C'est un récit vendeur. C'est aussi un récit réducteur.

La troisième dynamique est politique. L'expression émerge dans un contexte national marqué par des débats récurrents — et souvent inflammables — sur l'immigration, l'identité nationale, la sécurité, l'intégration. Dans ce contexte, un terme comme « DZ Mafia » ne flotte pas dans un espace neutre. Il s'inscrit dans un champ de forces idéologiques. Il peut être instrumentalisé — et il l'a été — par des courants politiques qui y voient la confirmation de leurs thèses sur les liens entre immigration et criminalité. Il peut aussi être dénoncé — et il l'a été — par des associations et des intellectuels qui y voient une stigmatisation abusive d'une communauté entière. Entre ces deux pôles, l'espace pour une analyse dépassionnée est étroit. C'est pourtant cet espace que ce livre entend occuper.

IV. Ce que disent les dossiers judiciaires

Quittons un instant le terrain des représentations pour celui des faits. Que nous apprennent les procédures judiciaires ?

Plusieurs affaires jugées ou en cours d'instruction au tribunal judiciaire de Marseille, à la Juridiction interrégionale spécialisée (JIRS) ou devant des juridictions parisiennes ont mis en lumière l'existence de réseaux de trafic de stupéfiants impliquant des individus d'origines diverses — y compris des personnes de nationalité algérienne ou de double nationalité franco-algérienne. Ces affaires, dont certaines ont fait l'objet de couvertures de presse détaillées et de comptes rendus d'audience publics, révèlent des schémas organisationnels variables : certains réseaux sont effectivement structurés de manière hiérarchique, avec des rôles clairement définis (approvisionnement, logistique, revente, blanchiment, sécurité) ; d'autres sont plus fluides, plus opportunistes, fonctionnant par alliances temporaires et sous-traitance ponctuelle.

Ce que ces dossiers montrent, c'est la diversité des profils. Les réseaux de narcotrafic marseillais ne sont pas monolithiques. Ils ne se réduisent pas à une seule origine, une seule nationalité, un seul quartier. Les enquêtes révèlent des connexions avec des fournisseurs marocains, des logisticiens néerlandais, des intermédiaires espagnols, des blanchisseurs implantés dans le Golfe, des complices issus de toutes les strates de la société — y compris, parfois, des professionnels insoupçonnables. Le narcotrafic est, par nature, transnational et multiethnique. Il ne connaît pas les frontières identitaires que le débat public tente de lui imposer.

L'expression « DZ Mafia » opère donc une double réduction. Elle réduit un phénomène complexe, multipolaire, à une seule de ses composantes. Et elle réduit les individus concernés à leur origine — réelle ou supposée —, effaçant tout le reste : parcours, contexte social, motivations économiques, trajectoire personnelle.

Cela ne signifie pas que la composante algérienne du narcotrafic marseillais n'existe pas. Les faits judiciaires attestent de l'implication d'individus liés, d'une manière ou d'une autre, à l'Algérie — que ce soit par la nationalité, les liens familiaux, les routes d'approvisionnement ou les circuits de blanchiment. Nier cette réalité serait aussi intellectuellement malhonnête que de la surestimer. Mais analyser cette composante exige de la replacer dans un ensemble plus vaste, de la proportionner, de la contextualiser. C'est la différence entre une enquête et un slogan.

V. Le piège de l'ethnicisation

Le risque de l'ethnicisation du crime n'est pas un concept abstrait de sociologue en mal de publications. C'est un mécanisme concret, aux conséquences mesurables, qui a été documenté dans de nombreux contextes historiques et géographiques.

Aux États-Unis, l'association systématique entre « crack » et « communauté noire » dans les années 1980 et 1990 a conduit à des politiques pénales massivement discriminatoires — les fameuses lois sur les peines minimales obligatoires, dont les recherches ultérieures ont montré qu'elles frappaient de manière disproportionnée les populations afro-américaines, sans effet significatif sur la réduction du trafic. En Italie, l'identification exclusive de la mafia à la Sicile a longtemps empêché de voir l'expansion de la 'Ndrangheta calabraise dans le nord du pays et en Europe — avec les conséquences que l'on connaît. En France même, l'association entre « banlieue » et « délinquance » a alimenté des décennies de politiques sécuritaires dont l'efficacité reste, au minimum, discutable.

L'ethnicisation du crime fonctionne selon un mécanisme bien identifié par les sciences sociales : elle transforme une corrélation partielle en causalité totale. Elle dit : « Certains trafiquants sont d'origine algérienne, donc le trafic est un problème algérien. » Le syllogisme est faux, mais il est efficace. Il simplifie. Il rassure, paradoxalement, parce qu'il localise la menace, la rend identifiable, la réduit à un groupe que l'on peut montrer du doigt. C'est beaucoup plus confortable que de regarder en face les causes systémiques du narcotrafic : pauvreté, inégalités, échec scolaire, absence de perspectives économiques, défaillances des politiques publiques, demande massive de drogues dans l'ensemble de la société — y compris dans ses couches les plus favorisées.

L'expression « DZ Mafia » s'inscrit dans cette logique. Elle ne la crée pas — le mécanisme est bien plus ancien — mais elle lui offre un véhicule linguistique particulièrement efficace.

VI. La voix de ceux qu'on n'entend pas

Dans les quartiers nord de Marseille, l'expression fait grincer des dents. Pas seulement chez ceux qui pourraient se sentir visés — les habitants d'origine algérienne, qu'ils soient nés à Alger, à Marseille ou à Tizi Ouzou —, mais chez tous ceux qui vivent quotidiennement avec les conséquences du narcotrafic sans en tirer le moindre bénéfice.

Une habitante d'une cité du 15e arrondissement — appelons-la Fatima, ce n'est pas son vrai prénom — résumait la chose avec une lucidité que bien des éditorialistes pourraient lui envier. Lors d'une réunion de quartier organisée par une association locale, en 2022, elle avait pris la parole, la voix ferme malgré la fatigue visible :

« Quand ils disent "DZ Mafia" à la télé, ils parlent de qui ? De mon fils de 14 ans qui a peur de descendre au local à vélos ? De ma voisine qui n'ouvre plus ses volets depuis trois ans ? De mon mari qui se lève à 4 heures du matin pour aller bosser au marché de gros ? On est tous "DZ" ici, selon eux. Mais la mafia, elle n'est pas dans mon salon. Elle est en bas de mon immeuble. Et la seule chose qu'on a en commun avec elle, c'est qu'on est coincés au même endroit. »

Ce témoignage, recueilli dans un cadre associatif et rapporté ici avec l'accord de l'intéressée (sous couvert d'anonymat, à sa demande), illustre une réalité que l'expression « DZ Mafia » écrase : la grande majorité des habitants des quartiers touchés par le narcotrafic ne sont pas des acteurs du trafic. Ils en sont les victimes. Victimes de la violence, de l'insécurité, de la dévalorisation immobilière, de la stigmatisation, de l'abandon. Victimes, aussi, des mots qu'on utilise pour parler d'eux — ou plutôt pour parler à leur place.

Un éducateur spécialisé exerçant dans les quartiers nord depuis plus de quinze ans — nous l'appellerons Karim — formulait le même constat en des termes différents :

« Le problème avec "DZ Mafia", c'est que ça donne l'impression que c'est organisé, structuré, venu d'ailleurs. Comme si c'était un import. Mais les gamins que je vois basculer, ils sont nés ici. Ils ont grandi ici. Ils sont allés — ou pas — à l'école ici. Ce n'est pas l'Algérie qui les a envoyés trafiquer. C'est l'ascenseur en panne, le diplôme qui ne sert à rien, le

grand frère qu'on admire parce qu'il est le seul à avoir une voiture neuve. C'est la France, ça. C'est Marseille. C'est chez nous. »

VII. Le mot comme arme, le mot comme écran

Les linguistes et les analystes du discours le savent : les mots ne se contentent pas de décrire le réel. Ils le façonnent. Ils orientent le regard, sélectionnent les faits pertinents, établissent des hiérarchies implicites. Le philosophe du langage John Langshaw Austin parlait d'actes de langage — l'idée que dire, c'est aussi faire. Nommer un phénomène, c'est déjà le cadrer, le circonscrire, le rendre intelligible d'une certaine manière plutôt que d'une autre.

« DZ Mafia » n'est pas une description neutre. C'est un cadrage. Et comme tout cadrage, il inclut et il exclut.

Ce qu'il inclut : l'idée d'une menace extérieure ou semi-extérieure (le « DZ » renvoyant à un ailleurs, même quand les individus concernés sont français) ; l'idée d'une organisation de type mafieux (structurée, hiérarchique, durable) ; l'idée d'une spécificité ethnique ou nationale du phénomène.

Ce qu'il exclut : le rôle de la demande de drogues dans l'ensemble de la société française ; les responsabilités des politiques publiques en matière d'urbanisme, d'éducation, d'emploi ; la dimension transnationale et multi-origines du narcotrafic ; le fait que les réseaux évoluent, se recomposent, et ne se laissent pas enfermer dans des catégories fixes ; le rôle des acteurs « légaux » (banquiers, avocats véreux, professionnels de l'immobilier, intermédiaires financiers) dans le fonctionnement du système.

En d'autres termes, « DZ Mafia » fonctionne comme un écran : il donne l'impression de montrer quelque chose, mais il masque une grande partie du tableau. Il offre un coupable identifiable — un groupe, une origine — et dispense de regarder les causes profondes. C'est, en ce sens, un mot politiquement utile : il permet de parler de narcotrafic sans parler de politique. De dénoncer le crime sans interroger les conditions qui le produisent. De s'indigner sans se remettre en question.

VIII. D'autres mots, d'autres époques

Pour mesurer la portée de cette opération linguistique, il peut être utile de la replacer dans une perspective historique.

Le narcotrafic à Marseille n'a pas commencé avec l'expression « DZ Mafia ». Il n'a pas commencé non plus avec les réseaux contemporains. La ville porte en elle une longue histoire de criminalité organisée liée aux stupéfiants, dont les formes et les acteurs ont considérablement évolué au fil des décennies.

Dans les années 1950 à 1970, c'est l'expression « **French Connection** » qui dominait le récit. Elle désignait les réseaux de fabrication et d'exportation d'héroïne vers les États-Unis, impliquant des chimistes corses, des intermédiaires marseillais, des mafieux italo-américains et des complicités dans les milieux portuaires et, selon certaines enquêtes de l'époque, dans des sphères politiques. La « French Connection » a donné lieu à un film hollywoodien, à d'innombrables livres, à un mythe qui persiste encore dans l'imaginaire collectif. Pourtant, elle aussi était un raccourci. Elle aussi simplifiait un phénomène complexe, mettant en avant la dimension « française » (et plus précisément corse) du réseau, tout en minorant le rôle des acteurs turcs, libanais et américains dans la chaîne d'approvisionnement et de distribution.

Dans les années 1980 et 1990, d'autres expressions ont pris le relais : on parlait de « gangs des cités », de « caïds de quartier », de « barons de la drogue ». Chaque époque produit ses mots, et chaque mot porte l'empreinte des obsessions de son temps. Les « gangs des cités » renvoyaient à une peur de la banlieue, à une angoisse sécuritaire centrée sur les grands ensembles. Les « caïds » évoquaient un Orient fantasmé, une figure d'autorité violente et exotique. Les « barons » empruntaient au vocabulaire aristocratique pour désigner, non sans une certaine fascination ambiguë, les figures de proue du trafic.

« DZ Mafia » s'inscrit dans cette généalogie. C'est le dernier avatar d'une longue série de noms qui, à chaque fois, prétendent nommer le réel mais n'en saisissent qu'une facette — celle qui correspond aux angoisses du moment.

IX. Ce que disent les chercheurs

La recherche académique sur le narcotrafic marseillais, bien que moins visible que les enquêtes journalistiques, apporte des éclairages indispensables. Plusieurs travaux récents méritent d'être mentionnés ici — non pour asséner des arguments d'autorité, mais parce qu'ils offrent des grilles de lecture que le débat public ignore trop souvent.

Le sociologue Michel Kokoreff, dans ses travaux sur l'économie des drogues en France, a montré de manière convaincante que le narcotrafic ne peut être compris comme un phénomène isolé, réductible à des individus ou à des groupes ethniques. Il s'inscrit dans des dynamiques socio-économiques plus larges : désindustrialisation, chômage de masse dans certains territoires, fragilisation des mécanismes d'intégration sociale, mondialisation des échanges — y compris illicites. Le trafic de drogue, dans cette perspective, n'est pas une anomalie : c'est un symptôme. Le symptôme d'un système économique et social qui produit, structurellement, de l'exclusion — et qui offre, tout aussi structurellement, des marchés à ceux qui sont exclus.

L'historien et journaliste Thierry Colombié, spécialiste du crime organisé en France, a de son côté documenté la manière dont les réseaux criminels s'adaptent, se recomposent, absorbent les chocs judiciaires et policiers. Il a souligné la capacité de ces réseaux à fonctionner comme des systèmes adaptatifs complexes — loin de l'image figée d'une « mafia » monolithique, dotée d'une direction centralisée et d'une stratégie immuable. Les réseaux contemporains sont fluides, réticulaires, opportunistes. Ils se font et se défont au gré des arrestations, des rivalités, des opportunités logistiques. Les nommer comme une « mafia » au sens classique du terme, c'est leur attribuer une cohérence qu'ils n'ont pas toujours — et c'est, paradoxalement, les créditer d'une puissance qu'ils ne possèdent pas nécessairement.

La chercheuse Clotilde Champeyrache, spécialiste des systèmes mafieux, a quant à elle proposé des critères précis pour distinguer une véritable organisation mafieuse d'un réseau criminel, aussi violent et structuré soit-il. Parmi ces critères : la capacité à contrôler un territoire de manière durable, à imposer un système de « protection » aux activités économiques légales, à infiltrer les institutions politiques et administratives, à exercer une forme de souveraineté parallèle. À l'aune de ces critères, les réseaux désignés sous le vocable « DZ Mafia » ne correspondent pas, en l'état actuel des connaissances, à une organisation mafieuse au sens strict. Ce sont des réseaux criminels, parfois très violents, parfois relativement structurés, mais qui ne remplissent pas — ou pas encore, diront certains analystes — les conditions d'une véritable mafia.

Cette distinction n'est pas un exercice de pédantisme académique. Elle a des implications concrètes. Si l'on se trompe de diagnostic, on se trompe de remède. Traiter un réseau criminel opportuniste comme une mafia structurée, c'est mobiliser des outils inadaptés. À l'inverse, sous-estimer le degré d'organisation de certains groupes, c'est prendre le risque de les laisser prospérer.

X. L'autodésignation : quand les trafiquants jouent avec les mots

Il y a un aspect de la question que l'on ne peut ignorer, même s'il est délicat à aborder : l'autodésignation.

Dans certains cas, documentés par les écoutes téléphoniques versées aux dossiers judiciaires et rendues publiques lors des audiences, des individus impliqués dans le trafic ont eux-mêmes utilisé l'expression « DZ Mafia » — ou des variantes proches —

pour se désigner, se valoriser, intimider. Sur les réseaux sociaux, des comptes éphémères ont diffusé des images, des vidéos, des messages revendiquant cette appellation, mettant en scène des liasses de billets, des armes, des postures de défi.

Ce phénomène d'auto-mythification n'est pas propre au contexte marseillais. Il a été observé dans de nombreux contextes criminels à travers le monde. Les gangs latino-américains ont leurs codes visuels, leurs tatouages, leurs chansons. Les narcotrafiquants mexicains ont les narcocorridos. Les réseaux ouest-africains ont leurs propres formes de mise en scène. Et, en France, la culture urbaine — rap, réseaux sociaux, vidéos virales — offre aux jeunes impliqués dans le trafic des moyens de se raconter, de se construire une identité, de se projeter dans un récit héroïque — fût-il criminel.

L'autodésignation pose un problème analytique redoutable. Quand un groupe criminel se nomme lui-même « DZ Mafia », peut-on considérer que l'expression est « vraie » ? Qu'elle décrit fidèlement la nature du groupe ? La réponse est non — pas nécessairement. L'autodésignation relève de la stratégie de communication, de la construction identitaire, du positionnement dans un marché concurrentiel (le trafic étant, entre autres choses, un marché). Se dire « mafia », c'est se présenter comme puissant, organisé, dangereux. C'est envoyer un message aux concurrents, aux clients, aux jeunes recrues potentielles. C'est, aussi, jouer avec les codes médiatiques — les trafiquants regardent les mêmes reportages que tout le monde, et ils savent quel effet produit le mot « mafia » sur l'écran.

Il serait naïf de prendre l'autodésignation au pied de la lettre. Il serait tout aussi naïf de l'ignorer. Elle nous dit quelque chose — non pas sur la « vraie nature » des groupes concernés, mais sur la manière dont leurs membres se perçoivent, se racontent, et cherchent à être perçus. Elle nous dit aussi quelque chose sur l'environnement culturel dans lequel ces groupes évoluent : un environnement où la figure du mafieux, du « patron », du « boss », exerce une fascination que ni les discours moraux ni les politiques répressives ne parviennent à dissiper.

XI. Le mot dans la machine politique

L'expression « DZ Mafia » n'est pas restée cantonnée aux murs des cités ni aux colonnes de la presse locale. Elle a fait irruption dans le débat politique national, portée par des acteurs aux agendas très différents.

Pour certains responsables politiques, le terme a servi d'argument dans le cadre de discours sur l'immigration et la sécurité. Sans qu'il soit nécessaire de citer des noms — les déclarations sont publiques et facilement retrouvables —, on a pu observer, lors de débats parlementaires, d'interviews télévisées ou de campagnes électorales, des usages du terme « DZ Mafia » visant à établir un lien direct entre immigration algérienne et criminalité organisée. Ces usages, qu'ils soient explicites ou insinués, participent d'une rhétorique sécuritaire qui tend à réduire des questions sociales complexes à des problèmes d'origine ou de nationalité.

D'autres responsables, à l'inverse, ont dénoncé l'usage du terme comme stigmatisant, discriminatoire, voire raciste. Plusieurs associations — notamment des associations de la diaspora algérienne et des organisations antiracistes — ont publié des communiqués critiquant la médiatisation du terme et ses effets délétères sur des populations déjà fragilisées. Des pétitions ont circulé. Des tribunes ont été publiées.

Entre ces deux positions, le débat public a souvent pris la forme d'un dialogue de sourds — chaque camp accusant l'autre de mauvaise foi, d'aveuglement ou de manipulation. Les uns reprochent aux autres de « nier la réalité » ; les autres reprochent aux uns de « faire le jeu de l'extrême droite ». Et pendant que ce ping-pong rhétorique se poursuit, les questions de fond — comment fonctionne le narcotrafic ? pourquoi certains territoires sont-ils plus touchés que d'autres ? quelles politiques publiques seraient efficaces ? — restent largement impensées.

Ce livre ne prétend pas résoudre ce débat. Mais il entend le déplacer. Le sortir du terrain des invectives pour l'amener sur celui de l'analyse.

XII. Le piège du nom unique

Il y a, dans la tentation de nommer un phénomène criminel complexe par un seul terme, quelque chose qui tient de la pensée magique. Comme si le fait de disposer d'un mot — « DZ Mafia » — dispensait de comprendre la chose.

Les réseaux de narcotrafic actifs à Marseille et dans sa région ne constituent pas une entité unique. Ils ne répondent pas à un commandement centralisé. Ils n'ont pas de « chef suprême », de « parrain » au sens hollywoodien du terme. Ce sont des organisations multiples, parfois concurrentes, parfois alliées, parfois en guerre ouverte les unes contre les autres. Elles impliquent des individus de toutes origines — y compris des personnes sans aucun lien avec l'Algérie. Elles s'approvisionnent auprès de fournisseurs divers — Colombie, Maroc, Pays-Bas, Belgique, Espagne, Amérique latine, Moyen-Orient. Elles écoulent leurs produits sur des marchés tout aussi variés — France, Europe du Nord, Europe de l'Est, Afrique, au-delà.

Réduire cette complexité à deux lettres et un mot, c'est refuser de voir le système. C'est se focaliser sur un arbre pour ne pas regarder la forêt. Et la forêt, en l'occurrence, est dense, enchevêtrée, et bien plus vaste que ce que le débat public daigne généralement considérer.

XIII. Ce que ce livre n'est pas

Avant d'aller plus loin, il importe de poser clairement ce que ce livre est — et ce qu'il n'est pas.

Ce livre n'est pas un réquisitoire. Il ne désigne pas de coupables. Les personnes dont les parcours sont évoqués dans les pages qui suivent le sont de manière anonymisée, et uniquement lorsque les éléments les concernant sont issus de procédures judiciaires publiques, de rapports officiels, de témoignages recueillis avec le consentement des intéressés, ou d'analyses de sources ouvertes. Aucune accusation n'est portée contre un individu identifiable qui n'aurait pas été préalablement condamné par une juridiction.

Ce livre n'est pas non plus une thèse universitaire. Il emprunte aux méthodes de la recherche — rigueur factuelle, croisement des sources, contextualisation — mais il s'adresse à un public large et assume une écriture narrative, incarnée, parfois immersive. Le but est de faire comprendre, pas d'assommer.

Ce livre n'est pas, enfin, un ouvrage « à charge » contre une communauté, une origine, un quartier. Il serait intellectuellement absurde et moralement inacceptable de faire porter à l'ensemble de la diaspora algérienne — ou à l'ensemble des habitants des quartiers nord de Marseille — la responsabilité d'activités criminelles qui ne concernent, par définition, qu'une infime minorité d'individus. L'immense majorité des personnes d'origine algérienne vivant en France — et elles sont plusieurs millions — n'a aucun lien, de près ou de loin, avec le narcotrafic. L'écrire explicitement n'est pas de la bien-pensance : c'est de la rigueur.

Ce livre est, en revanche, une tentative de comprendre un système. De voir comment s'articulent, dans un territoire donné, des logiques économiques, sociales, politiques, géographiques, culturelles, pour produire un phénomène criminel d'une ampleur préoccupante. De montrer les rouages, les failles, les responsabilités — plurielles, diffuses, souvent partagées. De donner à voir ce que les raccourcis empêchent de percevoir.

XIV. Le mot, malgré tout

Reste une question, légitime : pourquoi, alors, utiliser l'expression « DZ Mafia » dans le titre même de ce livre ?

La réponse est simple, quoique inconfortable : parce que c'est le mot que les gens cherchent. C'est le mot qui circule, qui intrigue, qui inquiète, qui fait débat. Refuser de l'utiliser, ce serait refuser d'engager le dialogue avec la réalité telle qu'elle est perçue — même si cette perception est, en partie, fausse ou déformée. Ce serait aussi, d'une certaine manière, faire preuve de lâcheté intellectuelle : éviter le mot qui dérange pour se réfugier dans des périphrases confortables.

L'ambition de cet ouvrage est précisément de prendre le mot à bras-le-corps. De le poser sur la table. De le tourner dans tous les sens. De montrer ce qu'il contient et ce qu'il dissimule. De l'utiliser comme une porte d'entrée — pas comme une conclusion.

Le mot est là, dans le titre, entre guillemets. Ces guillemets ne sont pas décoratifs. Ils signalent une distance. Ils disent : « Voici un terme que nous allons examiner, pas un terme que nous allons endosser. » Ils invitent le lecteur à la même vigilance critique que celle que nous nous efforçons d'exercer tout au long de ces pages.

Car les mots ne sont pas innocents. Et celui-ci moins que d'autres.

XV. Entrer dans le système

Ce premier chapitre avait pour vocation de poser le cadre — linguistique, historique, politique, méthodologique — de l'enquête qui suit. De montrer qu'avant même de parler du narcotrafic, il faut interroger les mots avec lesquels on en parle. Que le vocabulaire n'est pas un détail, mais un enjeu. Que nommer, c'est déjà choisir — et qu'il est possible de choisir mieux.

Dans les chapitres qui viennent, nous quitterons le terrain des mots pour entrer dans celui des faits. Nous remonterons les routes du trafic, depuis les ports d'arrivée jusqu'aux points de vente. Nous pénétrerons — autant que faire se peut, et dans le respect du cadre légal — dans les mécanismes de l'économie souterraine. Nous rencontrerons des acteurs — anonymisés — du système : jeunes recrues, habitants pris en otage, éducateurs en première ligne, policiers débordés, magistrats acharnés. Nous analyserons les flux financiers, les logiques de blanchiment, les failles institutionnelles.

Nous tenterons, modestement, de faire ce que le mot « DZ Mafia » prétend faire mais échoue à accomplir : rendre intelligible un phénomène qui, par sa complexité même, résiste aux résumés.

Parce que pour combattre un système, il faut d'abord le comprendre.

Et pour le comprendre, il faut accepter de regarder au-delà des mots.

Marseille s'étend devant nous, tumultueuse et magnifique, avec ses collines brûlées de soleil, son port ouvert sur le monde, ses quartiers qui se tournent le dos. Quelque part entre la Bonne Mère et la mer, entre les calanques et les barres d'immeubles, un système fonctionne. Il a ses règles, ses acteurs, ses victimes. Il a ses mots — et il a ses silences.

C'est dans ces silences que nous allons, maintenant, nous enfoncer.

CHAPITRE 2

Marseille, carrefour stratégique du narcotrafic

« *Marseille n'est pas une ville qui se donne. C'est une ville qui se traverse.* »

— Albert Londres, *Marseille, porte du Sud*, 1927.

I. La ville qui regarde la mer

Il faut commencer par la carte. Avant les mots, avant les histoires, avant les hommes — la carte. Parce que Marseille, avant d'être un nom de ville, est d'abord une position. Un point sur un planisphère. Et ce point, quand on prend le temps de le regarder, raconte déjà beaucoup.

Marseille est posée là, à l'extrémité sud-est de la France, au fond d'une rade naturelle que les Grecs de Phocée avaient repérée il y a vingt-six siècles. Elle regarde le sud. Elle regarde l'Afrique. Par temps clair, depuis les hauteurs de Notre-Dame de la Garde, on jurerait presque apercevoir l'autre rive — celle du Maghreb, qui n'est qu'à quelques centaines de kilomètres de vol d'oiseau, moins loin que Paris à vol d'avion, infiniment plus proche que ne le laissent croire les frontières mentales qui séparent les deux rives de la Méditerranée.

C'est cette position qui fait tout. Marseille n'est pas devenue un carrefour du narcotrafic par accident, par malchance ou par fatalité culturelle. Elle l'est devenue — elle l'a toujours été, sous des formes changeantes — parce que sa géographie l'y prédispose. Parce qu'elle est, depuis sa fondation, un lieu de passage. Un seuil entre les mondes. Un port, au sens le plus profond du terme : non pas seulement un quai où l'on accoste, mais un espace où les flux convergent, se croisent, se redistribuent.

La géographie n'est pas un destin. Mais elle est une contrainte. Et dans le cas de Marseille, cette contrainte a façonné une ville dont l'identité même est indissociable du mouvement, de l'échange, du commerce — y compris, inévitablement, de ce commerce-là.

II. Un port ouvert sur trois continents

Le Grand Port Maritime de Marseille — Marseille-Fos, dans son appellation officielle — est le premier port de France et l'un des plus importants de Méditerranée. En 2023, selon les chiffres publiés par l'établissement portuaire lui-même, il a traité environ 72 millions de tonnes de marchandises et accueilli plus d'un million de conteneurs. C'est un monstre logistique, une infrastructure colossale qui s'étire sur des dizaines de kilomètres, depuis les bassins historiques de la Joliette jusqu'aux terminaux ultramodernes de Fos-sur-Mer, en passant par les darses de Mourepiane et les quais de Lavéra.

Ces chiffres, bruts, ne disent rien du narcotrafic. Mais ils disent tout de l'environnement dans lequel il prospère.

Un million de conteneurs par an. Chaque conteneur est une boîte métallique standardisée — vingt ou quarante pieds de long, quelques mètres cubes de volume intérieur — qui peut contenir à peu près n'importe quoi : des voitures, des vêtements, des matières premières, de l'électronique, de la nourriture. Ou de la cocaïne. Ou du cannabis. Ou des précurseurs chimiques. Le taux de contrôle physique des conteneurs dans les ports européens est, selon les estimations convergentes de plusieurs rapports — notamment ceux de l'Office antistupéfiants (OFAST, anciennement OCRTIS) et de l'Observatoire européen des drogues et des toxicomanies (OEDT/EMCDDA) — de l'ordre de 2 à 10 %, selon les ports, les périodes et les moyens disponibles. Cela signifie que l'immense majorité des conteneurs transitent sans être inspectés physiquement. Et cela signifie que, pour un trafiquant disposant d'un minimum de logistique et de complicités, le port est une porte ouverte.

Marseille-Fos n'est pas une exception. Le port d'Anvers, en Belgique, est considéré depuis plusieurs années comme la principale porte d'entrée de la cocaïne en Europe — un statut documenté par les saisies record effectuées par les douanes belges et par les enquêtes du parquet fédéral de Bruxelles. Le port de Rotterdam, aux Pays-Bas, occupe une position comparable. En Espagne, le port d'Algésiras, face au Maroc, est un autre point névralgique. Et en Italie, Gioia Tauro, en Calabre, est depuis les années 1990 l'un des hubs privilégiés de la 'Ndrangheta pour l'importation de cocaïne sud-américaine.

Marseille s'inscrit dans ce réseau. Pas comme le centre unique, pas comme le « pire » port d'Europe, mais comme un maillon — un maillon important — d'une chaîne logistique transnationale que les organisations criminelles exploitent avec une efficacité remarquable. Sa position méditerranéenne lui confère un avantage spécifique : elle est à la croisée des routes nord-sud (Afrique du Nord, Afrique subsaharienne) et est-ouest (Moyen-Orient, Asie). Elle est connectée, par voie maritime, aux ports de Casablanca, d'Oran, d'Alger, de Tunis, d'Alexandrie, d'Istanbul, de Beyrouth. Par voie terrestre et autoroutière, elle est reliée à l'Espagne (et donc au Maroc via le détroit de Gibraltar), à l'Italie (et donc aux réseaux calabrais et siciliens), à la vallée du Rhône (et donc au reste de la France et à l'Europe du Nord).

Cette connectivité n'est pas un défaut. C'est la raison d'être d'un port. Mais elle constitue, pour les services de contrôle et de répression, un défi logistique permanent.

III. Vingt-six siècles de commerce — et de contrebande

L'histoire de Marseille est, depuis ses origines, une histoire de commerce. Et le commerce, dans toutes les civilisations et à toutes les époques, a toujours eu son versant obscur.

Fondée vers 600 avant notre ère par des marins grecs venus de Phocée (l'actuelle Foça, en Turquie), Massalia est d'emblée conçue comme un comptoir commercial. Les Phocéens ne viennent pas coloniser un territoire au sens romain du terme : ils viennent commercer. Avec les populations ligures et celtes de l'arrière-pays. Avec les autres comptoirs grecs de Méditerranée occidentale. Avec Carthage, qu'ils combattent parfois et avec laquelle ils négocient souvent. Le port est le cœur battant de la cité. Il est sa raison d'être, sa richesse, sa vulnérabilité.

Sauter vingt-six siècles d'histoire en quelques paragraphes serait évidemment réducteur. Mais certains jalons méritent d'être posés, parce qu'ils éclairent le présent.

Au Moyen Âge, Marseille est une plaque tournante du commerce méditerranéen, notamment pendant les Croisades. Les marchandises circulent dans les deux sens : épices, soieries et métaux précieux arrivent d'Orient ; draps, armes et bois partent vers l'est. Avec les marchandises voyagent les hommes, les idées, les maladies — la grande peste de 1347 entre en Europe par les ports italiens et provençaux — et, inévitablement, les produits prohibés. La contrebande fait partie du paysage portuaire depuis aussi longtemps que les taxes douanières existent. Contourner l'impôt, frauder sur la nature des cargaisons, introduire des marchandises interdites : ces pratiques sont consubstantielles à l'activité portuaire, ici comme ailleurs.

Au XVIIIe siècle, Marseille est le premier port de commerce de France. La ville s'enrichit considérablement grâce au négoce colonial — sucre, café, coton, mais aussi, il faut le dire sans détour, traite négrière, même si Marseille y a participé dans une moindre mesure que Nantes ou Bordeaux. Le port attire des populations du monde entier : Italiens, Grecs, Arméniens, Levantins, Nord-Africains. Chaque vague migratoire laisse une empreinte dans le tissu urbain, dans les réseaux commerciaux, dans les solidarités — et parfois dans les rivalités.

Au XIXe siècle, l'ouverture du canal de Suez en 1869 renforce encore la position stratégique de Marseille. La ville devient la porte de l'Orient, le passage obligé vers les colonies d'Asie du Sud-Est, vers Madagascar, vers les comptoirs du Pacifique. Le trafic portuaire explose. Les entrepôts de la Joliette regorgent de marchandises en transit. Et avec ce transit massif, les opportunités de contrebande se multiplient.

C'est dans ce contexte que se développe, à la charnière des XIXe et XXe siècles, ce que les historiens du crime organisé appellent le « milieu marseillais » — un écosystème criminel diffus, composé de réseaux de contrebandiers, de proxénètes, de joueurs, de faux-monnayeurs, qui coexistent avec le monde du négoce légal dans une promiscuité parfois troublante.

IV. Le « milieu » marseillais : un héritage encombrant

Le mot « milieu » mérite qu'on s'y arrête un instant. Dans le vocabulaire policier et journalistique français, il désigne, depuis le début du XXe siècle, la pègre — cette zone grise entre la société respectable et le monde criminel, peuplée de personnages qui ne sont ni tout à fait des citoyens ordinaires ni tout à fait des hors-la-loi, mais qui évoluent dans un entre-deux, exploitant les interstices du système.

Le « milieu » marseillais a une histoire longue et documentée. Les historiens Laurence Montel et Céline Regnard, entre autres, ont montré comment, dès la fin du XIXe siècle, des réseaux criminels se structurent autour des activités portuaires, du jeu clandestin et de la prostitution. Ces réseaux ne fonctionnent pas en vase clos : ils entretiennent des liens avec le monde politique local, avec certains milieux patronaux, avec les syndicats de dockers. Le port, espace de pouvoir et d'argent, est aussi un espace de compromissions.

Dans l'entre-deux-guerres, le milieu marseillais acquiert une notoriété nationale. Les frères Guerini — Antoine et Barthélémy, dit « Mémé » — dominent la scène criminelle marseillaise des années 1940 aux années 1960. Corses d'origine, implantés à Marseille, ils contrôlent les boîtes de nuit, le jeu, la prostitution, et entretiennent des relations documentées avec des figures politiques locales, notamment dans le cadre de la lutte anticommuniste sur les quais au lendemain de la Seconde Guerre mondiale. Les historiens Alfred McCoy et Douglas Valentine ont décrit comment, dans le contexte de la Guerre froide, des services de renseignement américains — la CIA, en l'occurrence — ont pu s'appuyer sur des réseaux criminels marseillais pour briser les grèves communistes sur les docks, créant des alliances de circonstance dont les conséquences se feront sentir pendant des décennies.

C'est dans ce terreau que germe la **French Connection** — le réseau de fabrication et d'exportation d'héroïne qui, des années 1950 aux années 1970, fera de Marseille le principal fournisseur du marché américain de l'héroïne.

V. La French Connection : le précédent fondateur

On ne peut pas comprendre le narcotrafic marseillais contemporain sans revenir sur la French Connection. Non pas pour tracer une filiation directe — les hommes, les réseaux, les substances, les routes ont radicalement changé —, mais parce que cet épisode a inscrit Marseille dans l'imaginaire mondial du trafic de drogue, et parce qu'il illustre, avec une netteté presque pédagogique, les mécanismes qui sont encore à l'œuvre aujourd'hui.

Les faits, établis par de nombreuses enquêtes judiciaires et journalistiques, sont les suivants. À partir de la fin des années 1940, des chimistes — principalement corses — installent des laboratoires clandestins dans la région marseillaise pour transformer la morphine-base, importée de Turquie et du Moyen-Orient, en héroïne pure. Cette héroïne est ensuite exportée vers les États-Unis, principalement via le port de Marseille, dissimulée dans des cargaisons légales, des voitures, des valises à double fond. Le réseau implique des acteurs multiples : des fournisseurs turcs et libanais, des chimistes corses, des logisticiens marseillais, des transporteurs siciliens et américains, des distributeurs liés à la Cosa Nostra new-yorkaise.

La French Connection est démantelée progressivement dans les années 1970, sous la pression combinée des autorités américaines (le Bureau of Narcotics and Dangerous Drugs, ancêtre de la DEA) et françaises. Plusieurs figures clés sont arrêtées et condamnées. Les laboratoires sont fermés. Les routes d'approvisionnement se tarissent — pour un temps.

Ce que la French Connection nous apprend, et qui reste pertinent aujourd'hui, tient en quelques leçons.

Première leçon : le narcotrafic est, par essence, transnational. La French Connection n'était pas une affaire « marseillaise » au sens strict. Elle impliquait des acteurs turcs, libanais, corses, italiens, américains. Marseille n'était pas l'origine du trafic : elle était le point de transformation et de transit. La drogue venait d'ailleurs, partait ailleurs. La ville était un maillon — un maillon crucial, certes, mais un maillon dans une chaîne qui s'étendait de l'Anatolie au Bronx.

Deuxième leçon : le port est la clé. Sans le port de Marseille, sans ses infrastructures, sans le volume colossal de marchandises qui y transitent quotidiennement, la French Connection n'aurait pas pu fonctionner. C'est dans la masse des flux légaux que se dissimulent les flux illégaux. Le port offre l'anonymat du nombre.

Troisième leçon : les complicités sont indispensables. Aucun réseau de trafic ne peut opérer à travers un port sans bénéficier de complicités — parmi les dockers, les transitaires, les agents des douanes, parfois les forces de l'ordre elles-mêmes. La French Connection a fonctionné aussi longtemps qu'elle l'a fait parce que certains maillons de la chaîne officielle — peu nombreux, mais stratégiquement placés — fermaient les yeux, ou pire. Cette réalité, que les enquêtes judiciaires de l'époque ont documentée, n'a pas disparu. Elle s'est transformée, adaptée aux nouvelles configurations, mais le principe reste le même : le trafic a besoin de la complicité — ou de la négligence — du monde légal pour prospérer.

Quatrième leçon : le démantèlement d'un réseau ne met pas fin au trafic. La disparition de la French Connection n'a pas signé la fin du narcotrafic à Marseille. Elle a simplement provoqué une reconfiguration. De nouveaux acteurs, de nouvelles substances, de nouvelles routes ont pris le relais. Le marché de la drogue, comme tout marché, est résilient : quand une offre disparaît, une autre la remplace, souvent rapidement.

VI. Les années 1980-1990 : la bascule vers le cannabis et la cocaïne

La fin de la French Connection ne laisse pas un vide. Elle ouvre un espace.

Dans les années 1980, le paysage du narcotrafic à Marseille se transforme profondément. L'héroïne, qui avait été la substance reine de la période précédente, reste présente mais perd de sa centralité — notamment parce que la demande américaine est de plus en plus satisfaite par des routes alternatives (Mexique, Colombie, Triangle d'or asiatique). Deux autres substances montent en puissance : le cannabis et la cocaïne.

Le **cannabis** — sous forme de résine (haschisch) principalement — arrive massivement du Maroc, premier producteur mondial de résine de cannabis selon les rapports de l'Office des Nations Unies contre la drogue et le crime (ONUDC). Les routes d'acheminement passent par l'Espagne (les côtes andalouses, puis la remontée par la voie terrestre via la Catalogne et le Languedoc) ou directement par la mer, depuis les ports marocains vers les côtes provençales. Marseille, avec son port et son arrière-pays, est un point de réception naturel. Le cannabis irrigue ensuite le marché français — l'un des plus importants d'Europe en termes de consommation par habitant, selon les données de l'OFDT (Observatoire français des drogues et des tendances addictives).

La **cocaïne**, quant à elle, connaît une montée en puissance progressive mais régulière. Produite en Colombie, au Pérou et en Bolivie, elle transite par de multiples itinéraires avant d'atteindre l'Europe : les Antilles françaises, l'Afrique de l'Ouest (devenue, à partir des années 2000, un hub majeur du transit de cocaïne, comme l'ont documenté les enquêtes de l'ONUDC et les rapports du Groupe d'action financière — GAFI), la péninsule Ibérique, les ports du Benelux. Marseille reçoit sa part de ces flux, directement ou indirectement.

C'est dans ce contexte que se structurent les réseaux de cités — ces organisations de quartier qui, à partir des années 1980 et surtout 1990, prennent le contrôle de la revente au détail dans les grands ensembles des quartiers nord. Ces réseaux, souvent désignés sous le terme générique de « trafic de cité », constituent un phénomène nouveau par son ampleur et par sa géographie. Le trafic ne se fait plus dans l'arrière-salle d'un bar du Vieux-Port ou dans les entrepôts d'un quai désaffecté. Il se fait au pied des immeubles, dans les halls d'entrée, dans les caves, sur les parkings — au vu et au su de tous, dans des espaces où vivent des familles, des enfants, des personnes âgées.

Cette mutation géographique du trafic — du port vers la cité, du quai vers le hall d'immeuble — est l'une des transformations majeures du narcotrafic marseillais. Elle implique de nouvelles populations, de nouveaux profils de trafiquants, de nouvelles formes de violence. Et elle dessine la carte des conflits qui ensanglanteront la ville dans les décennies suivantes.

VII. Géographie d'une ville fracturée

Pour comprendre pourquoi certains quartiers de Marseille sont devenus des épicentres du narcotrafic, il faut regarder la ville telle qu'elle est — pas telle qu'on l'imagine depuis Paris ou depuis un guide touristique.

Marseille est une ville immense — 240 km^2, soit deux fois et demie la superficie de Paris intra-muros — et extraordinairement diverse sur le plan social et urbain. Elle est organisée en seize arrondissements, eux-mêmes subdivisés en quartiers aux identités très marquées. Le contraste entre les quartiers sud (Endoume, Vauban, Bonneveine, les Goudes) et les quartiers nord (La Castellane, La Bricarde, Félix-Pyat, les Flamants, Kalliste, la Busserine) est saisissant — et bien documenté par les données de l'INSEE et les études de l'Agam (Agence d'urbanisme de l'agglomération marseillaise).

En 2021, selon l'INSEE, le taux de pauvreté à Marseille s'établissait à environ 26 % — l'un des plus élevés des grandes villes françaises, très au-dessus de la moyenne nationale (environ 14 %). Mais cette moyenne masque des disparités vertigineuses. Dans certains quartiers du 3e arrondissement (Belsunce, Noailles) ou des 14e, 15e et 16e arrondissements (les fameuses « cités » des quartiers nord), le taux de pauvreté dépasse les 50 %, parfois les 60 %. Le revenu médian par unité de consommation y est deux à trois fois inférieur à celui des quartiers sud. Le taux de chômage y atteint des niveaux que les économistes qualifient pudiquement de « structurels » — comprendre : personne ne s'attend sérieusement à ce que la situation s'améliore à court ou moyen terme.

Ces chiffres ne sont pas des abstractions. Ils décrivent des réalités concrètes : des familles qui ne bouclent pas leurs fins de mois, des jeunes qui sortent du système scolaire sans qualification, des services publics défaillants (écoles dégradées, transports insuffisants, offre de soins lacunaire), un habitat social vétuste et parfois insalubre. Ils décrivent, en un mot, un terreau — le terreau dans lequel le narcotrafic prend racine.

Car le narcotrafic ne s'implante pas n'importe où. Il s'implante là où les alternatives sont rares. Là où le marché de l'emploi est fermé. Là où l'école ne remplit plus sa fonction d'ascenseur social. Là où l'État, sous ses différentes formes — services sociaux, police, justice, aménagement urbain —, est perçu comme absent, hostile ou impuissant. Le narcotrafic, en d'autres termes, ne crée pas la misère : il l'exploite.

Cette géographie sociale n'est pas propre à Marseille. On la retrouve, avec des variations, dans toutes les grandes villes françaises et européennes touchées par le narcotrafic : les quartiers nord de Paris et de sa petite couronne, les banlieues de Lyon, de Lille, de Bruxelles, les périphéries de Naples, de Palerme, de Barcelone. Mais à Marseille, elle prend une forme particulièrement aiguë, en raison de la combinaison de plusieurs facteurs : l'ampleur de la pauvreté, la taille des cités, l'ancienneté du phénomène, et — facteur crucial — la proximité du port.

VIII. L'autoroute et le go-fast : les routes terrestres

Le port n'est pas la seule porte d'entrée. Les routes terrestres jouent un rôle tout aussi important dans l'approvisionnement du marché marseillais — et, à travers Marseille, du marché national.

L'**autoroute A7** — l'ancienne « autoroute du Soleil » — relie Marseille à Lyon, puis à Paris. C'est l'un des axes les plus empruntés de France, et c'est aussi l'un des itinéraires de prédilection des convois de drogue en provenance du nord de l'Europe (Belgique, Pays-Bas) ou en partance vers le sud. Les **go-fast** — ces convois rapides composés de deux ou trois véhicules (une voiture « ouvreuse » qui repère les contrôles, un véhicule de transport chargé de drogue, un véhicule « fermeur » qui protège l'arrière) — empruntent fréquemment cet axe, de jour comme de nuit. Les services de gendarmerie et de police ont multiplié les dispositifs d'interception, avec des résultats significatifs mais nécessairement partiels, tant le volume de circulation sur ces axes rend le contrôle exhaustif impossible.

L'**autoroute A55** et les voies qui longent la côte méditerranéenne relient Marseille à l'Espagne via le Languedoc et la Catalogne. C'est la route historique du cannabis marocain : la résine, après avoir traversé le détroit de Gibraltar (souvent par vedette rapide ou par voilier), est stockée dans le sud de l'Espagne avant d'être acheminée par camion ou par véhicule particulier vers le marché français. Marseille est l'une des premières grandes villes sur cet itinéraire.

L'**autoroute A8**, qui relie Marseille à Nice et à l'Italie, offre un autre corridor logistique. Les connexions avec les réseaux italiens — notamment calabrais — passent par cet axe. La 'Ndrangheta, dont l'implantation dans le sud-est de la France a été documentée par plusieurs enquêtes judiciaires franco-italiennes, utilise parfois la région marseillaise comme zone de transit ou de stockage.

À ces grands axes s'ajoutent les routes secondaires, les chemins départementaux, les voies communales qui serpentent dans l'arrière-pays provençal — une géographie de collines, de garrigues et de mas isolés qui offre des possibilités de stockage discret. Certaines saisies effectuées par les services de police et de gendarmerie ont mis au jour des dépôts de drogue dans des propriétés rurales, des hangars agricoles, des cabanons — loin des cités, loin du port, dans cette Provence profonde que les touristes traversent sans la voir.

IX. L'aéroport et les mules

L'aéroport de Marseille-Provence, situé à Marignane, à une trentaine de kilomètres du centre-ville, traite environ dix millions de passagers par an. C'est le cinquième aéroport français en termes de trafic passagers, avec des liaisons vers l'ensemble du bassin méditerranéen, l'Afrique subsaharienne, le Moyen-Orient et, via les hubs de correspondance, le monde entier.

L'aéroport est, pour les réseaux de trafic, un autre vecteur d'acheminement — moins massif que le port, mais plus rapide et parfois plus discret pour certains types de cargaisons. C'est notamment le domaine des « **mules** » — ces passeurs individuels qui transportent de la drogue sur eux, dans leurs bagages, ou dans leur corps (par ingestion de boulettes, technique dangereuse qui provoque régulièrement des décès par overdose lorsque les capsules se rompent dans l'estomac).

Les procédures judiciaires rendues publiques font état de filières de mules opérant sur des lignes aériennes reliant Marseille à l'Amérique latine (via des escales), à l'Afrique de l'Ouest, au Maghreb, aux Antilles françaises. Les quantités transportées par chaque mule sont relativement modestes — quelques kilogrammes au maximum —, mais la multiplication des passages permet d'acheminer des volumes significatifs sur la durée.

Les mules sont souvent des personnes vulnérables : jeunes en difficulté, femmes en situation de précarité, étrangers en situation irrégulière à qui l'on fait miroiter une rémunération rapide. Leur rôle, dans la chaîne du trafic, est celui du maillon le plus exposé et le moins rémunéré. Ils prennent tous les risques — arrestation, emprisonnement, mort — pour une fraction infime des profits. C'est la loi d'airain du narcotrafic : plus on est bas dans la hiérarchie, plus on est visible, et plus on est jetable.

X. La mer : vedettes, voiliers et semi-submersibles

La Méditerranée, cette mer intérieure que les Romains appelaient *Mare Nostrum*, est aussi une autoroute de la drogue.

Les voies maritimes informelles — distinctes du trafic portuaire classique, qui transite par les infrastructures commerciales — constituent un vecteur d'acheminement de plus en plus documenté. Des embarcations rapides (**vedettes**, **semi-rigides**, **go-fast maritimes**) sont utilisées pour transporter des cargaisons de cannabis ou de cocaïne directement des côtes nord-africaines (principalement marocaines et algériennes, mais aussi libyennes) vers les côtes provençales, corses ou de la Côte d'Azur. Les distances sont courtes — quelques centaines de kilomètres —, les interceptions difficiles dans une mer fréquentée par des milliers d'embarcations de plaisance, et les points de débarquement multiples : criques isolées, petits ports de plaisance, plages accessibles de nuit.

Plusieurs opérations menées par la Marine nationale, les douanes maritimes et la Direction nationale du renseignement et des enquêtes douanières (DNRED) ont permis d'intercepter des cargaisons en mer ou sur la côte. Mais ces saisies, aussi spectaculaires soient-elles — plusieurs tonnes de cannabis lors de certaines opérations —, ne représentent, de l'aveu même des responsables des services concernés, qu'une fraction du flux total.

Un phénomène plus récent, documenté par les services de renseignement espagnols et européens, est l'apparition en Méditerranée de **semi-submersibles** — ces embarcations artisanales, conçues pour naviguer juste sous la surface de l'eau et échapper ainsi à la détection radar. Utilisés depuis longtemps en Amérique latine pour le transport de cocaïne entre la Colombie et l'Amérique centrale, les semi-submersibles ont fait leur apparition dans les eaux européennes, signalant une montée en gamme technique des organisations de trafic. Si aucune interception de semi-submersible n'a été publiquement confirmée dans la zone de Marseille à la date de rédaction de ce livre, le phénomène illustre la capacité d'adaptation et d'innovation des réseaux criminels.

XI. La plaque tournante : Marseille redistribue

Mais Marseille n'est pas seulement un point d'arrivée. C'est aussi — et peut-être surtout — un point de redistribution.

La drogue qui entre à Marseille n'est pas destinée, dans sa totalité, au marché local. Une part importante est réexpédiée vers d'autres villes françaises (Lyon, Paris, Toulouse, Montpellier, et au-delà) et vers d'autres pays européens. Marseille fonctionne, dans ce schéma, comme une **plaque tournante** — un hub logistique où les cargaisons sont réceptionnées, stockées temporairement, reconditionnées, et redirigées vers leur destination finale.

Ce rôle de plaque tournante est attesté par de nombreuses procédures judiciaires. Des enquêtes menées par la JIRS de Marseille, par l'OFAST ou par des services de police judiciaire ont mis en évidence des circuits dans lesquels des quantités importantes de drogue transitaient par la région marseillaise avant d'être acheminées vers le nord de la France ou vers l'Europe du Nord. Les écoutes téléphoniques versées à certains dossiers — et rendues publiques lors des procès — révèlent des échanges entre des acteurs basés à Marseille et des correspondants situés à Amsterdam, Bruxelles, Londres, Francfort, voire au-delà.

Cette fonction de redistribution confère à Marseille une position stratégique dans l'économie du narcotrafic qui dépasse de très loin la question de la consommation locale. Et elle explique, en partie, l'intensité de la violence qui frappe la ville : le contrôle d'un point de transit aussi important que celui-ci représente un enjeu économique considérable, et cet enjeu attise les convoitises, les rivalités, les conflits.

XII. Les connexions internationales : cartographie des routes

Pour appréhender la position de Marseille dans le narcotrafic, il faut élargir le regard et dessiner, au moins à grands traits, la carte des routes internationales de la drogue qui convergent vers la ville ou passent à proximité.

Le cannabis marocain. Le Maroc reste, malgré les évolutions récentes (légalisation partielle du cannabis à usage médical et industriel en 2021), le premier fournisseur de résine de cannabis pour le marché européen. La résine est produite principalement dans la région du Rif, dans le nord du pays, avant d'être acheminée vers l'Europe par de multiples voies : traversée du détroit de Gibraltar vers l'Espagne, transport maritime direct vers les côtes françaises, italiennes ou belges, ou encore transit par l'Algérie et la Tunisie. Marseille est l'un des points d'arrivée de ces flux, directement (par mer ou par la route espagnole) ou indirectement (via des plateformes de stockage intermédiaires dans le sud de la France).

La cocaïne sud-américaine. La cocaïne est le produit dont la croissance a été la plus spectaculaire sur le marché européen au cours des deux dernières décennies. Les rapports de l'EMCDDA et d'Europol font état de saisies record année après année, avec une tendance à la hausse qui ne montre aucun signe d'essoufflement. La cocaïne arrive en Europe par plusieurs voies : les ports du Benelux (Anvers, Rotterdam) pour les volumes les plus importants, la péninsule Ibérique, les Antilles françaises, et, de manière croissante, l'Afrique de l'Ouest — où des pays comme la Guinée-Bissau, la Guinée-Conakry, le Sénégal, le Ghana ou le Nigeria servent de plateformes de transit entre l'Amérique du Sud et l'Europe. Marseille est connectée à ces routes, notamment via ses liaisons maritimes avec l'Afrique de l'Ouest et les Antilles, et via les réseaux de redistribution qui acheminent la cocaïne depuis les ports du nord de l'Europe vers le sud.

Les drogues de synthèse. Les Pays-Bas et la Belgique sont les principaux producteurs européens de drogues de synthèse (ecstasy/MDMA, amphétamines, méthamphétamines). Ces produits circulent dans toute l'Europe via des réseaux routiers et postaux. Marseille n'est pas un centre de production, mais elle est un marché de consommation — les drogues de synthèse sont présentes dans les milieux festifs de la ville — et un point de redistribution potentiel vers le sud de la France et le Maghreb.

Les nouvelles routes. Un phénomène récent, documenté par les services de renseignement et par les rapports d'Europol, est l'émergence de nouvelles routes de trafic passant par des pays ou des territoires jusque-là peu impliqués. L'Afrique subsaharienne, le Moyen-Orient, l'Asie centrale, les Balkans : autant de zones qui deviennent des espaces de transit, de stockage ou de transformation, au fur et à mesure que les routes traditionnelles sont surveillées et que les organisations criminelles cherchent des alternatives. Marseille, par sa position méditerranéenne et ses connexions multimodales, est susceptible d'être affectée par ces évolutions.

XIII. Le facteur humain : diasporas, réseaux, confiance

La géographie physique — port, routes, aéroport — ne suffit pas à expliquer pourquoi Marseille occupe la position qui est la sienne dans le narcotrafic. Il faut aussi prendre en compte la géographie humaine — les liens entre les personnes, les réseaux de solidarité, de confiance, d'obligation qui traversent les frontières et qui constituent l'infrastructure sociale du trafic.

Le narcotrafic, comme toute activité économique clandestine, repose sur la confiance. Pas la confiance abstraite des contrats notariés et des engagements juridiques, mais la confiance concrète, interpersonnelle, qui naît de liens familiaux, amicaux, territoriaux, ethniques, claniques. Quand un grossiste basé à Rotterdam cherche un partenaire pour réceptionner une cargaison à Marseille, il ne publie pas une annonce sur Internet. Il active un contact — un cousin, un ami d'enfance, un ancien codétenu, un compatriote. La confiance est la monnaie du monde souterrain, parce qu'elle est le seul mécanisme de régulation disponible en l'absence de contrats exécutoires.

Marseille, ville de diasporas, offre un réseau humain d'une densité exceptionnelle. La ville abrite des communautés issues de toutes les rives de la Méditerranée et d'au-delà : communautés d'origine algérienne, marocaine, tunisienne, comorienne, arménienne, italienne, turque, subsaharienne, rom, et bien d'autres. Ces communautés, faut-il le préciser, sont dans leur immense majorité composées de personnes qui travaillent, étudient, élèvent leurs enfants, paient leurs impôts et n'ont aucun rapport avec le trafic de drogue. Mais les réseaux criminels, minoritaires par définition, exploitent les liens communautaires comme infrastructure logistique.

Ce phénomène n'est en rien spécifique à une communauté particulière. L'histoire du crime organisé montre que tous les réseaux criminels, partout dans le monde et à toutes les époques, se sont appuyés sur des solidarités communautaires : la mafia sicilienne sur les réseaux villageois, les Triades chinoises sur les associations de compatriotes, les cartels mexicains sur les loyautés régionales, la 'Ndrangheta sur les liens familiaux calabrais. Ce n'est pas l'appartenance ethnique ou nationale qui produit le crime : c'est le fait que les réseaux de confiance, nécessaires au fonctionnement de toute organisation clandestine, se structurent naturellement autour de solidarités préexistantes — familiales, territoriales, linguistiques, culturelles.

À Marseille, cette logique joue à plein. Les réseaux de trafic s'appuient sur des liens qui traversent la Méditerranée : un fournisseur au Maroc en contact avec un réceptionnaire à Marseille via une connexion familiale ; un intermédiaire aux Pays-Bas qui fait confiance à un logisticien marseillais parce qu'ils ont grandi dans le même quartier avant que l'un d'eux ne s'exile ; un financier dans le Golfe qui blanchit les profits d'un réseau parce qu'il en connaît les dirigeants depuis l'enfance. Ces liens ne sont pas le propre d'une communauté : ils existent dans toutes les configurations possibles, impliquant des individus d'origines très diverses.

Mais — et c'est un « mais » important — l'expression « DZ Mafia », analysée au chapitre précédent, tend à réduire cette complexité à une seule dimension : celle de l'origine algérienne. Elle isole un fil dans un tissu et prétend qu'il est la trame. Ce chapitre, en élargissant le regard à l'ensemble des connexions, des routes et des acteurs, montre que la réalité est infiniment plus enchevêtrée.

XIV. Le port aujourd'hui : un géant sous pression

Revenons au port, cœur battant du sujet.

Le Grand Port Maritime de Marseille-Fos est, depuis plusieurs années, au centre d'une tension croissante entre deux impératifs contradictoires : la fluidité commerciale et la sécurité. Le port est un outil économique vital — il génère des dizaines de milliers d'emplois directs et indirects, il est essentiel à l'approvisionnement de toute la région sud —, et toute mesure de contrôle renforcé a un coût : en temps, en argent, en compétitivité. Les opérateurs portuaires, les armateurs, les transitaires sont soumis à des impératifs de rentabilité qui s'accommodent mal des délais supplémentaires imposés par les inspections douanières.

Face à cette tension, les autorités portuaires et douanières tentent de trouver un équilibre. Les moyens de contrôle ont été renforcés au fil des années : scanners à conteneurs, équipes cynophiles, unités spécialisées des douanes (la DNRED, la Direction nationale garde-côtes des douanes), coordination avec les services de police et de gendarmerie. La coopération internationale — notamment dans le cadre d'Europol, d'Interpol et de l'initiative « MAOC-N » (Maritime Analysis and Operations Centre – Narcotics, basé à Lisbonne) — permet un partage d'informations en temps réel sur les cargaisons suspectes.

Mais les moyens restent structurellement insuffisants au regard de l'ampleur des flux. Le rapport de la commission d'enquête sénatoriale sur le narcotrafic, rendu public en 2024 et présidé par le sénateur Étienne Blanc, avec pour rapporteur le sénateur Jérôme Durain, a dressé un constat sévère sur l'état des moyens de contrôle dans les ports français. Le rapport souligne le sous-effectif des services des douanes, le vieillissement des équipements de détection, le manque de coordination entre les différents services intervenants, et la difficulté à résister aux pressions économiques en faveur de la fluidité du trafic commercial.

Le port de Marseille n'est pas Anvers — où les saisies de cocaïne se comptent en dizaines de tonnes par an et où la corruption portuaire a atteint des niveaux tels que le gouvernement belge a dû créer une unité spéciale de lutte contre l'infiltration criminelle. Mais il n'est pas non plus un port vertueux, à l'abri des tentations et des failles. Les saisies qui y sont effectuées, bien que moins spectaculaires que celles des ports du Benelux, témoignent de flux réels et significatifs. Et l'absence de saisie, comme le rappellent régulièrement les professionnels de la lutte antidrogue, n'est jamais synonyme d'absence de trafic : elle peut simplement signifier que la drogue passe sans être détectée.

XV. La question de la corruption

On ne peut aborder le rôle du port dans le narcotrafic sans évoquer la question de la corruption — sujet sensible, délicat, mais incontournable.

La corruption portuaire est un phénomène documenté à l'échelle mondiale. Dans tous les grands ports où transite de la drogue — Anvers, Rotterdam, Hambourg, Santos (Brésil), Carthagène (Colombie), Gioia Tauro (Italie) —, des affaires de corruption impliquant des agents portuaires, des douaniers, des policiers, des fonctionnaires ont été mises au jour. Le mécanisme est simple dans son principe : un agent corrompu fournit des informations (numéros de conteneurs à ne pas contrôler, horaires des inspections, emplacements des scanners) ou effectue des actions (validation de documents, déverrouillage de conteneurs, désactivation de systèmes de surveillance) en échange d'une rémunération qui peut atteindre des sommes considérables — plusieurs dizaines, voire centaines de milliers d'euros par opération.

À Marseille, plusieurs affaires de corruption liées au narcotrafic ont été jugées ou sont en cours d'instruction. Par respect pour la présomption d'innocence et pour les règles encadrant la communication sur les affaires judiciaires en cours, nous n'entrerons pas ici dans le détail de dossiers non encore définitivement jugés. Nous nous limiterons à constater que le phénomène existe, qu'il est pris au sérieux par les autorités judiciaires et administratives, et qu'il constitue l'une des vulnérabilités structurelles du dispositif de contrôle portuaire.

La corruption n'est pas seulement un problème moral. C'est un problème systémique. Elle révèle que le narcotrafic ne fonctionne pas en circuit fermé, dans un monde souterrain hermétiquement séparé du monde légal. Il fonctionne au contraire grâce aux passerelles entre les deux mondes — passerelles que la corruption crée, entretient et protège. Et c'est peut-être là le fait le plus dérangeant : le narcotrafic n'est pas seulement l'affaire des « voyous ». Il est aussi l'affaire de ceux qui, depuis l'intérieur du système, lui ouvrent les portes.

XVI. Marseille dans le réseau mondial : une position relative

Il importe, au terme de ce panorama, de situer Marseille dans une perspective comparative et de résister à la tentation du catastrophisme.

Marseille est un carrefour du narcotrafic. C'est un fait. Mais elle n'est ni le seul carrefour, ni le principal, ni le plus problématique à l'échelle européenne. Les données disponibles — saisies, estimations de flux, analyses d'Europol et de l'EMCDDA — suggèrent que les ports du Benelux traitent des volumes de cocaïne sans commune mesure avec ceux de Marseille. Que la péninsule Ibérique reste la principale porte d'entrée du cannabis marocain. Que les Balkans sont une route majeure de l'héroïne afghane. Que la 'Ndrangheta calabraise exerce, dans le domaine du narcotrafic international, une influence qui dépasse de très loin celle de n'importe quel réseau marseillais.

Marseille est une pièce dans un puzzle. Une pièce importante, en raison de sa géographie, de son port, de ses connexions, de son histoire. Mais une pièce parmi d'autres. La focalisation excessive du débat public français sur Marseille — alimentée par les faits divers sanglants, par la couverture médiatique intensive, par la fascination trouble qu'exerce la ville sur l'imaginaire national — risque de produire un effet de loupe qui déforme la réalité. Le narcotrafic n'est pas un « problème marseillais ». C'est un problème national, européen, mondial, qui trouve à Marseille un terrain propice mais qui ne s'y résume pas.

Les mêmes substances circulent dans les rues de Paris, de Lyon, de Lille, de Bordeaux, de Rennes. Les mêmes mécanismes de recrutement opèrent dans les cités de Seine-Saint-Denis, du nord de Toulouse, de la périphérie de Strasbourg. Les mêmes circuits de blanchiment passent par les mêmes paradis fiscaux, les mêmes sociétés-écrans, les mêmes intermédiaires financiers. Faire de Marseille le bouc émissaire du narcotrafic français, c'est se dispenser de regarder le problème en face — dans sa dimension nationale et internationale.

XVII. Ce que Marseille nous dit du monde

Pourtant, Marseille est bien un révélateur. Pas le seul, pas le plus pur, mais un révélateur puissant de ce qu'est le narcotrafic contemporain.

Elle nous dit que le trafic de drogue est un phénomène de mondialisation. Que les mêmes forces qui permettent au commerce licite de prospérer — libéralisation des échanges, développement des infrastructures de transport, dématérialisation des flux financiers, porosité des frontières — permettent aussi au commerce illicite de se déployer. Que les conteneurs qui apportent les biens de consommation apportent aussi les produits prohibés. Que les autoroutes qui relient les villes relient aussi les marchés de la drogue. Que les systèmes bancaires qui facilitent les transactions légitimes facilitent aussi le blanchiment.

Elle nous dit que le narcotrafic est un phénomène urbain, lié aux mutations des villes, à la ségrégation sociale, à la concentration de la pauvreté dans des territoires relégués. Que les cités ne sont pas des anomalies, mais des produits d'une histoire — celle de l'urbanisme de masse, de l'immigration de travail, de la désindustrialisation, de l'abandon progressif de quartiers entiers par les pouvoirs publics.

Elle nous dit, enfin, que le narcotrafic est un phénomène humain. Qu'il implique des êtres humains — avec leurs histoires, leurs motivations, leurs contradictions. Des êtres humains qui ne sont pas tous les mêmes : il y a les organisateurs et les exécutants, les profiteurs et les victimes, ceux qui choisissent et ceux qui subissent. Et entre tous ces êtres humains, il y a un système — une structure, une logique, un ensemble de règles non écrites qui régissent les comportements et déterminent les destins.

C'est ce système que les chapitres suivants vont entreprendre de démonter, pièce par pièce.

XVIII. L'ancrage et l'horizon

Nous quitterons Marseille, au fil de ce livre, pour y revenir toujours. Parce que la ville, avec sa lumière crue et ses ombres profondes, est le point d'ancrage de cette enquête — le lieu à partir duquel les fils se tirent, les connexions se révèlent, les logiques se dévoilent. Mais nous ne resterons jamais enfermés dans Marseille, parce que le narcotrafic, par définition, ne connaît pas les limites du périphérique ou du boulevard urbain.

Marseille est une porte. Elle s'ouvre sur la Méditerranée, sur l'Afrique, sur l'Europe, sur le monde. Les routes de la drogue la traversent sans s'y arrêter — ou plutôt, elles s'y arrêtent juste le temps de décharger, de reconditionner, de redistribuer, avant de repartir vers d'autres destinations, d'autres marchés, d'autres quartiers d'autres villes.

Comprendre Marseille, c'est comprendre un nœud dans un réseau. Et pour comprendre un nœud, il faut suivre les fils qui en partent.

Le prochain chapitre en suivra un : celui de l'argent. Parce que derrière la géographie, derrière les routes et les ports, derrière les cités et les halls d'immeuble, il y a un moteur. Un moteur unique, invariable, qui fait tourner l'ensemble de la machine : le profit. Et ce profit, pour qu'il ait un sens, doit circuler. Il doit être blanchi, investi, réinjecté. C'est cette circulation de l'argent sale que nous allons maintenant explorer.

Le mistral souffle sur les quais de la Joliette. Les portiques géants déchargent les conteneurs, un par un, avec une régularité de métronome. Chaque boîte métallique contient un monde : des pièces automobiles venues de Corée, du textile turc, de l'huile d'olive tunisienne, des composants électroniques chinois. Et parfois, dans l'une d'entre elles — laquelle ? personne ne le sait, pas même les douaniers les plus chevronnés —, quelques centaines de kilos d'une poudre blanche qui, d'ici quelques semaines, irriguera les rues de dix villes européennes.

Le conteneur passe. Le portique pivote. Un autre prend sa place.

Le port ne dort jamais.

CHAPITRE 3

Une économie souterraine qui ne doit rien au hasard

« Le crime organisé est la continuation du capitalisme par d'autres moyens. »

— Roberto Catanzaro, *Il delitto come impresa*, 1988.

I. L'entreprise invisible

Il faut oublier le chaos.

Oublier les images de télévision — les halls d'immeuble enfumés, les guetteurs encagoulés, les liasses de billets éparpillées sur un capot de voiture lors d'une interpellation. Oublier les scènes de film — les deals furtifs au coin d'une rue, la poudre pesée à la va-vite sur une balance de cuisine, le pistolet glissé dans la ceinture. Oublier, surtout, l'idée reçue la plus tenace, celle qui pollue l'ensemble du débat : l'idée que le narcotrafic serait un phénomène anarchique, improvisé, conduit par des individus désorganisés qui agissent au jour le jour, sans plan, sans méthode, sans vision.

C'est l'exact inverse.

Le narcotrafic est un système. Un système économique, au sens le plus rigoureux du terme. Il produit, il transporte, il stocke, il transforme, il distribue, il commercialise, il facture, il encaisse, il investit, il diversifie. Il gère des ressources humaines, des risques, des conflits, des parts de marché. Il obéit aux lois de l'offre et de la demande, il est sensible aux variations de prix, il s'adapte aux contraintes réglementaires — en l'occurrence, les contraintes policières et judiciaires —, il innove lorsque les anciennes méthodes ne fonctionnent plus.

Si le narcotrafic était un pays, son produit intérieur brut le classerait parmi les économies significatives de la planète. L'ONUDC (Office des Nations Unies contre la drogue et le crime) estime le marché mondial des drogues illicites à environ 500 milliards de dollars par an — un chiffre par nature approximatif, puisqu'il concerne une activité clandestine, mais dont l'ordre de grandeur est corroboré par de nombreuses études indépendantes. C'est davantage que le PIB de la Belgique. C'est l'équivalent du chiffre d'affaires combiné des plus grands groupes industriels européens.

À l'échelle de Marseille, les montants sont évidemment plus modestes, mais ils restent considérables. Les estimations — fondées sur les saisies effectuées, les données de consommation, les flux financiers identifiés lors des enquêtes judiciaires — varient selon les sources, mais plusieurs rapports convergent vers un chiffre d'affaires annuel du narcotrafic dans la métropole marseillaise de l'ordre de plusieurs centaines de millions d'euros. L'ancien procureur de la République de Marseille, dans une déclaration publique lors d'une conférence de presse en 2023, avait évoqué le chiffre de « plusieurs milliards d'euros » pour l'ensemble des flux transitant par la zone marseillaise si l'on incluait les quantités non saisies — un ordre de grandeur qui, tout en restant hypothétique, donne la mesure du phénomène.

Ce chapitre propose de pénétrer dans les rouages de cette économie. De la démonter comme on démonte un moteur — pièce par pièce, en nommant chaque engrenage, en identifiant chaque circuit, en comprenant comment l'ensemble fonctionne. Non pas pour fasciner le lecteur, mais pour lui donner les clés d'un système que l'on ne peut combattre efficacement qu'à la condition de le comprendre d'abord.

II. L'organigramme fantôme

Toute entreprise a une structure. Le narcotrafic aussi.

L'image du « chef tout-puissant » entouré de lieutenants fidèles, telle qu'elle est popularisée par le cinéma et la littérature, n'est pas totalement fausse, mais elle est incomplète et souvent anachronique. Les réseaux contemporains, tels qu'ils ressortent des dossiers judiciaires et des analyses des services spécialisés, présentent des structures variables — plus ou moins hiérarchisées, plus ou moins rigides, plus ou moins durables selon les groupes, les périodes et les circonstances.

On peut néanmoins dégager, à partir des procédures judiciaires rendues publiques et des analyses croisées de plusieurs spécialistes — policiers, magistrats, chercheurs —, une typologie des fonctions qui se retrouve, avec des variations, dans la plupart des réseaux de trafic actifs à Marseille et dans sa région. Cette typologie n'est pas un organigramme figé : c'est une grille de lecture, un outil d'analyse.

Le « tête de réseau » ou organisateur principal. C'est la personne — ou, de plus en plus souvent, le petit groupe de personnes — qui conçoit l'opération, finance l'achat initial de la marchandise, choisit les fournisseurs, définit les routes d'acheminement, et perçoit la part la plus importante des bénéfices. La tête de réseau n'est pas nécessairement physiquement présente à Marseille. Il peut résider à l'étranger — au Maghreb, en Espagne, aux Pays-Bas, à Dubaï —, opérer à distance via des téléphones cryptés, et ne se rendre en France que de manière épisodique, voire jamais. Cette distanciation géographique est une stratégie délibérée : elle complique considérablement le travail des enquêteurs, qui doivent recourir à la coopération judiciaire internationale — procédure longue, lourde et aléatoire — pour atteindre le sommet de la pyramide.

Les procédures judiciaires récentes, notamment celles instruites par la JIRS de Marseille, ont mis en évidence cette tendance à la « déterritorialisation » des donneurs d'ordre. Plusieurs têtes de réseau condamnées ces dernières années opéraient depuis l'étranger — un constat qui relativise, une fois de plus, l'idée d'un narcotrafic « marseillais » au sens strict. Le centre de décision peut être à Amsterdam, à Casablanca, à Alicante ou à Dubaï. Marseille est le terrain d'opération, pas nécessairement le quartier général.

Le « logisticien » ou coordinateur opérationnel. C'est le maillon intermédiaire, celui qui traduit les décisions de l'organisateur en actions concrètes. Le logisticien gère l'acheminement de la marchandise : il organise le transport (par conteneur, par go-fast, par mule, par voie maritime informelle), il identifie les points de stockage, il coordonne les équipes de réception, il gère les imprévus — un contrôle routier inattendu, un conteneur retardé, un partenaire défaillant. Le logisticien est souvent le personnage le mieux renseigné du réseau, car il doit tout savoir : les horaires des contrôles, la fiabilité des sous-traitants, les capacités de stockage, les itinéraires alternatifs. C'est aussi, pour cette raison, l'une des cibles prioritaires des enquêteurs : son arrestation peut déstabiliser l'ensemble du réseau, au moins temporairement.

Le « nourrice ». Dans l'argot du milieu, la « nourrice » est la personne qui stocke la drogue avant sa distribution. Ce rôle est crucial, car la marchandise ne peut généralement pas être mise en vente immédiatement après sa réception : il faut la conditionner, la diluer (dans le cas de la cocaïne), la fractionner en quantités commercialisables. La nourrice dispose d'un lieu de stockage — un appartement, un garage, un pavillon en banlieue, parfois un local commercial — où la drogue est entreposée pour des durées variables. Le choix du lieu est stratégique : il doit être discret, accessible, et surtout ne pas attirer l'attention des voisins ou des forces de l'ordre. Les procédures judiciaires font apparaître une grande variété de lieux de stockage : des appartements loués sous de faux noms dans des résidences anonymes, des pavillons acquis dans des communes périurbaines, des boxes de parking, des chambres d'hôtel, voire des garde-meubles commerciaux.

Le « coupeur » ou « cuisinier ». Pour la cocaïne et, dans une moindre mesure, pour l'héroïne, une étape intermédiaire est nécessaire entre le stockage en gros et la vente au détail : la coupe. La cocaïne arrive souvent sous une forme relativement pure — entre 70 % et 90 % de pureté, selon les saisies analysées par les laboratoires de la police scientifique. Pour augmenter les marges, elle est « coupée » avec des substances de dilution : levamisole (un antiparasitaire vétérinaire), phénacétine, caféine, paracétamol, lidocaïne, et d'autres produits plus ou moins nocifs. Le taux de pureté de la cocaïne vendue dans la rue à Marseille oscille, selon les analyses de l'OFDT, entre 30 % et 70 % — une fourchette large qui reflète la diversité des pratiques de coupe. Le « coupeur » est un technicien : il doit savoir doser les mélanges pour obtenir un produit qui reste « vendable » (trop coupé, il perd en qualité perçue et les clients vont ailleurs) sans être trop pur (ce qui réduirait les marges). C'est un savoir-faire, transmis par l'expérience, qui confère à son détenteur une valeur particulière au sein du réseau.

Le « gérant de point de vente ». Le point de vente — dans le vocabulaire de la rue, le « four », le « plan », le « chouf » — est l'interface entre le réseau et le consommateur final. Le gérant est responsable de l'approvisionnement du point de vente, de la gestion des stocks, de la fixation des prix, de l'encadrement de l'équipe de vendeurs, de la collecte des recettes. C'est un poste de management intermédiaire, avec ses responsabilités et ses risques. Le gérant est directement exposé à la concurrence d'autres réseaux, à la pression des forces de l'ordre, à la tentation de l'arnaque — détourner une partie de la recette, « couper » davantage la marchandise pour empocher la différence. Les conflits entre gérants de points de vente rivaux sont l'une des causes majeures de la violence dans les cités, comme nous le verrons dans un chapitre ultérieur.

Les « vendeurs » ou « charbonneurs ». Ce sont les petites mains de la distribution — ceux qui, physiquement, remettent le produit au client et encaissent l'argent. Les charbonneurs sont généralement jeunes — souvent mineurs, comme nous le verrons au chapitre 4 —, et ils occupent le maillon le plus exposé de la chaîne. Ce sont eux que la police interpelle le plus facilement, eux qui prennent les risques les plus immédiats, eux qui écopent des premières peines de prison. Leur rémunération est dérisoire au regard des profits générés par le réseau : quelques dizaines à quelques centaines d'euros par jour, selon les témoignages recueillis dans les dossiers judiciaires, alors que le chiffre d'affaires du point de vente peut atteindre plusieurs milliers, voire dizaines de milliers d'euros quotidiens.

Les « guetteurs » ou « choufs ». Postes avancés du réseau, les guetteurs sont chargés de surveiller les accès du quartier pour repérer les mouvements de police ou l'arrivée de concurrents. Ils communiquent par talkie-walkie, par téléphone, ou par système de signaux visuels (un vêtement porté d'une certaine manière, un ballon de foot lancé dans une direction convenue). Les guetteurs sont souvent les plus jeunes membres du réseau — 12, 13, 14 ans parfois —, recrutés précisément parce que leur âge les protège, en partie, des sanctions pénales. Ce sont les sentinelles de l'économie souterraine, postées aux balcons, aux angles des rues, sur les toits-terrasses, jour et nuit, par tous les temps.

Les « rabatteurs ». Dans certaines configurations, des individus sont chargés d'aiguiller les clients vers le point de vente :

ils les accueillent à l'entrée du quartier, les orientent, veillent à ce que l'opération se déroule rapidement et discrètement. Le rabatteur est une sorte de « service client » de l'économie souterraine — un rôle qui, dans sa logique fonctionnelle, n'est pas très éloigné de celui d'un vendeur en magasin orientant un client vers le bon rayon.

Les « nourrices financières » et les « comptables ». Nous y reviendrons en détail dans le chapitre consacré à l'argent, mais il faut mentionner ici l'existence d'un personnel dédié à la gestion financière des réseaux. Les nourrices financières stockent le cash — souvent dans des appartements ou des véhicules — en attendant qu'il soit blanchi ou réinjecté. Les comptables — le terme est évidemment informel — tiennent les comptes, contrôlent les recettes, vérifient que les sommes remontant des points de vente correspondent aux quantités de marchandise écoulées. Certaines procédures judiciaires ont fait apparaître l'existence de véritables cahiers de comptes, tenus de manière méticuleuse, avec des colonnes « entrées », « sorties », « reste à recouvrer » — une comptabilité de l'ombre aussi rigoureuse, dans sa forme, que celle d'un commerce légal.

III. La chaîne logistique : du producteur au consommateur

Le narcotrafic, comme toute activité de négoce, repose sur une chaîne logistique — une succession d'étapes qui transforment une matière première en produit fini et l'acheminent jusqu'au consommateur final. Décrivons cette chaîne, étape par étape, pour les deux principales substances qui circulent sur le marché marseillais : le cannabis et la cocaïne.

Le cannabis : du Rif à la cité

La résine de cannabis vendue à Marseille provient, dans sa grande majorité, du Maroc — et plus précisément de la région du Rif, dans le nord du pays. La culture du cannabis dans le Rif est un phénomène ancien, documenté depuis au moins le XIXe siècle, et qui s'est considérablement développé à partir des années 1970-1980, en réponse à la demande croissante du marché européen. Malgré les campagnes d'éradication menées par les autorités marocaines et la légalisation partielle intervenue en 2021, la production reste massive : l'ONUDC estime la production marocaine de résine de cannabis à plusieurs milliers de tonnes par an.

Étape 1 : la production. La plante de cannabis est cultivée par des paysans rifains, souvent dans des conditions de grande précarité économique. La récolte est transformée en résine par un procédé artisanal — le « battage » des plants séchés sur un tamis fin — avant d'être conditionnée en « savonnettes » ou en plaques de résine compressée, généralement de 200 à 250 grammes chacune. Ces unités sont ensuite rassemblées en colis de plusieurs kilogrammes, puis en lots de plusieurs dizaines, voire centaines de kilogrammes.

Étape 2 : l'acheminement vers l'Europe. Le transport du Maroc vers l'Europe emprunte plusieurs routes, dont les principales ont été détaillées au chapitre précédent : traversée du détroit de Gibraltar vers l'Espagne (par vedette rapide, par bateau de pêche, par voilier, voire dans des véhicules chargés sur des ferries), transport maritime direct vers les côtes françaises ou italiennes, ou transit par les ports nord-africains. Une fois en Espagne, la résine est acheminée par voie terrestre — en camion, en voiture, en camping-car — vers la France, via la Catalogne et le Languedoc, ou via les Pyrénées.

Étape 3 : la réception et le stockage en France. La marchandise est réceptionnée sur le territoire français par des équipes dédiées, souvent dans des zones périurbaines ou rurales qui offrent une relative discrétion. Les « nourrices » entrent en scène : elles stockent la résine dans des lieux sûrs, en attendant sa distribution vers les points de vente. Cette phase de stockage peut durer quelques jours à plusieurs semaines, selon la taille du lot et la capacité d'absorption du marché.

Étape 4 : le fractionnement et la distribution. La résine est fractionnée en quantités commercialisables — par « barrettes » de quelques grammes (3 à 10 grammes, en général) destinées à la vente au détail, ou par « savonnettes » entières (200-250 grammes) destinées à des revendeurs intermédiaires. Elle est ensuite acheminée vers les points de vente des cités, où les charbonneurs la vendent aux consommateurs finaux.

Étape 5 : la vente au détail. Le consommateur se rend au « plan » — le point de vente —, achète sa barrette de résine (à un prix qui oscille, selon les quartiers et la qualité, entre 3 et 10 euros le gramme), et repart. La transaction dure quelques secondes. Le cash remonte vers le gérant du point de vente, puis vers les échelons supérieurs du réseau.

Ce schéma, d'apparence simple, est en réalité d'une complexité opérationnelle considérable. À chaque étape, des problèmes peuvent survenir : une cargaison interceptée en mer, un go-fast arrêté sur l'autoroute, une nourrice dénoncée par un voisin, un point de vente attaqué par un réseau rival, un charbonneur qui détourne une partie de la recette. La gestion de ces aléas — ce que les spécialistes du management appellent, dans un tout autre contexte, la « gestion des risques » — mobilise des compétences, de l'expérience, de la réactivité. Elle constitue l'une des dimensions les moins visibles mais les plus déterminantes de l'activité des réseaux.

La cocaïne : de la Colombie aux quartiers nord

La chaîne logistique de la cocaïne est plus longue, plus complexe et plus rentable que celle du cannabis. La cocaïne est le produit-roi du narcotrafic contemporain — celui qui génère les marges les plus élevées, qui attire les acteurs les plus puissants, qui suscite les violences les plus féroces.

Étape 1 : la production. La feuille de coca est cultivée principalement en Colombie, au Pérou et en Bolivie, dans des zones rurales souvent contrôlées par des groupes armés (guérillas, paramilitaires, cartels). La transformation de la feuille en pâte-base, puis en chlorhydrate de cocaïne, s'effectue dans des laboratoires clandestins installés dans la jungle ou dans des zones montagneuses reculées. La production mondiale de cocaïne a atteint, selon l'ONUDC, des niveaux record ces dernières années — plus de 2 000 tonnes par an, en augmentation constante.

Étape 2 : le transport transatlantique. La cocaïne doit traverser l'Atlantique pour atteindre le marché européen. Les routes sont multiples et en constante évolution : transport maritime par conteneurs (la méthode qui permet les plus gros volumes), transport par bateaux de pêche ou voiliers, transport aérien via des vols commerciaux ou des aéronefs privés, transit par l'Afrique de l'Ouest (qui sert de plateforme de stockage et de redistribution), transit par les Caraïbes et les Antilles françaises (Martinique, Guadeloupe, Guyane). Les ports européens de réception sont principalement Anvers, Rotterdam, Algésiras, et, dans une moindre mesure, Marseille, Le Havre, Hambourg, Gioia Tauro.

Étape 3 : l'arrivée en Europe et la redistribution. Une fois en Europe, la cocaïne est redistribuée vers les marchés nationaux via des réseaux routiers. C'est à ce stade que Marseille joue un rôle important : la ville est à la fois un marché de consommation finale et une plateforme de redistribution vers le sud de la France et, parfois, vers d'autres pays méditerranéens. La cocaïne arrive à Marseille soit directement par le port, soit via les réseaux de redistribution terrestre depuis les ports du nord de l'Europe. Les grossistes marseillais — s'ils peuvent être qualifiés ainsi — s'approvisionnent auprès de fournisseurs internationaux et revendent à des semi-grossistes locaux, qui eux-mêmes alimentent les points de vente au détail.

Étape 4 : la coupe et le conditionnement. Avant d'être vendue au détail, la cocaïne est « coupée » — mélangée à des substances de dilution — pour augmenter le volume et les marges. Elle est ensuite conditionnée en « boulettes », en « parachutes » (sachets individuels de quelques dizaines de milligrammes à un gramme) ou en « galettes » (quantités plus importantes, de l'ordre de quelques grammes à quelques dizaines de grammes, destinées aux revendeurs intermédiaires ou aux consommateurs réguliers).

Étape 5 : la vente au détail. Comme pour le cannabis, la vente s'effectue sur des points de vente fixes (dans les cités) ou par des systèmes de livraison à domicile — un phénomène en expansion rapide, documenté par les services de police, qui transforme le narcotrafic en une sorte de « Uber de la drogue ». Les prix au détail de la cocaïne à Marseille oscillent, selon les données de l'OFDT et les éléments recueillis dans les procédures judiciaires, entre 50 et 80 euros le gramme — un prix en baisse tendancielle, signe d'une offre abondante.

IV. La question des marges : un business extrêmement rentable

Le narcotrafic est, peut-être, l'activité économique la plus rentable au monde — toutes catégories confondues.

Pour comprendre pourquoi, il suffit de suivre le parcours d'un kilogramme de cocaïne et d'observer l'évolution de son prix à chaque étape de la chaîne.

Au départ — en Colombie —, un kilogramme de cocaïne pure coûte entre 1 000 et 2 000 euros (les prix varient selon les régions de production, les saisons, les conditions de marché). C'est le « prix à la ferme », si l'on ose l'expression.

À l'arrivée en Europe, le même kilogramme — toujours pur — vaut entre 25 000 et 35 000 euros. Le simple fait de traverser l'Atlantique a multiplié la valeur du produit par un facteur de 15 à 25. Ce différentiel s'explique par le risque : le transport transatlantique est l'étape la plus périlleuse de la chaîne, celle où les probabilités d'interception sont les plus élevées (même si elles restent, en proportion du flux total, relativement faibles). Le prix intègre une « prime de risque » — un concept que n'importe quel économiste reconnaîtrait.

Après la coupe, un kilogramme de cocaïne pure est transformé en 1,5 à 3 kilogrammes de cocaïne coupée (selon le taux de dilution). Chaque kilogramme coupé vaut entre 30 000 et 50 000 euros au prix de gros local.

Au détail, la cocaïne est vendue entre 50 et 80 euros le gramme. Un kilogramme de cocaïne coupée, vendu gramme par gramme, génère donc entre 50 000 et 80 000 euros de recettes. Si l'on part d'un kilogramme pur, acheté 30 000 euros à l'arrivée en Europe, coupé pour donner deux kilogrammes de produit vendable, et écoulé au détail, le chiffre d'affaires total est de l'ordre de 100 000 à 160 000 euros — pour un investissement initial de 30 000 euros. La marge brute est donc de 70 000 à 130 000 euros par kilogramme initial.

Bien entendu, cette marge brute ne correspond pas au bénéfice net. Il faut déduire les coûts opérationnels : rémunération des équipes (logisticiens, nourrices, coupeurs, gérants, charbonneurs, guetteurs), frais de transport, location des lieux de stockage, achat des téléphones cryptés, corruption éventuelle, « caisses noires » pour les frais juridiques en cas d'arrestation (avocats, soutien aux familles de détenus), pertes dues aux saisies, aux vols internes, aux impayés. Ces coûts, bien que difficiles à estimer avec précision, sont significatifs — mais ils ne réduisent qu'en partie une marge qui reste, dans tous les cas de figure, extraordinairement élevée.

Pour le cannabis, les marges sont moins spectaculaires mais restent très attractives. Un kilogramme de résine de cannabis acheté au Maroc coûte entre 300 et 800 euros. Rendu à Marseille, il vaut entre 1 500 et 3 000 euros au prix de gros. Vendu au détail (en barrettes de quelques grammes, à 5-8 euros le gramme), il génère entre 5 000 et 8 000 euros de recettes. La marge, là encore, est substantielle — et le volume compense la moindre valeur unitaire.

Ces chiffres — issus du croisement de données de l'OFDT, de l'ONUDC, des rapports d'Europol et des éléments financiers figurant dans des dossiers judiciaires publics — expliquent à eux seuls l'attraction irrésistible qu'exerce le narcotrafic sur des individus en situation de précarité économique. Quand le SMIC mensuel net est d'environ 1 400 euros et que la revente d'un seul kilogramme de cocaïne peut générer un bénéfice net de plusieurs dizaines de milliers d'euros, l'arbitrage économique — pour qui n'intègre pas les coûts non monétaires (prison, violence, mort) — semble évident. Nous y reviendrons au chapitre consacré au recrutement des jeunes.

V. Le « four » : anatomie d'un point de vente

Pour rendre tangible ce que ces chiffres et ces schémas recouvrent concrètement, il faut descendre dans le détail d'un point de vente. Non pas un point de vente particulier — ce qui exposerait des individus et des lieux identifiables —, mais un point de vente type, reconstitué à partir d'éléments issus de multiples procédures judiciaires et de témoignages recueillis auprès de professionnels (policiers, éducateurs, travailleurs sociaux, magistrats) familiers de ces dispositifs.

Un point de vente de drogue dans une cité marseillaise fonctionne, dans son principe, comme un commerce de proximité. Il a des horaires d'ouverture — souvent de la fin de matinée jusqu'à tard dans la nuit, mais certains « plans » fonctionnent 24 heures sur 24. Il a une équipe — organisée en « shifts », en rotations, exactement comme dans une chaîne de restauration rapide. Il a un emplacement — choisi pour sa visibilité auprès des clients potentiels et pour sa défensabilité face aux incursions policières ou aux attaques de rivaux.

L'organisation typique d'un point de vente comprend les postes suivants, dont chacun est occupé par un ou plusieurs individus travaillant en rotation :

Les guetteurs — déjà évoqués — sont postés aux points d'accès du quartier : entrées de la cité, carrefours, halls d'immeuble, toits-terrasses. Leur mission est de repérer les mouvements de police (patrouilles, véhicules banalisés, brigades d'intervention) et de donner l'alerte. En cas d'alerte, l'ensemble de l'équipe se disperse en quelques secondes, la marchandise est « planquée » (cachée dans des trous creusés dans les murs, dans des boîtiers électriques, dans des espaces techniques des parties communes, dans des canalisations, sous des dalles descellées), et le point de vente se « ferme » — pour rouvrir quelques heures plus tard, une fois la menace passée.

Les vendeurs ou charbonneurs — au contact direct des clients. Ils prennent la commande (« un dix » pour un sachet de cannabis à 10 euros, « un cinq » pour un demi-gramme de cocaïne à 50 euros), encaissent l'argent, et remettent le produit. L'échange est rapide — quelques secondes tout au plus. Les charbonneurs ne détiennent jamais sur eux de grandes quantités de marchandise ni de grandes sommes d'argent : en cas d'interpellation, les quantités trouvées sont suffisamment faibles pour minimiser les poursuites pénales. Le stock principal est conservé à distance, dans une « planque » à laquelle seuls quelques membres de l'équipe ont accès.

Le « compteur » ou « receveur » — celui qui collecte l'argent à intervalles réguliers. Les charbonneurs ne gardent pas le cash sur eux : ils le remettent périodiquement au compteur, qui le compte, le vérifie, le consigne (parfois littéralement — certains dossiers judiciaires font état de carnets de comptes tenus avec un soin méticuleux) et le fait remonter vers le gérant du point de vente.

Le gérant — responsable de l'ensemble de l'opération. Il supervise, arbitre les conflits internes (un charbonneur accusé de vol, un guetteur qui ne fait pas son travail), gère l'approvisionnement (la « descente » de marchandise depuis la nourrice), fixe les prix, ajuste les rotations, gère la relation avec les échelons supérieurs du réseau. Le gérant est souvent un jeune homme — rarement plus de 25-30 ans — qui a gravi les échelons en partant du poste de guetteur ou de charbonneur.

Un point de vente actif peut générer, selon les données issues des procédures judiciaires, un chiffre d'affaires quotidien de 5 000 à 50 000 euros — voire davantage pour les « plans » les plus importants, dans les quartiers à forte fréquentation. Ces montants, rapportés à une année, donnent des chiffres d'affaires annuels de l'ordre de 1 à 15 millions d'euros — par point de vente. Et Marseille en compte, selon les estimations des services de police, plusieurs dizaines en activité à un instant donné — le nombre exact fluctuant en permanence, au gré des fermetures (par la police) et des réouvertures (par les réseaux).

VI. Les « shifts » : le travail en 3/8 de l'économie souterraine

L'un des aspects les plus frappants du fonctionnement des points de vente, quand on l'examine à travers le prisme des dossiers judiciaires, est son caractère méthodique, quasi-industriel.

Les équipes travaillent en rotations — trois équipes de huit heures, ou deux équipes de douze heures, selon les points de vente. Chaque « shift » comprend un nombre défini de guetteurs, de charbonneurs, de compteurs. Les horaires sont respectés avec une rigueur qui ferait pâlir d'envie certains managers de la grande distribution. Les absences sont sanctionnées. Les retards sont mal vus. Le vocabulaire lui-même emprunte au monde du travail : on « va au travail », on « fait son service », on « pointe ».

Cette rationalisation du travail criminel n'est pas anecdotique. Elle traduit la logique économique profonde du narcotrafic : maximiser la production (ici, les ventes), minimiser les coûts (notamment les risques d'interpellation), et optimiser l'utilisation des ressources humaines. Un point de vente qui fonctionne bien est un point de vente qui tourne sans interruption, qui écoule la marchandise rapidement, qui minimise les « temps morts » et qui assure une continuité de service que les clients apprécient — car les consommateurs de drogue, comme tous les consommateurs, sont sensibles à la disponibilité, à la qualité perçue et à la fiabilité de leur fournisseur.

Un magistrat spécialisé dans les affaires de stupéfiants, en poste au tribunal judiciaire de Marseille, résumait cette réalité en ces termes lors d'un colloque public consacré à la lutte contre le narcotrafic :

« Ce qui m'a le plus frappé, au fil des dossiers, c'est la rationalité du système. Ces gens ne sont pas des amateurs. Ils gèrent des problématiques de ressources humaines, de logistique, de comptabilité, de gestion des risques, qui ressemblent beaucoup à celles d'une entreprise ordinaire. La différence, évidemment, c'est que l'entreprise est criminelle, que le produit est illicite, et que les "sanctions disciplinaires" ne se traduisent pas par un avertissement ou un licenciement, mais par des violences, parfois mortelles. »

VII. L'innovation permanente : quand le narcotrafic s'adapte

Le narcotrafic n'est pas une activité figée. Il évolue, s'adapte, innove — avec une réactivité qui contraste souvent avec la lenteur des réponses institutionnelles.

Plusieurs innovations récentes, documentées par les services de police et de justice, méritent d'être signalées.

Les téléphones cryptés. L'utilisation de téléphones et de messageries cryptées — EncroChat, Sky ECC, ANOM, et d'autres — a constitué, dans les années 2010 et au début des années 2020, une révolution dans les communications des réseaux criminels. Ces dispositifs, présentés par leurs fabricants comme « inviolables », permettaient d'échanger des messages texte, des photos, des notes vocales avec un niveau de chiffrement qui rendait l'interception par les services de police extrêmement difficile, voire impossible.

Le démantèlement d'EncroChat par les polices française et néerlandaise en 2020 — une opération d'une ampleur inédite, qui a permis de décrypter des millions de messages échangés par des utilisateurs dans toute l'Europe — a porté un coup majeur aux réseaux qui s'appuyaient sur cette plateforme. Des centaines d'arrestations ont suivi, en France et ailleurs, y compris à Marseille. Les messages décryptés ont fourni aux enquêteurs une fenêtre exceptionnelle sur le fonctionnement interne des réseaux :

commandes de marchandise, négociations de prix, instructions logistiques, règlements de comptes — tout était consigné, avec une candeur qui témoignait de la confiance excessive que les utilisateurs plaçaient dans la technologie.

Mais le démantèlement d'EncroChat n'a pas mis fin à l'usage des communications cryptées. D'autres plateformes ont pris le relais — certaines déjà identifiées par les services de renseignement, d'autres encore inconnues. Le jeu du chat et de la souris se poursuit, comme il se poursuit depuis des décennies dans le domaine de la surveillance des communications.

La livraison à domicile. Phénomène en expansion rapide, la livraison de drogue à domicile — parfois appelée « Uber de la cocaïne » dans les médias — transforme les modes de distribution. Au lieu de se rendre sur un point de vente fixe dans une cité, le consommateur passe commande par téléphone ou par messagerie, et un livreur lui apporte le produit à l'adresse de son choix — parfois en moins d'une heure. Ce modèle, inspiré des plateformes de livraison de repas, présente plusieurs avantages pour les réseaux : il réduit l'exposition des points de vente fixes (et donc les risques d'interpellation), il élargit la clientèle au-delà des quartiers traditionnels (les classes moyennes et supérieures, qui ne fréquentent pas les cités, peuvent être servies à domicile), et il permet une certaine discrétion — le livreur ressemble à n'importe quel coursier.

Les procédures judiciaires récentes font état d'un développement significatif de ce mode de distribution à Marseille et dans d'autres grandes villes françaises. Certains réseaux combinent les deux modèles — point de vente fixe pour la clientèle de proximité, livraison à domicile pour la clientèle éloignée —, optimisant ainsi leur couverture géographique.

Le recours au darknet. Bien que moins prévalent à Marseille que dans certains pays d'Europe du Nord, l'usage du darknet — ces espaces d'Internet accessibles uniquement via des navigateurs spécialisés comme Tor — pour la vente de drogue est un phénomène en croissance. Les « cryptomarchés » en ligne permettent d'acheter des stupéfiants avec des cryptomonnaies (Bitcoin, Monero) et de se les faire livrer par voie postale. Ce modèle, qui élimine presque entièrement le contact physique entre vendeur et acheteur, représente un défi majeur pour les forces de l'ordre — même si plusieurs cryptomarchés ont été démantelés avec succès ces dernières années (Silk Road, AlphaBay, Hydra, entre autres).

L'usage des drones. Des cas d'utilisation de drones pour le transport de drogue — généralement sur de courtes distances, pour franchir un mur d'enceinte de prison ou pour survoler une zone de contrôle — ont été signalés en France, y compris dans la région marseillaise. L'usage reste marginal, mais il illustre la capacité d'adaptation technologique des réseaux.

Les nouvelles substances. Le marché ne se limite plus au cannabis et à la cocaïne. La MDMA, les amphétamines, la kétamine, le GHB, les « nouveaux produits de synthèse » (NPS) — une catégorie en expansion rapide, qui regroupe des substances chimiques conçues pour imiter les effets des drogues classiques tout en échappant, pendant un temps, à la législation — enrichissent l'offre et diversifient les revenus des réseaux. Le crack — forme fumable de la cocaïne, particulièrement addictive et destructrice — est en progression à Marseille, comme dans d'autres villes françaises, ajoutant une couche de complexité au paysage.

VIII. La gestion des risques : quand le crime pense comme une assurance

Les réseaux de narcotrafic, comme toute entreprise opérant dans un environnement hostile, développent des stratégies de gestion des risques. Ces stratégies, loin d'être improvisées, témoignent d'une rationalité instrumentale remarquable.

La compartimentalisation. Principe fondamental de toute organisation clandestine, la compartimentalisation consiste à limiter la circulation de l'information au strict nécessaire. Chaque membre du réseau ne connaît que ce qu'il a besoin de connaître pour accomplir sa tâche. Le guetteur ne sait pas où est stockée la marchandise. Le charbonneur ne connaît pas l'identité du fournisseur. La nourrice ne sait pas qui est le gérant du point de vente. Ainsi, en cas d'arrestation, les informations qu'un individu est susceptible de communiquer aux enquêteurs — volontairement ou sous la pression — sont limitées et ne permettent pas de remonter l'ensemble de la chaîne.

Les dossiers judiciaires montrent que ce principe est appliqué de manière variable selon les réseaux. Les plus structurés le respectent scrupuleusement ; les plus artisanaux le négligent, ce qui facilite le travail des enquêteurs. L'un des indices du « niveau de professionnalisme » d'un réseau, selon les analystes policiers, est précisément le degré de compartimentation qu'il met en œuvre.

La rotation des personnels. Pour limiter les risques liés à l'identification des individus par la police (surveillance, filature, reconnaissance faciale), certains réseaux pratiquent une rotation régulière de leurs effectifs. Les charbonneurs changent de point de vente, les guetteurs changent de poste, les nourrices changent de lieu de stockage. Cette mobilité complique le travail de surveillance, qui repose souvent sur l'identification de routines.

L'utilisation de « jetables ». Les téléphones portables utilisés par les membres des réseaux sont généralement des appareils bon marché, prépayés, utilisés pendant quelques jours ou quelques semaines avant d'être jetés et remplacés. Les cartes SIM sont achetées de manière anonyme — ou avec des identités fictives. Certains réseaux changent de numéro quotidiennement. Cette pratique — combinée à l'usage de messageries cryptées — rend les interceptions téléphoniques considérablement plus difficiles et plus coûteuses pour les services d'enquête.

Les « caisses noires » et le soutien aux détenus. Les réseaux les plus structurés constituent des réserves financières — des « caisses noires » — destinées à couvrir les frais juridiques (avocats) en cas d'arrestation de l'un de leurs membres, et à verser un soutien financier aux familles des détenus. Cette pratique, qui peut sembler relever de la solidarité, est en réalité un investissement rationnel : un membre du réseau qui sait que sa famille sera prise en charge pendant son incarcération est un membre qui a moins de raisons de « parler » aux enquêteurs. Le soutien aux détenus est un mécanisme de fidélisation — et de dissuasion de la collaboration avec la justice.

La diversification des routes et des fournisseurs. Les réseaux les plus sophistiqués ne mettent pas « tous leurs œufs dans le même panier ». Ils diversifient leurs sources d'approvisionnement — pour ne pas dépendre d'un seul fournisseur — et leurs routes d'acheminement — pour ne pas être vulnérables à la surveillance d'un seul itinéraire. Cette diversification, qui a un coût (il faut entretenir des relations avec plusieurs fournisseurs, gérer plusieurs chaînes logistiques en parallèle), est un facteur de résilience : la saisie d'une cargaison sur une route n'interrompt pas l'ensemble de l'approvisionnement.

La violence comme outil de gestion. Nous y consacrerons un chapitre entier, mais il faut mentionner ici que la violence — menace, intimidation, représailles, assassinat — fait partie intégrante de la « boîte à outils » de gestion des risques des réseaux. Elle sert à sanctionner les « traîtres » (ceux qui collaborent avec la police), à punir les voleurs internes, à dissuader les concurrents, à imposer le respect aux clients récalcitrants, à maintenir l'ordre au sein de l'organisation. Dans un monde où les contrats sont inexistants et où aucun tribunal ne peut être saisi en cas de litige commercial, la violence est le mécanisme ultime de régulation. Elle est, dans la logique du système, rationnelle — ce qui ne la rend évidemment pas moins terrible.

IX. La demande : l'autre moitié de l'équation

On ne peut pas décrire l'économie du narcotrafic sans évoquer ce qui la rend possible : la demande. Car sans demande, pas d'offre. Sans consommateurs, pas de trafiquants. Sans marché, pas d'entreprise, fût-elle criminelle.

La France est l'un des pays les plus consommateurs de cannabis en Europe. Selon les données de l'OFDT, environ 5 millions de Français déclarent avoir consommé du cannabis au cours de l'année écoulée, et environ 900 000 en consomment quotidiennement. La cocaïne, longtemps considérée comme une drogue « de luxe » réservée aux milieux favorisés, s'est largement démocratisée : le nombre de consommateurs dans l'année est estimé à plus d'un million, en augmentation constante.

Ces consommateurs ne sont pas tous — loin de là — des habitants des quartiers nord de Marseille. Ils sont cadres, étudiants, artisans, professions libérales, employés, retraités. Ils vivent dans les quartiers sud de Marseille, dans les centres-villes de Lyon, de Paris, de Bordeaux, dans les villages du Luberon, dans les stations balnéaires de la Côte d'Azur. Ils consomment le week-end, en soirée, au bureau, chez eux. Ils ne se considèrent pas, pour la plupart, comme des complices du narcotrafic — et pourtant, chaque gramme de cannabis ou de cocaïne qu'ils achètent alimente le système qui produit la violence, la corruption, la désolation des quartiers décrits dans ce livre.

Cette réalité — le rôle de la demande — est l'angle mort permanent du débat public sur le narcotrafic. On parle des trafiquants, des cités, des guetteurs, des go-fast, des saisies. On parle rarement des consommateurs. Comme si la drogue circulait dans un circuit fermé, sans destination finale. Comme si les points de vente vendaient du vent. Comme si le système pouvait fonctionner sans clients.

Le sociologue Michel Kokoreff a formulé cette réalité de manière particulièrement directe :

« Le narcotrafic n'est pas un problème de banlieue. C'est un problème de société. La drogue part des quartiers pauvres pour aller vers les quartiers riches. L'argent fait le chemin inverse. Et c'est ce circuit — ce circuit complet — qu'il faut regarder si l'on veut comprendre quelque chose. »

X. L'économie parallèle et l'économie réelle : des vases communicants

Le narcotrafic ne fonctionne pas dans un univers parallèle, hermétiquement séparé de l'économie légitime. Au contraire : les deux économies sont en interaction permanente, et cette interaction est l'un des aspects les plus sous-estimés — et les plus préoccupants — du phénomène.

Du côté de la consommation, l'argent du trafic irrigue l'économie locale. Les membres des réseaux dépensent leurs revenus : ils achètent des voitures, des vêtements de marque, des produits technologiques, de la nourriture, des loisirs. Ces dépenses alimentent le commerce local — les boutiques, les restaurants, les garages automobiles — et, dans certains quartiers où l'activité économique légale est faible, l'argent du trafic représente une part significative, bien qu'impossible à quantifier précisément, des flux de consommation. Des commerçants, sans être eux-mêmes impliqués dans le trafic, en bénéficient indirectement — un fait qui crée des situations moralement ambiguës et qui contribue à la tolérance tacite dont le trafic peut jouir dans certains territoires.

Du côté de l'investissement, l'argent du trafic cherche à se réinjecter dans l'économie légale — c'est la question du blanchiment, à laquelle nous consacrerons un chapitre entier. Mais même en deçà du blanchiment proprement dit, l'économie souterraine et l'économie officielle entretiennent des relations multiples. Des véhicules sont achetés en cash auprès de vendeurs peu regardants.

Des appartements sont loués avec des espèces. Des entreprises de façade sont créées pour justifier des revenus d'origine douteuse. Des transferts de fonds informels — la hawala, système traditionnel de transfert de valeur qui existe dans de nombreuses cultures et ne se réduit pas au blanchiment, mais qui peut être utilisé à cette fin — permettent de déplacer de l'argent à travers les frontières sans passer par le système bancaire.

Cette porosité entre les deux économies pose un défi considérable aux politiques de lutte contre le narcotrafic. On ne peut pas combattre l'économie souterraine sans examiner ses connexions avec l'économie officielle. Et on ne peut pas comprendre pourquoi le narcotrafic résiste aussi bien aux opérations policières sans voir que ses racines plongent profondément dans le tissu économique ordinaire.

XI. Les « petites mains » et les « cols blancs » : une hiérarchie sociale du crime

Le narcotrafic reproduit, dans son organisation interne, les inégalités de la société dont il est issu. C'est une hiérarchie sociale inversée, mais une hiérarchie tout de même — avec ses dominants et ses dominés, ses gagnants et ses perdants, ses privilégiés et ses exploités.

Au bas de l'échelle, les guetteurs et les charbonneurs — jeunes, souvent mineurs, issus des quartiers les plus défavorisés, peu ou pas scolarisés, sans autre perspective d'emploi, rémunérés quelques dizaines d'euros par jour pour un travail dangereux, épuisant et juridiquement sanctionné. Ils sont les « ouvriers non qualifiés » de l'industrie de la drogue — interchangeables, jetables, remplaçables. Leur espérance de « carrière » dans le trafic est courte : quelques mois, quelques années au mieux, avant l'arrestation, l'incarcération, la blessure, ou la mort.

Au milieu de l'échelle, les gérants de points de vente, les logisticiens, les nourrices — des individus plus expérimentés, plus compétents, mieux rémunérés, mais toujours exposés à des risques élevés. Ils constituent la « classe moyenne » du narcotrafic — une classe moyenne précaire, constamment menacée par la répression ou par les rivalités internes.

Au sommet, les organisateurs — ceux qui investissent, qui décident, qui engrangent la part la plus importante des bénéfices. Souvent éloignés physiquement du terrain, protégés par plusieurs couches d'intermédiaires, vivant parfois à l'étranger dans un confort matériel qui contraste brutalement avec les conditions de vie des quartiers où leurs réseaux opèrent. Ces « têtes de réseau » sont les véritables bénéficiaires du système — et ils sont, par construction, les plus difficiles à atteindre pour la justice.

Et puis il y a, dans l'ombre, une catégorie que l'on ne voit presque jamais dans les reportages télévisés ni dans les faits divers : les **« cols blancs » du narcotrafic**. Les avocats qui, au-delà de leur mission légitime de défense, peuvent parfois faciliter les activités criminelles de leurs clients. Les comptables et les experts financiers qui structurent les montages de blanchiment. Les agents immobiliers qui ne posent pas de questions sur l'origine des fonds. Les banquiers qui, par négligence ou par complicité, laissent transiter des flux suspects. Les notaires qui authentifient des transactions douteuses. Les fonctionnaires corrompus qui monnaient des informations ou des passe-droits.

Ces acteurs — dont l'implication, quand elle est avérée et sanctionnée par la justice, constitue une infraction pénale à part entière — sont les facilitateurs indispensables du système. Sans eux, l'argent du trafic resterait du cash inutilisable. Sans eux, les têtes de réseau ne pourraient pas acquérir de biens immobiliers, créer des sociétés, investir dans des activités légales. Sans eux, le narcotrafic resterait une activité de petits délinquants de quartier, incapable de se projeter au-delà du hall d'immeuble.

C'est cette dimension — la complicité structurelle du monde légal — que l'expression « DZ Mafia » occulte totalement. En focalisant le regard sur les cités, sur les jeunes, sur les quartiers populaires, elle détourne l'attention de ceux qui, depuis les beaux quartiers, les cabinets d'affaires et les paradis fiscaux, tirent les ficelles d'un système dont ils sont les premiers bénéficiaires.

XII. Comparaisons : le narcotrafic comme industrie mondiale

Pour mesurer ce que représente l'économie du narcotrafic à l'échelle globale, il peut être utile de la comparer à d'autres secteurs d'activité.

Le marché mondial de la cocaïne est estimé par l'ONUDC à environ 85 milliards de dollars par an. C'est davantage que le chiffre d'affaires mondial de Nike (environ 50 milliards de dollars), et un peu moins que celui de Siemens (environ 90 milliards de dollars). Le marché mondial du cannabis est encore plus important, bien que plus difficile à estimer en raison de la multiplication des régimes juridiques (prohibition, dépénalisation, légalisation) d'un pays à l'autre.

En Europe, le marché des drogues illicites est estimé par l'EMCDDA et Europol à environ 30 milliards d'euros par an. C'est un marché comparable en taille à celui du football professionnel européen — avec cette différence que le marché de la drogue ne paie pas d'impôts, ne sponsorise pas de maillots, et ne fait pas l'objet de conférences de presse.

En France, les estimations de l'INSEE — qui, depuis 2018, intègre le trafic de drogue dans le calcul du PIB national, conformément aux recommandations d'Eurostat — évaluent la « production » française de services liés au trafic de stupéfiants à environ 2,7 milliards d'euros par an. Ce chiffre, méthodologiquement contesté (il repose sur des extrapolations à partir de données de consommation et de prix), donne néanmoins un ordre de grandeur : le narcotrafic pèse, dans l'économie française, autant que certaines filières industrielles de taille intermédiaire.

Ces comparaisons ne sont pas des provocations. Elles visent à faire comprendre une réalité que le discours dominant peine à admettre : le narcotrafic n'est pas une déviance marginale. C'est un fait économique majeur. Et comme tout fait économique majeur, il ne peut être traité par des réponses exclusivement morales ou policières. Il exige une analyse systémique — celle-là même que ce livre tente de proposer.

XIII. Le « business model » : une rationalité glaçante

Si l'on pousse l'analogie entrepreneuriale jusqu'au bout — et elle est assumée, non pas pour glamouriser le trafic, mais pour le comprendre —, on peut décrire le « business model » du narcotrafic en des termes que n'importe quel étudiant en école de commerce reconnaîtrait.

Le produit : des substances psychoactives dont la demande est forte, constante et relativement inélastique au prix (les consommateurs réguliers, et a fortiori les consommateurs dépendants, continuent d'acheter même lorsque les prix augmentent). Cette inélasticité de la demande est une caractéristique économique fondamentale des marchés de la drogue : elle garantit un flux de revenus stable, quelles que soient les fluctuations de l'environnement.

Le marché : des millions de consommateurs dans toute la France et en Europe, issus de toutes les catégories sociales, de tous les âges (ou presque), de tous les territoires. Un marché en expansion, porté par la « démocratisation » de substances autrefois réservées à des niches (la cocaïne, par exemple, est passée en quelques décennies du statut de drogue de luxe à celui de produit de consommation courante dans certains milieux).

L'avantage concurrentiel : des marges brutes exceptionnellement élevées — de l'ordre de 200 % à 500 % entre le prix d'achat en gros et le prix de vente au détail, selon les substances et les configurations. Aucune industrie légale ne dégage des marges comparables, sauf dans des niches très spécifiques (le luxe, certaines technologies de pointe). Ces marges compensent les « coûts » spécifiques de l'activité — risques juridiques, violence, pertes liées aux saisies.

Les barrières à l'entrée : contrairement à ce que l'on pourrait croire, le narcotrafic n'est pas une activité accessible à quiconque. Pour opérer à un niveau significatif, il faut disposer d'un capital initial (pour acheter la marchandise), d'un réseau de confiance (pour sécuriser les transactions), d'une compétence logistique (pour acheminer le produit), d'un ancrage territorial (pour contrôler les points de vente), et d'une capacité de violence (pour protéger ses intérêts). Ces barrières à l'entrée expliquent pourquoi le marché n'est pas atomisé — il n'est pas composé de millions de petits trafiquants indépendants — mais structuré autour de réseaux, de groupes, d'organisations qui contrôlent des segments de la chaîne de valeur.

Les risques : l'arrestation, l'incarcération (les peines encourues vont de quelques mois pour les petits porteurs à vingt ans de réclusion criminelle, voire davantage en cas de circonstances aggravantes), la saisie des avoirs, la violence des concurrents ou des partenaires, la trahison, la mort. Ces risques sont réels et élevés — mais ils sont inégalement répartis le long de la hiérarchie, les petites mains supportant l'essentiel de l'exposition tandis que les organisateurs se protègent par la distance et l'anonymat.

XIV. La concurrence : un marché de violence

Le marché du narcotrafic est un marché concurrentiel — mais la concurrence, en l'absence de régulation légale, s'exprime par des moyens que le droit commercial ordinaire ne prévoit pas.

À Marseille, la concurrence entre réseaux est l'un des moteurs principaux de la violence qui frappe la ville. Plusieurs logiques s'entrecroisent :

La concurrence pour le contrôle des points de vente. Un point de vente bien situé — dans une cité à forte fréquentation, facilement accessible, avec une clientèle établie — est un actif précieux. Les réseaux rivaux se disputent le contrôle de ces emplacements, parfois par la négociation, souvent par la menace, parfois par la force. Un « changement de propriétaire » sur un point de vente peut se traduire par des séries de violences — intimidations, agressions, tirs d'armes à feu, assassinats — qui affectent non seulement les trafiquants eux-mêmes, mais aussi les habitants du quartier, pris en otage par des conflits qui ne les concernent pas.

La concurrence sur les prix et la qualité. Les consommateurs, comme sur tout marché, comparent les offres. Un réseau qui propose une cocaïne de meilleure qualité, ou un cannabis à un prix plus attractif, capte la clientèle de ses concurrents. Cette concurrence pousse à l'innovation (nouvelles substances, nouveaux modes de distribution) mais aussi, parfois, à la dégradation de la qualité (coupe excessive, produits frelatés) lorsque les marges sont sous pression.

La concurrence pour l'accès aux fournisseurs. Les grossistes et les importateurs — ceux qui ont accès aux grandes cargaisons — sont des acteurs rares et puissants. Les réseaux de distribution se disputent leurs faveurs, parfois en proposant de meilleures conditions (paiement anticipé, garantie de volumes), parfois en éliminant les concurrents par la violence.

Les conflits de dette. Dans un monde où les paiements se font en cash et où les contrats n'existent pas, les impayés sont fréquents — et les moyens de recouvrement sont violents. Un réseau qui ne paie pas son fournisseur, un intermédiaire qui détourne une partie de la marchandise, un revendeur qui « oublie » de remonter les recettes : autant de situations qui dégénèrent régulièrement en conflits armés.

Ces logiques de concurrence seront analysées plus en détail au chapitre 6, consacré à la violence. Mais il importait de les mentionner ici, dans le cadre de l'analyse économique, car elles sont constitutives du fonctionnement du marché. La violence n'est pas un « effet secondaire » du narcotrafic : elle est un mécanisme de régulation du marché, un substitut aux institutions — tribunaux, contrats, arbitres — qui, dans l'économie légale, régulent la concurrence de manière pacifique.

XV. L'emploi : le narcotrafic comme « premier employeur » des quartiers

L'une des dimensions les plus troublantes de l'économie du narcotrafic est son rôle de « pourvoyeur d'emploi » dans des quartiers où l'emploi légal fait cruellement défaut.

Les estimations du nombre de personnes impliquées, à un titre ou à un autre, dans le narcotrafic à Marseille varient considérablement selon les sources. Lors de son audition devant la commission d'enquête sénatoriale en 2024, un haut responsable policier avait évoqué le chiffre de « plusieurs milliers » de personnes directement impliquées dans le trafic de stupéfiants dans la seule ville de Marseille — un chiffre qui inclut les petites mains (guetteurs, charbonneurs) mais pas les consommateurs. Si l'on y ajoute les personnes qui tirent un revenu indirect du trafic (nourrices rémunérées pour stocker de la marchandise, chauffeurs, intermédiaires occasionnels), le nombre est sensiblement plus élevé.

Dans certains quartiers, le narcotrafic est, de fait, la principale — parfois la seule — source de revenus accessible à une partie de la population jeune et masculine. Non pas parce que les habitants de ces quartiers auraient une propension naturelle au crime — cette idée, outre qu'elle est moralement indéfendable, est empiriquement fausse —, mais parce que les alternatives sont inexistantes ou inaccessibles.

Quand le taux de chômage des jeunes hommes de 18-25 ans dépasse les 40 % dans un quartier — un chiffre courant dans les cités des arrondissements nord de Marseille, selon les données de l'INSEE —, quand les emplois disponibles sont précaires, mal rémunérés, éloignés (les transports en commun dans les quartiers nord sont notoirement insuffisants), quand le diplôme — quand on en a un — ne suffit pas à décrocher un entretien d'embauche, quand le patronyme ou l'adresse figurant sur le CV suffisent, selon les études sur les discriminations à l'embauche menées notamment par le CNRS et par l'Observatoire des discriminations, à diviser par deux ou par trois les chances d'être convoqué — quand tout cela se cumule, le narcotrafic apparaît comme une voie, sinon légitime, du moins compréhensible.

Cela ne veut évidemment pas dire que tous les jeunes des quartiers nord deviennent trafiquants. L'immense majorité ne le fait pas. Mais cela veut dire que le terreau est favorable, que le système éducatif et économique produit structurellement une population vulnérable au recrutement par les réseaux, et que la responsabilité de cette situation n'incombe pas aux seuls individus qui basculent, mais à l'ensemble de la société qui a laissé se constituer ces poches de relégation.

Un éducateur de la protection judiciaire de la jeunesse, en poste dans les Bouches-du-Rhône depuis une dizaine d'années, formulait la chose de manière percutante :

« On me demande tout le temps : "Pourquoi les jeunes vont dans le trafic ?" Mais la vraie question, c'est : "Pourquoi on ne leur propose rien d'autre ?" Moi, quand j'ai un gamin de 16 ans devant moi, qui a décroché de l'école à 14, qui vit avec sa mère au RSA, qui n'a jamais vu son père, et qui me dit qu'il peut se faire 200 euros par jour en bas de son immeuble — qu'est-ce que je lui propose ? Un stage de trois mois payé 600 euros, dans une boîte à une heure de bus de chez lui, où on lui demande de balayer un entrepôt ? C'est ça, ma "alternative" ? On ne combat pas un système économique avec de la morale. On le combat avec un autre système économique. Et pour l'instant, on n'en a pas. »

XVI. La question qui fâche : le narcotrafic est-il une « mafia » ?

Nous avions posé la question au chapitre 1, à propos de l'expression « DZ Mafia ». Elle se repose ici, avec une acuité particulière, au terme de cette analyse économique.

Si l'on s'en tient aux critères académiques de définition d'une organisation mafieuse — tels que formulés par des chercheurs comme Diego Ferrante, Clotilde Champeyrache, Pino Catanzaro ou Federico Ferrante —, une mafia se distingue d'un simple réseau criminel par plusieurs caractéristiques :

- La **capacité à exercer un contrôle territorial durable**, se substituant à l'État dans la fourniture de certains services (sécurité, arbitrage des conflits, emploi).
- La **capacité à infiltrer les institutions** — politiques, administratives, judiciaires, économiques — de manière systémique, pas seulement ponctuelle.
- L'existence d'un **code interne** — un ensemble de règles, de valeurs, de rituels qui structurent l'organisation et lui confèrent une identité collective durable.
- Une **permanence dans le temps** qui dépasse les individus — l'organisation survit à l'arrestation ou à la mort de ses dirigeants.
- Une **capacité à imposer une « protection »** — c'est-à-dire à taxer les activités économiques légales et illégales d'un territoire.

À l'aune de ces critères, les réseaux de narcotrafic marseillais présentent un tableau contrasté.

Certains éléments vont dans le sens d'une « mafiosisation » : le contrôle territorial de certains quartiers, où les réseaux exercent une autorité de fait ; la capacité à intimider les habitants et à imposer le silence ; la corruption documentée d'agents publics ; la pérennité de certains réseaux, qui survivent aux opérations de démantèlement et se reconstituent sous des formes nouvelles.

D'autres éléments plaident pour une réponse plus nuancée : l'absence de code interne formalisé (pas de rituels d'initiation, pas de serments, pas de structures hiérarchiques stables) ; la forte instabilité des alliances et des configurations (les réseaux se font et se défont rapidement) ; la prédominance de la logique de profit individuel sur la logique de groupe ; la faible capacité à infiltrer de manière systémique les institutions — le phénomène existe, mais il reste ponctuel et fragmentaire, sans commune mesure avec l'infiltration institutionnelle pratiquée par la 'Ndrangheta ou la Camorra en Italie.

Le procureur national anti-mafia italien, lors d'un colloque international sur le crime organisé en Méditerranée, avait formulé une mise en garde qui mérite réflexion :

« Les Français doivent être vigilants. Nous aussi, en Italie, nous avons longtemps pensé que la mafia était un problème sicilien, un problème du Sud, un problème de sous-développement. Et pendant que nous pensions cela, la 'Ndrangheta s'installait à Milan, à Turin, en Allemagne, en Australie. Le risque, pour la France, n'est pas de surestimer le problème — c'est de le sous-estimer. Le risque, c'est de continuer à traiter le narcotrafic comme un problème de délinquance urbaine, alors qu'il est peut-être en train de devenir un problème de criminalité organisée systémique. »

Cette mise en garde ne tranche pas le débat. Mais elle invite à la vigilance. Le narcotrafic marseillais n'est pas, aujourd'hui, une mafia au sens plein du terme. Mais il présente certaines tendances qui, si elles se confirmaient et s'amplifiaient, pourraient le rapprocher de ce modèle. C'est cette zone d'incertitude, cet entre-deux, qui rend l'analyse si difficile — et si nécessaire.

XVII. Un système qui s'auto-alimente

Au terme de ce chapitre, une image se dégage : celle d'un système — pas d'un chaos.

Un système doté de ses propres logiques, de ses propres rationalités, de sa propre cohérence. Un système qui produit de la richesse — concentrée entre les mains de quelques-uns — et de la misère — supportée par le plus grand nombre. Un système qui exploite les failles de la société — pauvreté, discrimination, défaillance des services publics — et qui, en retour, les aggrave. Un système qui se nourrit de la demande de millions de consommateurs et qui prospère dans les angles morts de l'État.

Un système, surtout, qui s'auto-alimente. Le trafic génère de l'argent, qui permet de recruter de nouvelles petites mains, qui permettent d'écouler davantage de marchandise, qui génère davantage d'argent. Les profits sont réinvestis dans l'achat de nouvelles cargaisons, dans la corruption de nouveaux agents, dans l'acquisition de nouvelles armes, dans le contrôle de nouveaux territoires. Le cycle se répète, s'amplifie, s'enracine.

Briser ce cycle est la tâche que se sont fixée les institutions — police, justice, douanes, services de renseignement. Nous verrons, au chapitre 8, avec quels moyens et quels résultats. Mais avant d'en arriver là, il faut encore comprendre qui sont ceux que ce système attire, utilise et broie : les jeunes recrues, dont la trajectoire fera l'objet du prochain chapitre.

Car derrière les chiffres, derrière les organigrammes, derrière les flux logistiques et financiers, il y a des vies. Des vies souvent courtes, souvent brisées, souvent gaspillées. Des vies qui méritent d'être regardées de près — non pas avec complaisance ni avec condescendance, mais avec la rigueur et l'honnêteté que commande leur complexité.

Dans un appartement d'une résidence périurbaine, quelque part dans les Bouches-du-Rhône, un homme que personne dans le voisinage ne connaît vraiment — il est discret, il dit bonjour dans l'ascenseur, il sort peu — aligne des sachets sur une table de camping. À côté de lui, une balance de précision, un rouleau de film alimentaire, un cahier à spirale ouvert sur une page couverte de chiffres. Il travaille vite, méthodiquement, sans un mot. Dans la pièce d'à côté, une télévision diffuse un match de football, le son coupé. Sur l'écran de son téléphone — un appareil bon marché, sans carte SIM nominative — un message s'affiche. Il le lit, hoche la tête, efface le message, reprend son travail.

L'entreprise tourne.

CHAPITRE 4

Jeunes recrues : la fabrique des petites mains

« Ce ne sont pas les enfants qui choisissent la rue. C'est la rue qui vient les chercher. »

— Éducateur spécialisé, quartiers nord de Marseille, entretien, 2023.

I. Trois silhouettes sur un muret

Ils sont trois. Assis sur un muret de béton, au pied d'un immeuble dont la façade n'a pas vu un ravalement depuis la présidence Chirac. Ils portent des survêtements de marque — ou des contrefaçons si bien faites qu'il faut s'y connaître pour voir la différence. Des baskets neuves. Des casquettes vissées sur le crâne. L'un d'eux fait tourner entre ses doigts un téléphone portable — pas un smartphone dernier cri, un petit appareil bon marché, le genre qu'on achète au tabac pour vingt euros, avec une carte prépayée anonyme.

Ils ont 15, 16, 17 ans. Peut-être moins. L'âge, dans ces contextes, est une donnée fluctuante — les visages sont parfois plus vieux que les dates de naissance, et les dates de naissance, selon les éducateurs et les magistrats qui travaillent avec ces jeunes, ne sont pas toujours fiables.

Ils ne vont pas à l'école. Pas aujourd'hui, en tout cas. Peut-être pas depuis des semaines. Peut-être pas depuis des mois. L'un d'eux a décroché en troisième. L'autre n'a jamais vraiment accroché. Le troisième a essayé un CAP, l'a abandonné au bout de quelques semaines — « c'était trop loin, fallait prendre deux bus, j'arrivais en retard, le patron m'engueulait ».

Ils sont là, sur ce muret, à l'heure où d'autres jeunes de leur âge sont en cours de mathématiques ou d'anglais. Ils regardent le parking, la rue, l'entrée de la cité. Ils regardent qui entre, qui sort. Ils ont un talkie-walkie, ou peut-être juste le petit téléphone, et quand une voiture inconnue se profile — une voiture qui pourrait être banalisée, une voiture qui roule trop lentement, une voiture dont les occupants regardent un peu trop attentivement autour d'eux —, l'un des trois porte le téléphone à son oreille et prononce un mot. Un seul. Convenu à l'avance. Le même chaque jour, ou un différent, selon le niveau de paranoïa du moment.

Ces trois silhouettes sur un muret, ce sont des **guetteurs**. Les sentinelles de l'économie souterraine. Le premier échelon de la hiérarchie du narcotrafic. Le maillon le plus bas, le plus exposé, le plus remplaçable — et le plus jeune.

Ce sont aussi, et c'est ce qui rend cette scène si douloureuse à regarder en face, des enfants. Des enfants au sens juridique du terme — des mineurs, protégés en principe par la Convention internationale des droits de l'enfant, par le Code de la justice pénale des mineurs, par l'ensemble de l'arsenal législatif que la République française a construit, au fil des décennies, pour protéger ceux qu'elle considère comme trop jeunes pour être pleinement responsables de leurs actes.

Des enfants que le système — tous les systèmes : l'école, la famille, l'État, la société — a perdus en route. Et que le narcotrafic, lui, a trouvés.

Ce chapitre est le leur.

II. Le chiffre qui dérange

Avant les histoires, les chiffres. Parce que les chiffres, dans leur sécheresse, disent des choses que les récits individuels, avec leur charge émotionnelle, peuvent masquer.

En 2023, selon les données publiées par le ministère de la Justice et compilées par la Direction de la protection judiciaire de la jeunesse

(DPJJ), plus de 4 000 mineurs ont été mis en cause pour des infractions liées aux stupéfiants dans le seul département des Bouches-du-Rhône. Ce chiffre, en hausse constante depuis le milieu des années 2010, ne reflète que la partie visible du phénomène — les mineurs effectivement interpellés, identifiés, et ayant fait l'objet d'une procédure. Le nombre réel de mineurs impliqués, à un titre ou à un autre, dans les activités de narcotrafic est, de l'avis unanime des professionnels, très sensiblement supérieur.

L'OFDT (Observatoire français des drogues et des tendances addictives), dans son rapport annuel de 2023, note une tendance au **rajeunissement des profils** impliqués dans le trafic de stupéfiants en France. Les mineurs représentent une part croissante des personnes interpellées — une évolution que les services de police et de justice constatent sur le terrain depuis plusieurs années. À Marseille, ce phénomène est particulièrement marqué : des enfants de 12, 13, 14 ans sont régulièrement identifiés comme guetteurs ou comme « petites mains » des réseaux de revente.

Le rapport de la commission d'enquête sénatoriale sur le narcotrafic, publié en 2024, consacre un développement significatif à la question des mineurs. Il y est noté que « le recrutement de mineurs par les réseaux de trafic constitue l'une des évolutions les plus préoccupantes de ces dernières années », et que « l'abaissement de l'âge d'entrée dans le trafic pose des défis majeurs aux dispositifs de prévention et de répression ».

Ces chiffres ne sont pas des abstractions. Derrière chaque unité statistique, il y a un adolescent — avec un nom, un visage, une histoire, une famille, des rêves qui n'ont peut-être jamais eu l'occasion de se formuler. C'est à ces histoires — anonymisées, reconstituées à partir d'éléments issus de procédures judiciaires publiques, de témoignages de professionnels et de travaux de recherche — que nous allons maintenant nous intéresser.

III. Portrait d'un guetteur : Mehdi, 14 ans

Appelons-le Mehdi. Ce n'est pas son vrai prénom. Son histoire est reconstituée à partir d'éléments tirés de plusieurs dossiers judiciaires traités par le tribunal pour enfants de Marseille, croisés avec les observations de professionnels de la protection de l'enfance. Ce n'est donc pas l'histoire d'un individu précis, mais un **portrait composite** — une figure qui concentre des traits récurrents, documentés par les professionnels et les chercheurs.

Mehdi a 14 ans. Il vit avec sa mère et ses deux sœurs cadettes dans un appartement de trois pièces au neuvième étage d'une tour du 14e arrondissement. Le père est absent — parti quand Mehdi avait 6 ans, jamais revenu, jamais de nouvelles ou presque. La mère travaille : aide à domicile, contrat à temps partiel, 900 euros par mois, parfois moins quand les heures sont réduites. L'APL aide à payer le loyer. Les allocations familiales complètent. Ça tient, à peine. Ça tient tant qu'il n'y a pas d'imprévu — une machine à laver qui lâche, une facture d'électricité plus lourde que prévu, une sortie scolaire à payer.

Mehdi était un élève moyen. Pas brillant, pas catastrophique. Plutôt discret. Les bulletins scolaires, quand ils parvenaient jusqu'à la mère — ce qui n'était pas toujours le cas —, mentionnaient un « élève capable mais peu investi », des « résultats en dents de scie », un « comportement correct mais un absentéisme préoccupant ». L'absentéisme a commencé en sixième. Quelques jours par-ci, une semaine par-là. En quatrième, c'est devenu chronique. En troisième, Mehdi n'est presque plus venu. Le collège a signalé. L'inspection académique a envoyé un courrier, puis un second. Un éducateur a été mandaté. Mehdi l'a vu deux fois, a promis de « s'y remettre », n'est jamais revenu.

À quel moment Mehdi est-il « entré dans le trafic » ? La question est plus complexe qu'il n'y paraît. Parce que Mehdi n'a pas vécu un moment de bascule, un instant dramatique où il aurait « choisi » le crime contre la vertu. Il a glissé. Progressivement, imperceptiblement, comme on descend une pente douce.

À 12 ans, il traînait déjà au pied de l'immeuble avec les plus grands — les 16, 17, 18 ans qui tenaient le bas de la tour. Il les regardait. Il les admirait, secrètement. Ils avaient de l'argent — pas beaucoup, mais plus que sa mère. Ils avaient des vêtements neufs. Ils avaient un statut — dans la cité, ils étaient quelqu'un. Ils étaient respectés, ou du moins craints, ce qui, à 12 ans, dans un environnement où la vulnérabilité est une faiblesse mortelle, revient à peu près au même.

À 13 ans, un des plus grands lui a demandé de « garder quelque chose ». Un petit sac, dans une boîte aux lettres. « Tu le gardes, tu le donnes à personne, et demain je viens le chercher. » Mehdi a gardé le sac. Le lendemain, le grand est revenu, a récupéré le sac, et a glissé un billet de 20 euros dans la main de Mehdi. Vingt euros. Pour n'avoir rien fait — juste gardé un sac.

À 14 ans, Mehdi est guetteur. Il « chouf » — de l'arabe *chouf*, « regarde ». Il est posté sur le muret, ou sur le balcon d'un appartement dont l'occupant, une personne âgée terrorisée, n'ose rien dire. Il surveille les allées et venues. Il donne l'alerte quand il faut. Il gagne entre 50 et 100 euros par jour — plus que ce que sa mère gagne en une journée de travail. Il ne se considère pas comme un « trafiquant ». Il ne touche pas à la drogue, ne la vend pas, ne la transporte pas. Il regarde. C'est tout. « Je fais rien de mal, je suis juste assis là. »

Et c'est exactement ce que le réseau attend de lui.

IV. Les mécanismes du recrutement : pas de contrat, pas de promesse, juste la vie

Le mot « recrutement » est, en lui-même, un peu trompeur. Il évoque une démarche active, un processus formalisé — un entretien d'embauche version clandestine, avec un recruteur qui identifie un candidat, lui fait une proposition, et attend sa réponse. Ce n'est presque jamais comme cela que les choses se passent.

Le recrutement des jeunes dans le narcotrafic est, le plus souvent, un processus **diffus, progressif et contextuel**. Il ne commence pas par une proposition explicite, mais par une **immersion**. Le jeune vit dans un environnement où le trafic est présent — visible, quotidien, normal au sens statistique du terme. Il grandit en voyant les transactions se faire au pied de son immeuble. Il connaît les acteurs — ce sont ses voisins, ses aînés, parfois ses cousins, ses frères. Il baigne dans une culture locale où le trafic, sans être valorisé par tous, fait partie du paysage — comme la mosquée du quartier, le terrain de foot grillagé, le bus 36 qui ne passe jamais à l'heure.

Les chercheurs en sciences sociales qui ont travaillé sur ces questions — notamment le sociologue Michel Kokoreff, l'anthropologue Lamence Madzou, le chercheur Thomas Sauvadet ou la sociologue Isabelle Coutant — décrivent ce processus sous le terme de **socialisation déviante**. Ce n'est pas une conversion brutale, mais une imprégnation lente — un apprentissage, au sens sociologique du terme, par lequel le jeune intériorise progressivement les codes, les valeurs, les pratiques du milieu dans lequel il évolue.

Plusieurs mécanismes, identifiés de manière convergente par la recherche et par l'expérience des professionnels de terrain, contribuent à cette socialisation.

Le voisinage

Le premier mécanisme est le plus simple et le plus déterminant : la **proximité géographique**. Quand le trafic se déroule au pied de votre immeuble, dans le hall que vous traversez chaque jour, sur le parking où vous jouez au ballon, la frontière entre le monde « normal » et le monde du trafic devient poreuse — si tant est qu'elle ait jamais existé. Le jeune n'a pas besoin de chercher le trafic : le trafic est déjà là, sous ses fenêtres. Et les trafiquants ne sont pas des étrangers menaçants : ce sont des visages familiers, des gens qu'il croise depuis l'enfance, qui lui disent bonjour, qui parfois lui offrent un sandwich ou un billet pour aller au cinéma.

Cette banalisation par la proximité est l'un des facteurs les plus puissants — et les plus difficiles à combattre — du recrutement. Elle n'opère pas par la contrainte ni par la séduction, mais par l'habitude. Le trafic devient un fait social ordinaire, intégré au fonctionnement quotidien du quartier. Et quand un fait social est ordinaire, il cesse de paraître anormal — même s'il reste illégal.

Le modèle du « grand »

Dans les quartiers où les figures d'autorité positives sont rares — où le père est absent, où les enseignants ne restent pas, où les éducateurs sont débordés, où les policiers sont perçus comme hostiles —, les aînés impliqués dans le trafic occupent une place symbolique considérable. Le « grand » du quartier — celui qui a 18, 20, 25 ans, qui gère un point de vente, qui roule dans une belle voiture, qui distribue des billets avec une générosité calculée — devient un **modèle de réussite**. Pas le seul modèle, certes. Mais un modèle visible, immédiat, accessible. Un modèle qui dit, par sa simple existence : « On peut s'en sortir. Pas par l'école — ça, c'est pour les autres. Pas par le travail — ça, c'est pour ceux qui veulent rester pauvres. Mais par le business. Par la rue. Par nous. »

Ce modèle est d'autant plus efficace qu'il s'inscrit dans une culture de la **réussite matérielle ostentatoire** qui dépasse largement le cadre du narcotrafic. La société de consommation, les réseaux sociaux, le rap, la publicité — tout concourt à valoriser l'argent, les biens matériels, le « style de vie ». Les jeunes des cités n'échappent pas à cette injonction consumériste ; ils y sont même plus exposés que d'autres, dans la mesure où l'écart entre ce que la société leur montre (des modes de vie luxueux, omniprésents sur les écrans) et ce que leur réalité leur offre (la précarité, l'ennui, le sentiment d'être relégué) est particulièrement cruel.

Le « grand » du quartier, dans ce contexte, incarne la possibilité de combler cet écart. Il est la preuve vivante que l'on peut, depuis le bas de l'échelle, accéder aux signes extérieurs de réussite que la société exhibe mais refuse. Et c'est cette preuve, plus que n'importe quel discours, qui convainc.

La promesse de l'argent

L'argent est, bien sûr, le moteur le plus immédiat. Non pas l'argent comme fin en soi — la plupart des jeunes qui entrent dans le trafic n'ont pas de projet d'enrichissement à long terme, pas de « plan de carrière » —, mais l'argent comme **réponse à un manque concret**.

Les témoignages recueillis par les éducateurs, les juges pour enfants et les chercheurs convergent sur ce point : les jeunes recrues ne parlent presque jamais de « devenir riche ». Ils parlent de « s'acheter des chaussures », de « donner de l'argent à ma mère », de « ne plus avoir honte ». L'argent du trafic n'est pas, dans leur discours, un luxe : c'est un accès à la normalité. C'est le pouvoir de consommer comme les autres, de ne plus être celui qui porte les mêmes baskets depuis six mois, celui qui ne peut pas aller au fast-food avec les copains, celui qui baisse les yeux quand on parle de marques.

Un juge pour enfants en poste au tribunal de Marseille — que nous appellerons Mme Renard, ce n'est pas son nom — a formulé cette observation lors d'un entretien accordé dans le cadre de cette enquête :

« Ce qui me frappe, dans les dossiers de mineurs impliqués dans le trafic, c'est la modestie de leurs aspirations. On s'attend à des personnages avides, calculateurs, cyniques. En fait, ce sont des gamins qui veulent des Nike. Qui veulent un survêtement neuf. Qui veulent pouvoir offrir un cadeau à leur petite sœur pour son anniversaire. C'est dérisoire, et c'est immense. C'est dérisoire parce que les sommes en jeu, au niveau où ils interviennent, sont faibles — 50, 100 euros par jour. C'est immense parce que ces 50 euros représentent, pour eux, la différence entre l'humiliation et la dignité. Et c'est cette différence-là que le réseau exploite. »

Le sentiment d'appartenance

L'argent n'est pas tout. Si le narcotrafic n'offrait que de l'argent, il serait probablement moins attractif qu'il ne l'est. Ce qu'il offre en plus — et c'est peut-être le plus important —, c'est un **sentiment d'appartenance**.

Appartenir à un groupe. Avoir une place. Être reconnu. Compter pour quelqu'un. Ces besoins fondamentaux, que la psychologie sociale identifie comme essentiels au développement de tout être humain, sont souvent insatisfaits chez les jeunes qui basculent dans le trafic. L'école les a relégués. La famille, quand elle existe, est débordée, épuisée, parfois défaillante. Les institutions — centres sociaux, clubs sportifs, associations — manquent de moyens et de personnel. La société, dans son ensemble, les ignore ou les craint.

Le réseau de trafic, lui, les accueille. Il leur donne un rôle — guetteur, charbonneur, coursier. Il leur donne un surnom — un « blaze », comme ils disent. Il leur donne des compagnons — d'autres jeunes, dans la même situation, avec qui partager les longues heures de « chouf », les sandwiches de midi, les blagues, les peurs, l'adrénaline. Il leur donne un territoire — le quartier, la cité, le bloc, qui deviennent leur domaine, leur royaume miniature. Il leur donne, enfin, une identité — celle de quelqu'un qui « fait quelque chose », qui a un « travail » (le mot est utilisé sans ironie), qui est « dans le coup ».

Le sociologue Thomas Sauvadet, dans ses travaux sur les bandes de jeunes dans les cités françaises, a montré comment le « capital guerrier » — c'est-à-dire la capacité à s'imposer physiquement, à inspirer le respect ou la crainte, à démontrer son courage et sa résistance — fonctionne comme un **capital symbolique** dans les milieux où les autres formes de capital (économique, culturel, scolaire) font défaut. Le trafic offre un espace où ce capital guerrier peut s'exercer et être valorisé — ce qui explique, en partie, son attractivité pour des jeunes hommes en quête de reconnaissance virile.

L'ennui

Il y a un facteur que les analyses savantes mentionnent rarement, parce qu'il semble trop trivial pour mériter une théorisation, mais que tous les professionnels de terrain citent spontanément : **l'ennui**.

L'ennui des journées sans école, sans travail, sans activité, sans projet. L'ennui d'un quartier où il n'y a rien à faire — pas de cinéma, pas de médiathèque ouverte le soir, pas de salle de sport accessible, pas de café où traîner (les cafés des quartiers nord, quand ils existent, sont souvent des espaces masculins et adultes, peu accueillants pour les adolescents). L'ennui, cette forme de vide existentiel qui, à 14 ou 15 ans, quand l'énergie est débordante et que le monde semble plein de promesses inaccessibles, devient physiquement insupportable.

Le trafic, dans ce contexte, est aussi — et peut-être surtout — un **divertissement**. Une activité. Quelque chose à faire. Les longues heures de guet, qui pourraient sembler monotones vues de l'extérieur, sont vécues par les jeunes guetteurs comme un mélange d'ennui et d'excitation — l'ennui des heures calmes, ponctué par les montées d'adrénaline des alertes, des « descentes » de police, des incidents. C'est un jeu — un jeu dangereux, un jeu dont les conséquences peuvent être terribles, mais un jeu tout de même, avec ses règles, ses victoires, ses défaites, son vocabulaire, ses héros et ses traîtres.

Un éducateur spécialisé, en poste dans un club de prévention des quartiers nord, formulait cette réalité avec une franchise désarmante :

« Vous voulez savoir pourquoi les gamins vont dans le trafic ? Parce qu'on ne leur propose rien. Rien. J'insiste sur le mot. Rien. Pas une activité, pas un lieu, pas un projet, pas un rêve. On a un terrain
tu es un critique littéraire, donne-moi ton avis sur le livre joint. est ce qu'il y a un risque de dépôt de plainte pour diffamation *de foot dont le grillage est crevé depuis trois ans, un local associatif ouvert deux après-midi par semaine, et un éducateur — moi*

— pour deux mille gamins. Alors oui, quand le réseau leur dit "viens avec nous, tu vas gagner 50 balles par jour et on va bien s'amuser", évidemment qu'ils y vont. Qu'est-ce qu'on leur propose d'autre ? »

V. Les trajectoires : il n'y a pas un profil, il y en a cent

L'une des erreurs les plus courantes dans l'analyse du recrutement des jeunes est la recherche d'un **profil type** — un portrait-robot du « jeune trafiquant » qui permettrait de le repérer à l'avance et de le « traiter » avant qu'il ne bascule. Cette approche, séduisante par sa simplicité, est scientifiquement fragile et politiquement dangereuse.

Fragile, parce que les trajectoires qui mènent au trafic sont extrêmement diverses. On trouve dans les réseaux des jeunes issus de familles monoparentales et d'autres issus de familles biparentales. Des décrocheurs scolaires et des collégiens encore scolarisés. Des enfants de parents au chômage et des enfants de parents salariés. Des jeunes suivis par les services sociaux depuis l'enfance et d'autres qui n'ont jamais été repérés par aucune institution. Des enfants d'origine maghrébine, d'origine comorienne, d'origine subsaharienne, d'origine européenne — la diversité des origines des jeunes impliqués dans le trafic reflète celle des quartiers où ils vivent, ni plus ni moins.

Dangereuse, parce que la quête d'un « profil type » conduit inévitablement à la **stigmatisation**. Si l'on décide que le « profil type » du jeune trafiquant est un garçon d'origine maghrébine, issu d'une famille monoparentale, en décrochage scolaire, on finit par considérer tout garçon correspondant à cette description comme un trafiquant potentiel — ce qui est statistiquement absurde (l'immense majorité des jeunes correspondant à ce profil ne sont pas trafiquants) et moralement inacceptable (c'est, purement et simplement, du profilage ethnique et social).

Ce que la recherche permet d'identifier, en revanche, ce ne sont pas des profils, mais des **facteurs de risque** — c'est-à-dire des circonstances qui augmentent la probabilité d'une implication dans le trafic, sans la déterminer mécaniquement. Ces facteurs, documentés par de nombreuses études en France et à l'étranger, sont les suivants.

VI. Les facteurs de risque : une accumulation, pas une fatalité

Le décrochage scolaire

Le lien entre décrochage scolaire et implication dans le trafic est l'un des plus robustes et des plus documentés. Selon les données de la DPJJ, une proportion très majoritaire des mineurs poursuivis pour des infractions liées aux stupéfiants sont en situation de décrochage scolaire au moment des faits — c'est-à-dire qu'ils ne sont plus scolarisés ou ne fréquentent plus leur établissement de manière régulière.

Ce lien ne signifie pas que le décrochage scolaire « cause » le trafic. Il signifie que le décrochage crée un **vide** — un vide de temps, d'encadrement, de perspectives — que le trafic vient combler. L'école, quand elle fonctionne, joue un triple rôle de protection : elle occupe le temps (un adolescent en cours est un adolescent qui n'est pas disponible pour le guet) ; elle offre un cadre de socialisation alternatif à la rue ; et elle ouvre — en principe — des perspectives d'avenir qui rendent le trafic moins attractif. Quand l'école ne remplit plus ces fonctions, le risque augmente.

Or, l'école, dans les quartiers prioritaires de la politique de la ville, fonctionne souvent dans des conditions dégradées. Les rapports successifs de la Cour des comptes et de l'inspection générale de l'Éducation nationale ont documenté, année après année, les difficultés spécifiques de ces établissements : rotation rapide des enseignants (les postes en éducation prioritaire, souvent pourvus par des professeurs débutants, connaissent un turnover élevé), classes surchargées, bâtiments vétustes, manque de personnel d'encadrement (conseillers principaux d'éducation, assistants sociaux, psychologues scolaires), tensions entre élèves, climat de violence parfois insoutenable.

Le collège, en particulier, constitue un point de rupture pour de nombreux jeunes. Le passage de l'école primaire — structure de proximité, souvent située dans le quartier, avec un enseignant unique qui connaît chaque élève — au collège — structure plus vaste, plus impersonnelle, plus exigeante sur le plan académique — est un moment de fragilité. Pour les élèves qui arrivent au collège avec des lacunes accumulées, sans soutien familial suffisant, dans un environnement où la pression du quartier commence à se faire sentir, ce passage peut être fatal. Le décrochage, quand il survient, est rarement brutal : c'est un effilochage, une succession d'absences, de retards, de sanctions, de conseils de discipline, qui aboutit, un jour, à une sortie silencieuse du système — sans que quiconque, ou presque, s'en aperçoive.

La précarité économique familiale

La pauvreté, en elle-même, ne conduit pas au crime. Cette affirmation, qui relève à la fois du bon sens et de la rigueur scientifique, doit être posée clairement pour éviter tout glissement déterministe. La grande majorité des familles pauvres — y compris les plus pauvres — élèvent des enfants qui ne deviendront jamais trafiquants. La pauvreté n'est pas une condamnation.

Mais la pauvreté crée un **environnement** dans lequel le trafic devient plus visible, plus accessible et plus tentant. Elle limite les alternatives (formations, loisirs, mobilité). Elle impose des contraintes matérielles qui rendent l'argent rapide du trafic particulièrement séduisant. Elle génère un stress familial qui peut fragiliser l'encadrement parental — un parent qui travaille à des horaires décalés, qui cumule les emplois précaires, qui est épuisé physiquement et moralement, est un parent qui a moins de temps et d'énergie pour surveiller, accompagner, protéger.

À Marseille, les données de l'INSEE sont éloquentes. Dans les quartiers prioritaires de la politique de la ville (QPV) — qui couvrent une part significative des arrondissements nord —, le taux de pauvreté des ménages dépasse souvent les 50 %. Le revenu médian par unité de consommation y est de l'ordre de 800 à 1 000 euros par mois — très en dessous du seuil de pauvreté national (environ 1 100 euros par mois pour une personne seule). La monoparentalité y est plus fréquente que la moyenne nationale — environ 30 % à 35 % des familles avec enfants, contre 20 % au niveau national. Les allocations sociales constituent, pour une proportion importante de ces ménages, la principale source de revenus.

Dans cet environnement, un adolescent qui rapporte 50 ou 100 euros par jour à la maison — ou qui, simplement, cesse de coûter de l'argent à sa mère parce qu'il s'achète lui-même ses vêtements et sa nourriture — accomplit un acte qui a une portée économique réelle. Il « contribue ». Il « aide ». Et cette dimension économique, aussi modeste soit-elle à l'échelle du réseau, est vécue par le jeune comme un facteur de fierté — une manière de devenir « l'homme de la famille », de compenser l'absence du père, d'accéder à un statut adulte avant l'heure.

Les éducateurs de la protection judiciaire de la jeunesse rapportent que cette dimension est fréquemment invoquée par les jeunes eux-mêmes, lors des entretiens éducatifs ou des audiences devant le juge pour enfants. « Je fais ça pour ma mère », « Je veux pas qu'elle galère », « C'est moi l'homme de la maison » : ces phrases, récurrentes, témoignent d'une logique qui n'est ni celle de la cupidité ni celle de la délinquance assumée, mais celle d'une **responsabilité précoce** imposée par les circonstances.

L'absence de figure paternelle

Le sujet est sensible, parce qu'il touche à des réalités intimes et parce qu'il peut facilement basculer dans le cliché ou la stigmatisation. Il doit néanmoins être abordé, parce que les données sont convergentes.

Une proportion significative — quoique non exclusive — des jeunes impliqués dans le narcotrafic a grandi sans père ou avec un père absent, défaillant ou violent. Les dossiers de la protection judiciaire de la jeunesse font régulièrement état de situations familiales marquées par l'absence paternelle — absence physique (père parti, incarcéré, décédé, inconnu) ou absence symbolique (père présent mais démissionnaire, violent, lui-même en difficulté avec la loi).

Cette corrélation, documentée par les professionnels, ne doit pas être interprétée de manière simpliste. Ce n'est pas l'absence du père en soi qui « cause » le basculement dans le trafic — des millions d'enfants grandissent sans père et mènent des vies parfaitement légales. C'est la **conjonction** de cette absence avec d'autres facteurs — précarité, décrochage scolaire, environnement de trafic, manque de figures d'autorité positives — qui crée une vulnérabilité. Le père absent laisse un vide que d'autres figures — les aînés du quartier, les « grands » du réseau — viennent combler. Le réseau fonctionne, pour ces jeunes, comme une **famille de substitution** — avec ses « grands frères », ses règles, ses codes, sa protection, sa violence.

Un psychologue clinicien exerçant dans un centre éducatif renforcé des Bouches-du-Rhône — que nous appellerons M. Kessler — observait :

« Quand je reçois un adolescent qui entre dans le trafic, l'une des premières choses que je fais, c'est regarder la configuration familiale. Pas pour juger. Pour comprendre. Dans la grande majorité des cas, il y a un manque — un père absent, un père inconnu, un père en prison. Et dans ce manque s'engouffre le réseau, qui propose exactement ce que le jeune cherche : de l'autorité, de la reconnaissance, de la protection, un sentiment d'être quelqu'un pour quelqu'un. Le réseau ne remplace pas le père. Mais il occupe la place que le père a laissée vide. Et c'est très difficile de lutter contre ça — parce que le besoin est réel, profond, vital. »

Le quartier comme destin

Les sociologues Stéphane Beaud et Michel Pialoux, dans leurs travaux pionniers sur les classes populaires françaises, ont montré comment le **quartier** — l'espace physique, social, symbolique dans lequel on vit — façonne les identités, les possibilités, les trajectoires. Le quartier n'est pas un décor neutre : c'est un acteur. Il détermine les rencontres que l'on fait, les modèles que l'on côtoie, les opportunités auxquelles on a accès, les contraintes auxquelles on est soumis.

Dans les quartiers où le narcotrafic est solidement implanté, le quartier fonctionne comme une **machine à socialiser** les jeunes vers le trafic — pas de manière intentionnelle (les habitants, dans leur grande majorité, ne souhaitent pas que leurs enfants deviennent trafiquants), mais de manière structurelle. Le trafic est là. Il est visible. Il est banal. Il fait partie de l'environnement, comme les immeubles, les aires de jeux rouillées et les boîtes aux lettres défoncées. Et cette banalité, cette omniprésence, produit un effet de normalisation que les discours moraux — « la drogue, c'est mal » — sont impuissants à contrer.

La notion de « quartier comme destin » n'implique pas un déterminisme absolu. Des jeunes issus des mêmes quartiers, des mêmes immeubles, des mêmes familles, empruntent des trajectoires radicalement différentes — l'un devient trafiquant, l'autre devient infirmier, un troisième devient ingénieur. Mais elle implique que les chances ne sont pas égales. Que naître dans tel quartier plutôt que dans tel autre modifie significativement la probabilité de certaines trajectoires. Et que cette inégalité des chances est une responsabilité collective — pas individuelle.

VII. Les « petits soldats » : le recrutement des mineurs comme stratégie

Il faut dissiper une illusion : le recrutement de mineurs par les réseaux de trafic n'est pas un accident. C'est une **stratégie**.

Les réseaux recrutent des mineurs en toute connaissance de cause, et pour des raisons précises, documentées par les enquêteurs et les magistrats spécialisés.

Raison n° 1 : la protection pénale. En France, les mineurs bénéficient d'un régime pénal dérogatoire, fondé sur le principe d'atténuation de la responsabilité pénale. Le Code de la justice pénale des mineurs, entré en vigueur en 2021, pose le principe selon lequel la réponse pénale à la délinquance des mineurs doit être d'abord éducative. Les peines encourues par les mineurs sont inférieures à celles des majeurs. L'incarcération est un dernier recours. Les alternatives à la détention (mesures éducatives, liberté surveillée, placement en centre éducatif) sont privilégiées.

Les réseaux le savent. Ils exploitent cette protection pénale de manière délibérée. En confiant les tâches les plus exposées — le guet, la revente au détail — à des mineurs, ils minimisent les conséquences judiciaires en cas d'interpellation. Un mineur de 14 ans interpellé avec quelques grammes de cannabis sera, dans la plupart des cas, remis à ses parents après un rappel à la loi ou une mesure éducative. Il sera opérationnel dès le lendemain. Un majeur, dans la même situation, risque une garde à vue prolongée, un déferrement, une condamnation à de la prison ferme.

Le rapport de la commission d'enquête sénatoriale de 2024 est explicite sur ce point : « *Les réseaux instrumentalisent la minorité pénale. Le recrutement de mineurs est un choix rationnel, guidé par le calcul du rapport risque/bénéfice.* »

Raison n° 2 : le coût. Les mineurs sont moins chers que les adultes. Un guetteur de 14 ans se contente de 50 euros par jour — une somme qui représente, pour lui, une fortune, mais qui est dérisoire au regard du chiffre d'affaires du point de vente. Un adulte exigerait davantage — et serait, de surcroît, plus susceptible de négocier, de contester, de revendiquer.

Raison n° 3 : la docilité. Les mineurs sont, en règle générale, plus obéissants, plus impressionnables, plus malléables que les adultes. Ils acceptent les ordres sans discuter. Ils ne posent pas de questions. Ils sont reconnaissants de l'attention et de l'argent qu'on leur accorde. Et quand ils désobéissent, les sanctions — une gifle, une humiliation publique, une menace — suffisent généralement à les remettre dans le rang. La violence à l'encontre des mineurs au sein des réseaux est une réalité documentée, bien que souvent invisible — les jeunes victimes ne portent pas plainte, par peur des représailles ou par loyauté envers le groupe.

Raison n° 4 : la disponibilité. Un mineur déscolarisé est disponible 24 heures sur 24. Il n'a pas de contraintes professionnelles, pas d'obligations familiales lourdes. Il peut « choufer » du matin au soir, sept jours sur sept, y compris les jours fériés et les vacances scolaires — période d'intense activité pour les points de vente, comme le notent les services de police.

Raison n° 5 : l'invisibilité. Un adolescent assis sur un muret, en survêtement et en baskets, est un spectacle banal dans une cité. Il n'attire pas l'attention. Il fait partie du décor. Un adulte posté au même endroit, pendant les mêmes heures, susciterait davantage de curiosité — et davantage de suspicion de la part des forces de l'ordre.

Cette stratégie de recrutement des mineurs constitue, dans les faits, une forme d'**exploitation** — une exploitation qui, si elle était transposée dans un contexte de travail légal, serait immédiatement qualifiée de travail des enfants et poursuivie comme telle. Mais le caractère illégal de l'activité rend cette exploitation doublement invisible : invisible parce que clandestine, et invisible parce que les victimes — les mineurs eux-mêmes — ne se perçoivent pas comme des victimes.

VIII. La mécanique de l'escalade

Le guetteur d'aujourd'hui est le charbonneur de demain. Le charbonneur d'aujourd'hui est le gérant de demain. C'est, du moins, la promesse implicite — la « perspective de carrière » que le réseau fait miroiter, sans jamais la formuler aussi crûment.

La réalité est à la fois plus nuancée et plus cruelle.

Certains jeunes, effectivement, gravissent les échelons. Ils passent du guet à la revente, de la revente à la gestion d'un point de vente, de la gestion à l'organisation logistique. Ils gagnent plus d'argent, acquièrent plus de responsabilités, accèdent à un statut plus élevé dans la hiérarchie informelle du quartier. Ces « carrières ascendantes », bien que minoritaires, sont suffisamment visibles pour alimenter le mythe de la réussite — et pour maintenir l'attractivité du système auprès des nouvelles recrues.

Mais la plupart ne « montent » pas. Ils restent guetteurs, ou charbonneurs, pendant des mois, parfois des années. Ils sont remplacés quand ils se font arrêter. Ils sont écartés quand ils deviennent trop connus des services de police. Ils sont abandonnés quand ils sont blessés ou incarcérés. La « carrière » dans le trafic, pour la grande majorité des petites mains, est une impasse — une succession de journées identiques, ponctuées par la peur de la police, la peur des concurrents, la peur des supérieurs, et la certitude diffuse mais lancinante que tout cela ne mène nulle part.

Les données judiciaires le confirment : les jeunes qui sont interpellés pour des faits de trafic récidivent massivement. Selon les statistiques du ministère de la Justice, le taux de récidive des mineurs condamnés pour des infractions liées aux stupéfiants dépasse les 50 % dans les deux ans suivant la condamnation. Ce taux, l'un des plus élevés de la délinquance des mineurs, traduit l'emprise durable du réseau et la difficulté des réponses institutionnelles à proposer des alternatives crédibles.

Un juge pour enfants résumait cette mécanique :

« Le gamin fait du guet. On l'interpelle. On le remet à ses parents avec un rappel à la loi. Il retourne faire du guet le lendemain. On l'interpelle à nouveau. On le convoque au tribunal. Il vient, il écoute, il dit qu'il a compris. On lui met une mesure éducative. Il ne la respecte pas. On le reconvoque. On lui met une mesure plus lourde — un placement en centre éducatif. Il fugue au bout de trois jours. Il retourne

au quartier. Il recommence. Et ainsi de suite. La spirale. Jusqu'à quand ? Jusqu'à ce qu'il soit majeur — et qu'il prenne ses premières vraies peines de prison. Ou jusqu'à ce qu'il prenne une balle. C'est l'un ou l'autre. Parfois les deux. »

IX. Les « naufragés » : ceux qui ne s'en sortent pas

À côté des parcours d'escalade — vers le haut de la hiérarchie ou vers le fond de la spirale judiciaire —, il y a les **naufragés**. Ceux dont on ne parle pas, parce qu'ils ne font pas de bruit, parce qu'ils ne figurent dans aucune statistique, parce qu'ils ont simplement disparu du radar.

Ce sont les jeunes qui, après quelques mois ou quelques années dans le trafic, en sortent — non pas par choix, mais par épuisement, par blessure, par peur, par overdose, par incarcération, par rejet du réseau. Ils se retrouvent à 20, 22, 25 ans, sans diplôme, sans expérience professionnelle valorisable, avec un casier judiciaire qui leur ferme les portes de l'emploi, des séquelles physiques ou psychologiques parfois lourdes (stress post-traumatique, addictions, troubles du sommeil, hypervigilance), et une socialisation qui les rend inaptes — temporairement ou durablement — à la vie « normale ».

Ces anciens petites mains du trafic — combien sont-ils ? Personne ne le sait exactement, parce que personne ne les compte — sont les oubliés du débat public. Ils n'apparaissent ni dans les reportages sur le narcotrafic (trop « ordinaires » pour faire de bons sujets) ni dans les statistiques de la délinquance (ils n'ont pas commis de faits récents) ni dans les dispositifs d'insertion (ils ne se présentent pas, ou ils sont refusés à cause de leur casier). Ils vivent dans une zone grise, entre la rue et la précarité, entre le souvenir du trafic et l'impossibilité du retour à la vie normale.

Un travailleur social d'une mission locale des quartiers nord — appelons-le Youssef — racontait :

« J'ai un jeune qui est venu me voir l'année dernière. Il avait 23 ans. Il avait "charbonné" pendant quatre ans, de 16 à 20 ans. Il avait fait de la prison — six mois. Il était sorti. Il voulait "se ranger". Je lui ai dit : d'accord, on va te faire un CV, on va te trouver une formation. On a fait le CV. Il n'y avait rien à mettre dessus. Rien. Pas de diplôme, pas d'expérience, pas de stage, pas de bénévolat, rien. Quatre ans de sa vie, effacés. Et son casier — même s'il n'y avait pas grand-chose, juste un "usage et revente" — son casier, ça lui fermait des portes. On a quand même essayé. Il a trouvé un stage dans une entreprise de nettoyage. 600 euros par mois. Il a tenu trois semaines. Et un matin, il n'est plus venu. Je l'ai rappelé. Il m'a dit : "Youssef, je peux pas. Je gagnais 300 par jour dans le trafic. Là, je gagne 30. Je peux pas." Il a raccroché. Je ne l'ai plus revu. »

X. Les filles : les grandes absentes du récit

Le narcotrafic est, dans sa dimension visible — guet, vente, logistique —, un univers très majoritairement masculin. Les filles et les jeunes femmes y sont rarement présentes dans les fonctions de première ligne. Cette invisibilité a conduit à une quasi-absence des filles dans les analyses du phénomène — une absence qui, elle-même, masque des réalités qu'il faut nommer.

Les jeunes filles des quartiers touchés par le trafic ne sont pas « en dehors » du système. Elles en sont affectées de multiples manières.

Certaines jouent des **rôles logistiques** discrets — transport de fonds, stockage de marchandise dans leur domicile, transmission de messages —, des rôles qui exploitent précisément leur invisibilité (les contrôles de police ciblent moins les filles que les garçons). Quelques procédures judiciaires ont mis en lumière l'implication de jeunes femmes dans des fonctions de « nourrice » ou de « passeuse » — des fonctions qui, parce qu'elles s'exercent à l'abri des regards, restent largement sous-estimées.

D'autres sont victimes de **violences spécifiques** liées à l'environnement du trafic : pressions sexuelles, instrumentalisation dans les relations entre groupes rivaux, violences conjugales de la part de compagnons impliqués dans le trafic, contrôle social exercé par les réseaux sur l'ensemble de la vie du quartier — y compris sur les comportements féminins.

D'autres encore sont des **sœurs, des mères, des compagnes** d'hommes impliqués dans le trafic, et elles supportent les conséquences de cette implication sans en tirer les bénéfices : la peur, l'incertitude, le stigmate, la visite au parloir, le deuil parfois.

Ce versant du phénomène — le narcotrafic vu par et à travers les femmes — mériterait un livre entier. Il est ici mentionné pour signaler une lacune du débat public et pour rappeler que les « jeunes recrues » du narcotrafic ne sont pas seulement des garçons qui charbonnent : ce sont aussi des filles qui subissent, qui résistent, qui survivent — dans un silence que personne ne songe à rompre.

XI. Les « MNA » : un phénomène dans le phénomène

Une dimension relativement récente du recrutement des jeunes dans le narcotrafic marseillais concerne les **mineurs non accompagnés** (MNA) — ces adolescents étrangers arrivés en France sans représentant légal, souvent après des parcours migratoires éprouvants, et qui se retrouvent dans une situation de vulnérabilité extrême.

Les MNA présents à Marseille proviennent de pays divers — Maghreb, Afrique subsaharienne, Moyen-Orient — et se trouvent, à leur arrivée, dans une situation juridique et sociale précaire : sans famille, sans logement stable (les dispositifs d'hébergement de l'Aide sociale à l'enfance sont saturés), sans ressources, sans maîtrise de la langue, sans repères. Cette vulnérabilité en fait des cibles de choix pour les réseaux de trafic, qui leur offrent ce que les institutions ne parviennent pas à leur fournir : un toit (un squat, un hall d'immeuble, une « planque »), de l'argent (quelques dizaines d'euros par jour pour des tâches de guet ou de transport), et une forme de communauté.

Le phénomène a été documenté par plusieurs rapports — notamment ceux du Défenseur des droits, de la Cimade, et de Médecins du Monde —, qui alertent sur l'exploitation de ces jeunes par les réseaux criminels. Les procédures judiciaires traitées par le tribunal pour enfants de Marseille font apparaître un nombre croissant de MNA poursuivis pour des faits de trafic de stupéfiants — une tendance que les magistrats et les éducateurs attribuent à la conjonction de la vulnérabilité de ces jeunes et de la capacité des réseaux à les exploiter.

La situation des MNA pose un défi particulier aux institutions. Ces jeunes relèvent, en principe, de la protection de l'enfance — ce sont des mineurs en danger, qui devraient être pris en charge par les services de l'Aide sociale à l'enfance. Mais les dispositifs sont débordés, les places d'hébergement insuffisantes, les procédures d'évaluation de la minorité longues et contestées. Dans cet interstice — entre le moment de l'arrivée et le moment de la prise en charge effective —, les réseaux de trafic s'engouffrent avec une efficacité redoutable.

XII. Le piège se referme : les mécanismes de captation

Si l'entrée dans le trafic est progressive et souvent insensible, la sortie, elle, est extrêmement difficile. Non pas parce que les réseaux retiennent physiquement les jeunes — même si la menace existe —, mais parce que le système crée des **dépendances multiples** qui rendent le départ psychologiquement, économiquement et socialement coûteux.

La dépendance économique. Le jeune qui gagne 50 à 100 euros par jour grâce au trafic a adapté son niveau de vie à ces revenus. Il s'est acheté des vêtements, un téléphone, un scooter. Il a pris l'habitude de dépenser sans compter. Revenir à un budget de zéro — ou au RSA, quand il atteint l'âge d'y prétendre — est vécu comme une régression insupportable. L'économie comportementale a montré que la **perte** est ressentie de manière beaucoup plus intense que le gain équivalent (c'est l'aversion à la perte, théorisée par Kahneman et Tversky) : perdre 50 euros par jour fait plus mal que n'avoir jamais eu 50 euros par jour.

La dépendance sociale. Le jeune a construit son réseau de relations autour du trafic. Ses amis sont dans le trafic. Ses « grands frères » sont dans le trafic. Son identité sociale — la place qu'il occupe dans le quartier, le respect dont il jouit — est liée à son rôle dans le réseau. Quitter le trafic, c'est quitter tout cela. C'est se retrouver seul, sans statut, sans réseau, sans place. C'est redevenir « personne ».

La peur. Les réseaux n'apprécient pas les départs. Un jeune qui quitte le trafic est un jeune qui « sait des choses » — les visages, les planques, les méthodes, les horaires. Un jeune qui sait des choses est un risque. Et les risques, dans le monde du trafic, se gèrent par l'intimidation, la menace, parfois la violence. Quitter le réseau, c'est s'exposer à des représailles — réelles ou fantasmées, mais dans tous les cas terrifiants pour un adolescent.

L'absence d'alternative crédible. C'est le point le plus fondamental. Un jeune qui souhaiterait quitter le trafic — et beaucoup le souhaitent, selon les témoignages des éducateurs — se heurte à une question simple : « Pour aller où ? » Les dispositifs d'insertion existent — missions locales, écoles de la deuxième chance, formations en alternance, chantiers d'insertion. Mais ils sont insuffisants en nombre, souvent inadaptés aux profils concernés (un jeune déscolarisé depuis trois ans, avec un casier judiciaire et des problèmes de comportement, ne correspond pas au « profil idéal » d'un candidat à l'insertion), et surtout incapables de rivaliser, sur le plan financier, avec les revenus du trafic.

Une éducatrice de la protection judiciaire de la jeunesse formulait cette impasse de manière saisissante :

« On me demande de "sortir" les jeunes du trafic. D'accord. Mais pour les mettre où ? Dans une formation qui dure six mois et qui ne débouche sur rien ? Dans un stage à 600 euros par mois ? Dans un emploi précaire à une heure de transport de chez eux ? Je veux bien essayer — et j'essaie, tous les jours. Mais soyons honnêtes : ce qu'on leur propose, ce n'est pas une alternative. C'est un lot de consolation. Et eux, ils le savent. Ils ne sont pas idiots. Ils font le calcul. Et le calcul, malheureusement, il est vite fait. »

XIII. Les familles : entre impuissance et douleur

On parle beaucoup des jeunes recrues. On parle peu de leurs familles.

Les mères — parce que ce sont, dans la majorité des cas, les mères qui sont en première ligne — vivent un calvaire dont la société mesure mal l'ampleur. Un calvaire fait de peur (peur que le fils soit arrêté, blessé, tué), de honte (honte devant les voisins, devant la famille élargie, devant les institutions), d'impuissance (que peut-on faire quand un adolescent de 15 ans refuse toute autorité, quand il rentre à 3 heures du matin avec de l'argent plein les poches, quand il se montre violent si on le confronte ?), et de culpabilité (« Qu'est-ce que j'ai fait de mal ? Où est-ce que j'ai échoué ? »).

Des associations marseillaises — dont certaines souhaitent ne pas être nommées, par crainte de représailles — organisent des groupes de parole pour les mères de jeunes impliqués dans le trafic. Les témoignages recueillis dans ces groupes — et rapportés ici avec l'accord des responsables associatifs, sous une forme strictement anonymisée — dessinent un tableau d'une cohérence glaçante.

« Mon fils a changé du jour au lendemain. Il avait 13 ans. Il était gentil, il m'aidait à la maison. Et puis un jour, il a commencé à rentrer avec de l'argent. Je lui ai demandé d'où ça venait. Il m'a dit que c'était un copain qui lui avait prêté. J'ai su tout de suite que c'était faux. Mais qu'est-ce que je pouvais faire ? Je l'ai engueulé, il m'a crié dessus,

il est parti en claquant la porte. Le lendemain, il est revenu avec un survêtement neuf. J'ai pleuré toute la nuit. »

« *Moi, j'ai essayé d'appeler la police. Je suis allée au commissariat. Je leur ai dit : mon fils fait le guet, aidez-moi, faites quelque chose. Vous savez ce qu'ils m'ont dit ? "Madame, on ne peut rien faire. C'est un mineur. On l'interpelle, on le relâche, il recommence." Ils avaient raison. Ils ne peuvent rien faire. Mais moi non plus, je ne peux rien faire. Alors on fait quoi ?* »

« *Le pire, c'est quand il me donne de l'argent. Il me dit : "Tiens, maman, c'est pour toi." Et moi je sais d'où vient cet argent. Je sais que c'est sale. Mais en même temps, le frigo est vide, la petite a besoin de chaussures pour l'école. Qu'est-ce que je fais ? Je refuse ? Et je lui donne quoi à la place ?* »

Ces témoignages, dans leur crudité, disent l'essentiel : les familles ne sont pas complices du trafic. Elles en sont, le plus souvent, les **premières victimes collatérales** — prises entre l'amour pour leurs enfants, l'absence de moyens pour les protéger, et le jugement d'une société qui les tient pour responsables.

XIV. Les dispositifs de prévention : l'existant et ses limites

Face au recrutement des jeunes par les réseaux, les pouvoirs publics et la société civile ont déployé un ensemble de dispositifs de prévention — dont l'efficacité, sans être nulle, reste insuffisante au regard de l'ampleur du phénomène.

La prévention spécialisée. Les clubs de prévention spécialisée — des associations qui emploient des éducateurs de rue, chargés d'aller à la rencontre des jeunes dans leur milieu de vie — sont le principal outil de prévention de proximité. À Marseille, plusieurs associations de prévention spécialisée interviennent dans les quartiers prioritaires, avec des moyens qui varient considérablement. Le principe est simple : l'éducateur est présent dans le quartier, il noue des relations de confiance avec les jeunes, il propose des activités, il oriente vers des dispositifs d'insertion, il joue un rôle de médiateur entre le jeune et les institutions.

Mais les moyens sont dramatiquement insuffisants. Le rapport du Conseil économique, social et environnemental (CESE) de 2023 sur la prévention spécialisée note que le nombre d'éducateurs de rue a diminué d'environ 25 % en France au cours des quinze dernières années, alors que les besoins n'ont cessé d'augmenter. À Marseille, les associations de prévention spécialisée manquent chroniquement de personnel, de locaux, de budgets. Certains quartiers ne sont tout simplement pas couverts.

Les programmes de réussite éducative. Mis en place dans le cadre de la politique de la ville, ces programmes visent à accompagner de manière individualisée les enfants et les adolescents en difficulté, en mobilisant un réseau de professionnels (enseignants, travailleurs sociaux, psychologues, éducateurs). Ils ont montré des résultats encourageants dans certains contextes, mais restent limités en nombre de bénéficiaires et en durée d'accompagnement.

Les centres éducatifs fermés (CEF) et les centres éducatifs renforcés (CER). Destinés aux mineurs les plus en difficulté — ceux qui ont déjà basculé dans la délinquance et pour lesquels les mesures éducatives « classiques » ont échoué —, ces structures offrent un cadre plus contraint, avec un encadrement renforcé, des activités éducatives et de formation, et un suivi psychologique. Mais les places sont rares (quelques dizaines de CEF en France, dont une poignée dans les Bouches-du-Rhône), les listes d'attente sont longues, et l'efficacité de ces dispositifs — mesurée par le taux de récidive à la sortie — reste discutée.

Les programmes de « désistance ». Concept importé de la criminologie anglo-saxonne, la « désistance » (desistance) désigne le processus par lequel un individu sort progressivement de la délinquance. Plusieurs programmes expérimentaux, inspirés des modèles britanniques et canadiens, ont été lancés en France ces dernières années, y compris à Marseille. Ils reposent sur un accompagnement global et durable (emploi, logement, santé, lien social) et sur la mobilisation de « mentors » — d'anciens délinquants qui ont eux-mêmes réussi à s'en sortir et qui peuvent jouer un rôle de modèle auprès des jeunes en difficulté. Ces programmes sont prometteurs, mais encore à un stade embryonnaire, et leurs résultats à long terme ne sont pas encore évalués de manière robuste.

XV. Ce que dit la recherche : le basculement n'est pas une fatalité

La recherche en sciences sociales, en psychologie et en criminologie offre des pistes de compréhension — et d'action — que le débat public ignore trop souvent.

Plusieurs études longitudinales — c'est-à-dire des études qui suivent des cohortes de jeunes sur plusieurs années, voire plusieurs décennies — ont montré que le basculement dans la délinquance n'est pas irréversible. La plupart des adolescents qui commettent des actes délinquants — y compris des actes liés au trafic de stupéfiants — cessent de le faire à l'âge adulte. Le criminologue américain Terrie Moffitt a distingué, dans un article devenu classique, entre les « délinquants limités à l'adolescence » (adolescence-limited offenders) — qui représentent la majorité — et les « délinquants persistants tout au long de la vie » (life-course-persistent offenders) — qui sont minoritaires mais qui concentrent l'essentiel de la délinquance grave et chronique.

Cette distinction a des implications importantes pour les politiques de prévention et de traitement. Si la plupart des jeunes qui entrent dans le trafic en sortent naturellement avec l'avancée en âge et les changements de vie (mise en couple, naissance d'un enfant, accès à l'emploi), alors les interventions doivent viser principalement à **limiter les dégâts** pendant la période d'implication (éviter l'incarcération prolongée, qui renforce l'ancrage dans le milieu criminel ; éviter la violence ; maintenir un lien avec les institutions) et à **faciliter la sortie** (accès à l'emploi, au logement, aux soins, à la formation).

Pour les délinquants persistants — ceux dont les facteurs de risque sont les plus lourds et les plus précoces —, les interventions doivent être plus intensives, plus précoces et plus globales. Les programmes les plus efficaces, selon la littérature scientifique internationale, sont ceux qui interviennent dès la petite enfance — soutien aux familles vulnérables, programmes de développement des compétences parentales, accès à des structures d'accueil de qualité —, bien avant que le trafic ne devienne une option.

Mais ces interventions précoces supposent des investissements massifs et de long terme — des investissements que les responsables politiques, soumis à des cycles électoraux courts et à des contraintes budgétaires pressantes, peinent à consentir. Il est toujours plus facile — et médiatiquement plus rentable — d'annoncer une opération de police spectaculaire que de financer un programme de soutien à la parentalité dont les résultats ne seront visibles que dans quinze ou vingt ans.

XVI. Le rôle du rap et des réseaux sociaux : entre expression et glorification

Il serait incomplet de traiter du recrutement des jeunes sans évoquer le rôle de la **culture populaire** — et en particulier du rap et des réseaux sociaux — dans la construction des imaginaires liés au narcotrafic.

Le rap marseillais occupe une place singulière dans le paysage musical français. Depuis IAM dans les années 1990, la ville a produit des générations d'artistes qui ont fait de leur environnement — les quartiers, la rue, la vie quotidienne dans les cités — la matière de leur création. Parmi ces artistes, certains abordent le thème du trafic de drogue avec une franchise qui peut choquer — décrivant les réalités du « charbonnage », les gains, les risques, les violences, avec un réalisme qui oscille entre témoignage social et glorification ambiguë.

Le débat sur le rôle du rap dans le narcotrafic est ancien, récurrent et souvent caricatural. D'un côté, ceux qui accusent le rap de « faire l'apologie du trafic » et de « pousser les jeunes vers la délinquance ». De l'autre, ceux qui défendent le rap comme une forme d'expression artistique légitime, un reflet du réel, pas sa cause.

La réalité est, comme souvent, plus nuancée. La recherche en sociologie des médias et en psychologie sociale montre que l'exposition à des contenus culturels valorisant la délinquance n'est pas, en soi, un facteur déterminant du basculement — la grande majorité des jeunes qui écoutent du rap ne deviennent pas trafiquants, de même que la grande majorité des personnes qui regardent des films violents ne deviennent pas violentes. En revanche, dans un contexte de **vulnérabilité préexistante** — tous les facteurs de risque décrits précédemment —, ces contenus peuvent contribuer à **normaliser** le trafic, à le rendre « cool », à en faire une voie envisageable plutôt qu'un interdit absolu.

Les réseaux sociaux jouent un rôle analogue, mais avec une puissance de diffusion démultipliée. Instagram, TikTok, Snapchat, Telegram : ces plateformes sont des vecteurs de mise en scène des modes de vie liés au trafic — liasses de billets, montres de luxe, voitures de sport, voyages, vêtements de marque. Ces images, relayées par des comptes anonymes ou semi-anonymes, construisent un récit visuel de la « réussite par le trafic » qui peut être infiniment plus séduisant, pour un adolescent de 14 ans, que n'importe quelle campagne de prévention.

La responsabilité n'est pas uniquement celle des artistes ou des plateformes. Elle est celle d'une société qui, par ses inégalités, ses promesses non tenues et ses modèles de réussite univoques (l'argent, la consommation, le paraître), crée les conditions dans lesquelles ces récits prospèrent.

XVII. Les « revenants » : ceux qui ont réussi à sortir

Pour ne pas clore ce chapitre sur une note de fatalisme, il faut mentionner ceux qui, envers et contre tout, ont réussi à quitter le trafic et à se construire une vie en dehors du système.

Ces parcours de sortie — que la criminologie appelle des parcours de « désistance » — sont rarement médiatisés, parce qu'ils ne font pas de bruit, parce qu'ils ne produisent ni violence ni scandale, parce qu'ils sont, au fond, ordinaires au meilleur sens du terme. Mais ils existent, et ils sont porteurs de leçons précieuses.

Un travailleur social des quartiers nord — appelons-le Kamel — raconte l'histoire d'un jeune homme qu'il a accompagné pendant trois ans :

« Il avait commencé à 15 ans. Guetteur, puis charbonneur. À 18 ans, il a pris six mois ferme. C'est en prison qu'il a rencontré un aumônier — pas religieux, hein, un aumônier laïque, un bénévole qui venait discuter avec les détenus. Ce bénévole lui a parlé. Pas de morale, pas de leçons. Il lui a juste parlé. Il lui a demandé ce qu'il aimait faire. Le gamin a dit : "La mécanique." Le bénévole a trouvé un garage qui acceptait de le prendre en apprentissage à la sortie. C'était un petit garage dans un village, loin de Marseille. Le gamin a hésité. Quitter le quartier, c'était quitter tout ce qu'il connaissait. Mais il a accepté. Il est parti. Il a fait son apprentissage. Aujourd'hui, il a 24 ans. Il est mécanicien. Il gagne le SMIC. Il a un studio. Il a une copine. C'est pas le conte de fées, hein. C'est dur, c'est précaire, c'est pas glamour. Mais il est vivant. Et il est libre. C'est déjà beaucoup. »

Ce récit, dans sa simplicité, contient plusieurs enseignements que la recherche confirme. La sortie du trafic est facilitée par **une rencontre significative** (un adulte bienveillant qui offre une attention individualisée), par **une opportunité concrète** (un emploi, une formation, un projet), par **un éloignement géographique** (quitter le quartier pour échapper à la pression du réseau et à l'effet d'entraînement des pairs), et par **un sentiment de dignité retrouvée** (être reconnu pour ce que l'on fait, pas pour ce que l'on a été).

Ces facteurs ne sont pas mystérieux. Ils sont bien identifiés. Ils pourraient être systématisés, développés, financés. Mais ils nécessitent des moyens — humains, financiers, institutionnels — qui font cruellement défaut.

XVIII. La fabrique continue

Ce chapitre ne prétend pas avoir épuisé le sujet. Les trajectoires des jeunes recrues du narcotrafic sont aussi diverses que les individus eux-mêmes, et aucune synthèse ne peut rendre justice à la complexité de chaque histoire singulière.

Mais quelques constats se dégagent avec une clarté implacable.

Le recrutement des jeunes dans le narcotrafic n'est pas un accident. C'est le produit d'un système — un système qui combine la pauvreté, le décrochage scolaire, l'absence de perspectives, la proximité du trafic, la puissance des modèles de réussite criminelle, et la faiblesse des alternatives proposées par les institutions. Ce système ne fonctionne pas dans l'ombre : il fonctionne en plein jour, sous les yeux de tous, dans des quartiers que tout le monde connaît, avec des mécanismes que tout le monde peut comprendre.

Les jeunes qui y entrent ne sont ni des monstres ni des victimes passives. Ce sont des adolescents qui font des choix — des choix contraints, des choix mal informés, des choix dont ils ne mesurent pas les conséquences, mais des choix tout de même. Leur nier toute capacité d'agir serait aussi insultant que de les tenir pour seuls responsables de leur sort. La vérité est entre les deux : ils agissent, mais dans un cadre qui limite dramatiquement le champ de leurs possibles.

Ce cadre, c'est la société française qui l'a construit — par ses politiques d'urbanisme, par ses choix éducatifs, par ses discriminations, par ses renoncements. Et c'est la société française qui, si elle le décide, peut le transformer.

Mais le temps presse. Car pendant que le débat public s'éternise, pendant que les rapports s'empilent et que les annonces se succèdent, la fabrique des petites mains continue de tourner. Chaque jour, quelque part dans une cité de Marseille — ou de Lyon, de Paris, de Toulouse, de Lille —, un adolescent s'assied sur un muret, prend un téléphone dans sa main, et commence à « choufer ».

Il a 14 ans. Il a toute la vie devant lui.

Il ne le sait pas encore, mais sa vie vient de prendre un tournant.

Sur le muret de béton, les trois silhouettes n'ont pas bougé. Le soleil décline derrière les barres d'immeuble. La lumière rasante dessine des ombres longues sur le parking vide. Un ballon de foot roule, oublié, dans un coin de l'aire de jeux. Quelque part, un klaxon. Quelque part, un chien qui aboie. Quelque part, une mère qui appelle un prénom depuis une fenêtre du cinquième étage.

Le prénom se perd dans le vent.

Les trois silhouettes ne bougent pas.

Elles regardent.

Chapitre 5 — Cités sous tension, territoires sous pression

« *On ne vit pas dans un quartier. On vit dans un rapport de force.* »

— *Éducateur de rue, Seine-Saint-Denis, 2022.*

I. Quand le quartier devient un terrain

Il y a une différence fondamentale entre habiter un lieu et occuper un territoire. Des millions de Français vivent dans des quartiers populaires sans que leur quotidien ne soit réductible à la délinquance, à la violence ou au trafic. Il faut le dire d'emblée, et le répéter autant de fois qu'il le faudra : la grande majorité des habitants de ces quartiers sont des travailleurs, des mères de famille, des retraités, des enfants qui grandissent, des gens ordinaires confrontés à des circonstances extraordinairement difficiles. Réduire une cité à son point de deal, c'est commettre la même erreur que ceux qui prétendent que la France se résume à sa Tour Eiffel.

Mais il faut aussi nommer ce qui existe.

Dans certains quartiers — pas tous, pas partout, mais suffisamment pour que le phénomène mérite qu'on s'y arrête —, une transformation silencieuse s'est opérée au fil des décennies. L'espace public, celui qui devrait appartenir à tous, est devenu un espace disputé, contrôlé, parfois confisqué. Des halls d'immeubles aux parkings souterrains, des cages d'escalier aux aires de jeux, des places publiques aux toits-terrasses, une géographie parallèle s'est superposée à celle des urbanistes et des plans locaux d'urbanisme. Cette géographie-là n'apparaît sur aucune carte officielle. Elle est pourtant d'une précision chirurgicale.

Pour comprendre comment un quartier bascule — comment il passe du statut de lieu de vie à celui de zone stratégique —, il faut accepter de regarder les mécanismes à l'œuvre avec la même rigueur qu'un géographe étudierait une frontière disputée ou qu'un politologue analyserait une zone de conflit. Car c'est bien de cela qu'il s'agit : d'une forme de conflit territorial, à basse intensité parfois, à haute intensité d'autres fois, qui se déroule sur le sol français, dans des immeubles construits par la République, entre des murs financés par l'argent public.

II. L'architecture involontaire du contrôle

Les grands ensembles n'ont pas été conçus pour devenir des forteresses. Ils ont été pensés, dans l'après-guerre et jusque dans les années 1970, comme la réponse moderne à une crise du logement sans précédent. Les architectes qui les ont dessinés — parfois avec talent, souvent avec précipitation — imaginaient des espaces de vie collective, des « unités d'habitation » au sens que Le Corbusier donnait à ce terme : des lieux où la verticalité permettrait la densité, où les espaces communs favoriseraient le lien social, où la lumière et l'air circuleraient librement.

L'histoire a produit autre chose.

Ce qui frappe, quand on étudie les quartiers devenus des plaques tournantes du trafic, c'est à quel point leur configuration urbaine — pensée pour le confort — a été retournée, détournée, instrumentalisée au service d'une logique de contrôle territorial. Les barres d'immeubles en U ou en L, qui devaient créer des cours intérieures protectrices, sont devenues des enceintes naturelles où les entrées et sorties se comptent sur les doigts d'une main. Les dalles surélevées, censées séparer les piétons des voitures, ont créé des niveaux multiples où la surveillance est aisée et l'intervention policière complexe. Les parkings souterrains, conçus pour le stationnement résidentiel, sont devenus des espaces de stockage, de transaction, parfois de règlement de comptes. Les toits-terrasses, imaginés comme des solariums collectifs, offrent des points d'observation sur l'ensemble du quartier.

Ce n'est pas un hasard si le vocabulaire du trafic emprunte au registre militaire. On parle de « chouf » — le guetteur, celui qui surveille — comme on parlerait d'une sentinelle. On parle de « four » — le lieu de vente — comme on désignerait un poste avancé. On parle de « nourrice » — l'appartement où la drogue est stockée — comme on évoquerait un dépôt logistique à l'arrière du front. Cette militarisation du langage n'est pas métaphorique. Elle traduit une réalité opérationnelle : le trafic de stupéfiants, dans sa forme la plus organisée, fonctionne comme une occupation territoriale.

L'urbaniste et sociologue Didier Music a décrit ce phénomène comme une « contre-programmation de l'espace ». Là où l'architecte avait prévu un usage, le trafic en impose un autre. Le hall d'immeuble, espace de transition entre le privé et le public, devient un poste de contrôle. Le banc public, lieu de repos et de sociabilité, devient un point de guet. L'aire de jeux pour enfants, espace de liberté et d'insouciance, devient une zone tampon entre deux territoires rivaux. Chaque élément du mobilier urbain, chaque recoin architectural, chaque angle mort des caméras de vidéosurveillance est identifié, évalué, intégré dans un dispositif qui n'a rien d'improvisé.

Cette réappropriation de l'espace n'est pas le fruit du hasard ni de la seule géographie. Elle est le produit d'une conjonction de facteurs : l'enclavement de certains quartiers, mal desservis par les transports en commun et difficiles d'accès pour les forces de l'ordre ; la dégradation du bâti, qui décourage les habitants les plus mobiles et crée des logements vacants facilement réquisitionnables ; le retrait progressif des services publics — poste, commissariat de proximité, antenne sociale — qui laisse un vide que d'autres s'empressent de combler ; et, bien sûr, la concentration de populations précarisées, pour qui le trafic représente parfois la seule économie visible et accessible.

III. La mécanique de l'emprise

Comment, concrètement, un réseau de trafic prend-il le contrôle d'un quartier ? Le processus est rarement brutal au départ. Il s'installe par paliers, par accommodements successifs, par une série de micro-événements qui, pris isolément, peuvent sembler anodins, mais qui, mis bout à bout, dessinent une trajectoire implacable.

Premier palier : l'installation.

Un point de vente s'ouvre. Quelques jeunes du quartier, souvent mineurs, commencent à « tenir le mur ». Ils ne sont pas armés, pas menaçants. Ils sont là, c'est tout. Leur présence est discrète, presque banale. Les habitants les connaissent — ce sont les fils de la voisine du troisième, les gamins qu'on voyait jouer au foot il y a trois ans. On ne s'inquiète pas encore. On se dit que c'est passager, que c'est « un truc de jeunes », que ça leur passera.

Deuxième palier : l'enracinement.

Le point de vente prospère. Le flux de clients augmente. Des voitures inconnues commencent à circuler dans le quartier à des heures inhabituelles. Le hall de l'immeuble concerné devient impraticable aux heures de pointe du trafic. Les premiers signes d'intimidation apparaissent : un regard appuyé à l'habitant qui passe trop près, un « c'est bon, circulez » murmuré à la mère de famille qui veut accéder à sa boîte aux lettres, une caméra de vidéosurveillance « accidentellement » retournée vers le mur.

Troisième palier : la normalisation.

Le trafic fait désormais partie du paysage. Les habitants s'adaptent. Ils modifient leurs trajets pour éviter certaines zones. Ils rentrent plus tôt le soir. Ils cessent d'utiliser certains espaces communs. Les enfants ne jouent plus en bas de l'immeuble — ou alors sous surveillance étroite. Les plaintes au bailleur social se multiplient, puis se tarissent, parce qu'elles restent sans effet et que « de toute façon, ça ne sert à rien ». Un nouvel ordre spatial s'est imposé, sans violence spectaculaire, par la seule force de l'habitude et de la résignation.

Quatrième palier : le verrouillage.

Le réseau consolide son emprise. Des guetteurs sont postés en permanence. Des talkies-walkies ou des groupes de messagerie cryptée coordonnent les mouvements. Des portes blindées apparaissent dans les halls. Des serrures sont changées sans l'accord du bailleur. Dans certains cas extrêmes, des appartements sont réquisitionnés — par la contrainte ou par la rétribution — pour servir de « nourrices » ou de refuges. Le territoire est désormais quadrillé. Toute intrusion — qu'elle soit policière, journalistique ou simplement celle d'un livreur égaré — est détectée, évaluée, et éventuellement neutralisée.

Cinquième palier : la souveraineté parallèle.

À ce stade, le réseau ne se contente plus de vendre de la drogue. Il régente la vie du quartier. Il arbitre les conflits entre voisins — plus efficacement, disent certains avec amertume, que la police ou la justice. Il distribue des aides — un loyer payé ici, des courses offertes là, un billet glissé à une famille en difficulté — qui créent de la dépendance et du silence. Il impose ses règles : pas de bruit après telle heure (pour ne pas attirer l'attention), pas de deal dans tel périmètre (devant l'école, par exemple, par un calcul cynique de respectabilité), pas de « balance » sous peine de représailles. Dans certains quartiers, les trafiquants vont jusqu'à financer des associations locales, sponsoriser des tournois de football, offrir des cadeaux aux enfants pendant le ramadan. Cette « charité » n'est pas de la générosité : c'est de la gouvernance. C'est l'achat méthodique d'une légitimité de substitution.

Ce processus en cinq paliers — installation, enracinement, normalisation, verrouillage, souveraineté parallèle — ne se déroule pas partout de la même manière, ni à la même vitesse. Dans certains quartiers, il a pris vingt ans. Dans d'autres, la bascule s'est opérée en quelques mois, à la faveur d'une démission collective des institutions. Mais le schéma de fond reste remarquablement constant, qu'il s'agisse d'une cité de banlieue parisienne, d'un quartier nord de Marseille, d'un ensemble HLM de l'agglomération lyonnaise ou d'une zone périurbaine d'une ville moyenne de province.

IV. La loi du silence

De toutes les conséquences de cette emprise territoriale, la plus dévastatrice est peut-être la moins visible : le silence.

Le silence des habitants qui savent mais ne parlent pas. Le silence des commerçants qui voient mais ne disent rien. Le silence des enseignants qui devinent mais ne signalent pas. Le silence des élus locaux qui mesurent mais ne dénoncent pas — ou pas assez fort, ou pas aux bonnes personnes. Le silence, enfin, des victimes elles-mêmes, prises dans un étau dont les deux mâchoires sont la peur et la honte.

Ce silence a un nom, emprunté à la mafia sicilienne : l'*omertà*. Le mot est fort, peut-être trop. Il charrie avec lui des images de Cosa Nostra, de parrains en costume trois-pièces, de serments de sang prononcés dans des arrière-salles enfumées. La réalité des quartiers français est plus prosaïque, mais le mécanisme est identique : une combinaison de crainte, de loyauté forcée et d'intérêt bien compris qui produit un mur de silence aussi efficace que n'importe quel code d'honneur mafieux.

La peur, d'abord. Elle est le ciment le plus solide du silence. Elle n'a pas besoin d'être spectaculaire pour être efficace. Elle se nourrit de signaux faibles : un pneu crevé, une boîte aux lettres arrachée, un tag menaçant sur la porte d'un appartement, un regard qui en dit plus long que n'importe quel discours. Elle se nourrit aussi de l'exemple : tout le monde, dans le quartier, connaît l'histoire de celui ou de celle qui a parlé et qui l'a payé — un passage à tabac, un incendie de voiture, un déménagement contraint au milieu de la nuit. Ces histoires circulent, s'amplifient, deviennent des légendes urbaines dont la véracité exacte importe peu : leur fonction est dissuasive, et elles remplissent parfaitement ce rôle.

La peur ne s'adresse pas seulement à l'individu. Elle vise la famille. « Si tu parles, on sait où habitent tes parents. On sait dans quelle école va ta petite sœur. » Cette menace, parfois explicite, souvent implicite, est d'une efficacité redoutable parce qu'elle exploite le lien le plus fondamental qui soit : celui de la parenté, de la protection des siens. Un homme peut être courageux pour lui-même. Il est rarement prêt à mettre ses enfants en danger.

Mais la peur n'explique pas tout. Le silence se nourrit aussi d'un sentiment plus complexe, plus ambigu : la solidarité de voisinage, fût-elle pervertie. Dans un quartier où l'on se connaît depuis toujours, où les familles partagent les mêmes paliers depuis des décennies, dénoncer un trafiquant, c'est dénoncer le fils de quelqu'un. C'est trahir un lien de proximité qui, malgré tout, continue de structurer la vie sociale. « Je ne suis pas une balance » n'est pas seulement une phrase de voyou. C'est un principe moral profondément ancré dans des milieux où l'État a souvent été perçu

— à tort ou à raison — comme une force hostile, indifférente ou incompétente. Quand la police est vécue non comme une protection mais comme une menace supplémentaire, quand la justice est perçue non comme un recours mais comme une machine lointaine et incompréhensible, le réflexe de ne pas « donner » quelqu'un aux autorités prend une dimension qui dépasse largement la complicité avec le crime. C'est un mécanisme de survie communautaire, hérité de décennies de défiance réciproque entre les quartiers populaires et les institutions.

Il y a enfin un troisième ingrédient du silence, le plus corrosif peut-être : la résignation. L'idée, martelée par l'expérience et confortée par les échecs répétés de l'action publique, que rien ne changera. Que les trafiquants arrêtés seront remplacés dans l'heure. Que les points de deal démantelés renaîtront au coin de la rue suivante. Que les opérations « place nette » annoncées en grande pompe par le ministre de l'Intérieur auront la durée de vie d'un feu d'artifice : spectaculaires, bruyantes, et aussitôt oubliées. Cette résignation n'est pas de la lâcheté. C'est la conséquence rationnelle d'un constat empirique : les habitants ont vu trop de promesses non tenues, trop d'interventions sans lendemain, trop de caméras installées puis laissées en panne, trop de médiateurs recrutés puis jamais remplacés, pour croire encore qu'une parole donnée aux autorités changera quoi que ce soit à leur quotidien.

Farah, 52 ans, aide-soignante, vit depuis vingt-trois ans dans une cité du Val-d'Oise. Elle raconte :

« J'ai appelé la police une fois. Une seule fois. C'était en 2016, parce que les dealers avaient bloqué l'entrée de mon immeuble et que ma fille ne pouvait pas rentrer de l'école. Les policiers sont venus, ils ont fait un tour, ils sont repartis. Le lendemain, j'avais un mot sous ma porte : "On sait que c'est toi." Trois jours après, on m'a crevé les quatre pneus. J'ai rappelé la police. Ils m'ont dit de porter plainte. J'ai porté plainte.

Classée sans suite. Depuis, je ne dis plus rien. Je fais comme tout le monde. Je baisse la tête et je passe. »

Ce témoignage, dans sa banalité glaçante, résume mieux que n'importe quelle statistique le cercle vicieux du silence. L'habitant parle ; l'institution ne protège pas ; les représailles tombent ; l'habitant se tait ; le trafic prospère ; l'institution déplore le manque de coopération des habitants. Et le cercle recommence.

V. Géopolitique de palier : les rivalités territoriales

Le contrôle territorial ne génère pas seulement du silence. Il génère aussi de la violence. Car un territoire, par définition, se dispute. Et les rivalités entre réseaux de trafic, entre « équipes » concurrentes, entre quartiers voisins, produisent une conflictualité dont l'intensité a considérablement augmenté au cours des deux dernières décennies.

Pour comprendre cette violence, il faut d'abord comprendre ce qui est en jeu. Un point de deal rentable dans un quartier bien situé peut générer entre 30 000 et 80 000 euros de chiffre d'affaires par jour. Certains points, dans les métropoles les plus actives, dépassent les 100 000 euros quotidiens. À ces niveaux de revenus, le contrôle d'un territoire n'est plus une question de prestige ou d'ego : c'est un enjeu économique majeur, comparable à la maîtrise d'un gisement de ressources naturelles dans un conflit géopolitique. Et comme dans tout conflit pour les ressources, la violence est le recours ultime quand la négociation échoue — ou quand elle n'a jamais été envisagée.

Les rivalités territoriales dans les quartiers français obéissent à plusieurs logiques distinctes, qui parfois se superposent.

La logique de marché, d'abord. Quand un réseau s'affaiblit — parce que ses leaders sont incarcérés, parce que sa source d'approvisionnement est tarie, parce que la qualité de son produit baisse —, un réseau concurrent tente de prendre sa place. Cette offensive peut être diplomatique (un accord de partage, une fusion) ou militaire (une prise de contrôle par la force). Les « guerres de territoire » qui ensanglantent régulièrement Marseille, mais aussi Grenoble, Lyon, Rennes, Dijon ou Nantes, relèvent pour l'essentiel de cette logique : des parts de marché que l'on se dispute à coups de kalachnikov.

La logique identitaire, ensuite. Dans certains cas, la rivalité entre quartiers précède le trafic et se greffe sur lui. Des antagonismes anciens — liés à l'origine géographique des familles, à des histoires personnelles, à des humiliations non vengées, à des codes d'honneur archaïques mais vivaces — trouvent dans l'économie de la drogue un combustible et un prétexte. La violence n'est plus seulement instrumentale (éliminer un concurrent) ; elle est expressive (affirmer la suprématie d'un groupe sur un autre). Les « embrouilles » entre cités voisines, qui peuvent durer des années et produire des dizaines de victimes, relèvent souvent de cette logique : on ne se bat plus seulement pour le contrôle d'un marché, mais pour la défense d'un honneur collectif dont les origines se perdent parfois dans la nuit des temps.

La logique de succession, enfin. Au sein d'un même réseau, la question du leadership est permanente. Qui commande ? Qui décide ? Qui distribue l'argent ? L'incarcération d'un chef crée un vide que plusieurs prétendants cherchent à combler. La libération d'un ancien leader, qui retrouve un paysage transformé en son absence, peut déclencher un conflit de légitimité. La montée en puissance d'une nouvelle génération, plus jeune, plus audacieuse, moins respectueuse des codes établis, peut provoquer une rupture avec les « anciens ». Ces guerres intestines sont souvent les plus violentes, parce qu'elles opposent des individus qui se connaissent intimement et qui savent exactement où frapper pour faire mal.

Les conséquences de ces rivalités sur les habitants sont catastrophiques.

Il y a, bien sûr, les victimes directes : les morts par balle, les blessés par arme blanche, les brûlés dans des incendies criminels. À Marseille, on a compté plus de 40 morts liés aux « règlements de comptes » pour la seule année 2023, un record macabre. Mais ces chiffres, aussi terribles soient-ils, ne disent pas tout. Car pour chaque victime directe, il y a des dizaines de victimes collatérales : l'enfant touché par une balle perdue en jouant dans sa chambre ; la famille dont l'appartement est incendié par erreur, parce que les assaillants se sont trompés de porte ; le passant qui se trouve au mauvais endroit au mauvais moment ; la commerçante dont la boutique est criblée de balles parce qu'elle est située trop près d'un point de deal rival.

Et il y a les victimes invisibles : toutes celles et tous ceux qui vivent dans la peur quotidienne d'être pris dans un échange de tirs, qui font coucher leurs enfants dans la baignoire les soirs de tension, qui ont développé des réflexes de zone de guerre — identifier les détonations, distinguer un pétard d'un coup de feu, repérer les voitures suspectes, éviter les attroupements. Ces habitants-là ne figurent dans aucune statistique de la délinquance. Mais leur vie est abîmée, leur santé mentale érodée, leur horizon rétréci par une violence qui, même quand elle ne les touche pas physiquement, les atteint dans tout ce qui fait une existence digne : la liberté de mouvement, la tranquillité d'esprit, le droit élémentaire de se sentir en sécurité chez soi.

VI. Vivre sous occupation : le quotidien confisqué

Il faut s'arrêter un instant sur ce que signifie, concrètement, vivre dans un quartier sous emprise. Non pas en termes abstraits de « sentiment d'insécurité » — cette notion que les sondages mesurent et que les commentateurs manient avec une désinvolture qui trahit leur éloignement du sujet —, mais en termes de gestes quotidiens, d'habitudes modifiées, de renoncements accumulés.

Vivre dans un quartier sous emprise, c'est adapter son emploi du temps à celui du trafic. C'est partir au travail plus tôt pour éviter les heures où les guetteurs prennent leur poste. C'est rentrer par un autre chemin, faire un détour de dix minutes, parce que l'entrée principale de l'immeuble est « occupée ». C'est renoncer à utiliser l'ascenseur parce qu'il sert de lieu de transaction. C'est laisser la poussette dans l'appartement, au quatrième étage sans ascenseur, plutôt que dans le local prévu à cet effet au rez-de-chaussée, parce que le local a été « réquisitionné ».

Vivre dans un quartier sous emprise, c'est éduquer ses enfants dans la contradiction permanente. Leur dire que la drogue est dangereuse, que le trafic est un crime, que l'école est le chemin de la réussite — tout en sachant qu'ils voient chaque jour, sous leurs fenêtres, des garçons à peine plus âgés qu'eux exhiber des liasses de billets, des baskets à 300 euros et des montres de luxe. Comment expliquer à un adolescent de 14 ans que le salaire minimum vaut mieux que les 150 euros par jour que lui propose le « grand » du bâtiment C pour « faire le chouf » quelques heures après l'école ? Comment lui enseigner la patience et le mérite quand tout, autour de lui, lui hurle que l'argent facile est à portée de main ?

Vivre dans un quartier sous emprise, c'est accepter la dégradation progressive de son cadre de vie sans avoir les moyens de la combattre. Les halls tagués, les boîtes aux lettres fracturées, les interphones cassés, les parties communes jonchées de détritus, les odeurs de cannabis dans les cages d'escalier, le bruit des scooters à toute heure de la nuit. Ce n'est pas de l'incivilité ordinaire : c'est le marquage d'un territoire, l'affirmation visible d'un pouvoir qui ne craint pas de se montrer. Et face à ce marquage, l'habitant ordinaire est démuni. Quand il appelle le bailleur social, on lui répond qu'une intervention est prévue « dans les meilleurs délais » — des délais qui s'étirent en semaines, en mois, en années. Quand il contacte la mairie, on lui promet une réunion de quartier qui n'aura jamais lieu, ou qui se tiendra dans un local municipal situé de l'autre côté de la ville, à une heure où les travailleurs sont encore à l'usine ou à l'hôpital.

Vivre dans un quartier sous emprise, c'est voir sa santé se dégrader. Les études épidémiologiques sont sans appel : les habitants des quartiers exposés à la violence chronique présentent des taux de stress post-traumatique, de dépression, d'anxiété et de troubles du sommeil significativement supérieurs à la moyenne nationale. Les enfants, en particulier, sont touchés : difficultés de concentration, troubles du comportement, énurésie, cauchemars récurrents. Les médecins généralistes installés dans ces quartiers — quand il en reste — décrivent des patientèles épuisées, des corps usés non seulement par le travail et la précarité, mais par la tension permanente d'une vie sous menace diffuse.

Et puis il y a la dimension la plus insidieuse de cette vie sous emprise : la honte. La honte d'habiter « là-bas ». La honte de donner son adresse sur un CV et de voir le recruteur changer imperceptiblement d'expression. La honte de dire le nom de son quartier à un rendez-vous amoureux, à une soirée, à un entretien bancaire. Cette honte-là, qui n'a rien à voir avec une quelconque responsabilité personnelle, est une blessure de classe, une assignation sociale qui s'ajoute à toutes les autres. Elle est le produit combiné de la réalité — oui, le quartier est difficile — et de la représentation — non, le quartier n'est pas que cela. Mais la représentation, nourrie par les reportages sensationnalistes et les discours politiques caricaturaux, finit par écraser la réalité. Et l'habitant se retrouve doublement victime : victime du trafic qui pourrit sa vie, et victime du regard qui réduit sa vie au trafic.

VII. Les femmes, premières de corvée, dernières consultées

Dans l'analyse des territoires sous emprise, un angle mort persiste : celui du genre. Les femmes des quartiers populaires — mères, sœurs, filles, grands-mères — sont les grandes absentes du récit médiatique sur le trafic, alors qu'elles en sont souvent les premières victimes et les dernières à être entendues.

Ce sont elles qui, dans l'écrasante majorité des cas, gèrent le quotidien. Elles qui accompagnent les enfants à l'école en traversant les zones de deal. Elles qui font les courses en slalomant entre les guetteurs. Elles qui attendent le plombier qui ne viendra pas parce que « je ne monte pas là-haut, madame ». Elles qui portent les sacs de provisions jusqu'au sixième étage parce que l'ascenseur est en panne — encore — et que personne ne viendra le réparer avant des semaines.

Ce sont elles, aussi, qui vivent le déchirement le plus cruel : celui de voir un fils basculer. La mère qui trouve des billets de 50 euros dans la poche du blouson de son adolescent. La sœur aînée qui comprend, à demi-mot, que son petit frère « travaille » pour le réseau. La grand-mère qui voit son petit-fils, qu'elle a élevé comme son propre enfant, revenir avec un scooter neuf dont elle n'ose pas demander l'origine. Ces femmes-là sont écartelées entre l'amour filial et la conscience morale, entre la loyauté familiale et la terreur de ce qui peut arriver. Elles portent un poids que la société ne mesure pas, parce qu'elle ne les regarde pas, ou parce qu'elle les regarde avec condescendance, comme des figures passives d'un drame dont les hommes seraient les seuls acteurs.

Or elles ne sont pas passives. Elles sont, dans de nombreux quartiers, les derniers remparts contre l'effondrement. Ce sont elles qui maintiennent le lien avec l'école, qui poussent la porte du commissariat pour signaler une situation, qui frappent aux portes des associations, qui organisent les réunions de voisinage, qui interpellent les élus, qui refusent — silencieusement, obstinément, quotidiennement — de laisser le trafic définir l'horizon de leurs enfants. Cette résistance féminine, qui ne fait jamais la une des journaux, qui ne donne lieu à aucun plan gouvernemental, qui ne suscite aucune commission parlementaire, est pourtant l'un des ressorts les plus puissants de la vie sociale dans les quartiers sous pression.

Mais cette résistance a un coût. L'épuisement, d'abord : physique, psychologique, émotionnel. L'isolement, ensuite : dans un environnement où la parole est dangereuse, ces femmes qui osent agir se retrouvent souvent seules, sans soutien institutionnel, sans relais associatif, sans même la solidarité de voisines qui préfèrent ne pas s'exposer. La violence, enfin : certaines femmes qui ont eu le courage de s'élever contre le trafic — en témoignant, en portant plainte, en refusant que leur appartement serve de « nourrice » — ont subi des représailles d'une brutalité inouïe. Des menaces de mort, des passages à tabac, des incendies volontaires, et parfois pire.

Khadija, 44 ans, mère de quatre enfants, quartier nord d'une grande ville du sud de la France :

« Quand j'ai refusé de laisser mon appartement servir de planque, ils m'ont dit : "Tu vas le regretter." Deux jours après, ma voiture a brûlé. J'ai porté plainte. Le policier m'a demandé si j'avais des preuves. Des preuves. Comme si j'avais une caméra sur le parking. J'ai demandé à être relogée. On m'a dit qu'il n'y avait rien de disponible. Ça fait deux ans. Je suis toujours là. Eux aussi. »

VIII. L'enfance en terrain miné

S'il est une catégorie de la population pour laquelle les conséquences de la pression territoriale sont les plus dramatiques, c'est celle des enfants et des adolescents. Non pas parce que les adultes souffrent moins, mais parce que les enfants, eux, n'ont pas choisi. Ils n'ont pas choisi leur quartier, pas choisi leur immeuble, pas choisi de grandir à l'ombre des points de deal et des guetteurs. Et pourtant, ce sont eux qui hériteront — dans leur chair, dans leur psychisme, dans leur trajectoire de vie — des séquelles les plus durables de cette violence territoriale.

L'exposition précoce à l'économie souterraine produit des effets dévastateurs sur la construction psychique et sociale des enfants. Dès l'âge de 8 ou 9 ans, dans les quartiers les plus touchés, les enfants sont capables de décrire avec une précision troublante l'organigramme du réseau local : qui est le « boss », qui est le « charbonneur », qui fait le « guet », combien « ça rapporte ». Ce savoir précoce n'est pas le fruit d'une éducation criminelle délibérée. Il est le produit de l'immersion : quand le trafic se déroule sous vos fenêtres, dans votre hall, sur votre aire de jeux, vous finissez par en connaître les codes comme vous connaissez les règles du football.

Mais cette familiarité a un prix. Elle banalise ce qui ne devrait pas l'être. Elle normalise la transgression. Elle installe, dans l'imaginaire enfantin, l'idée que le trafic est une activité comme une autre — dangereuse, certes, mais pas fondamentalement différente de n'importe quel autre « travail ». Et surtout, elle crée un référentiel de réussite alternatif, en concurrence directe avec celui que proposent l'école et la famille. Face à un système scolaire perçu comme lointain, exigeant et peu gratifiant, face à un marché du travail qui discrimine sur le patronyme et le code postal, le modèle du trafiquant — jeune, riche, respecté (ou du moins craint) — exerce une attraction d'autant plus puissante qu'il est immédiatement visible et accessible.

Le recrutement des mineurs par les réseaux de trafic est l'un des aspects les plus préoccupants de cette réalité. Les réseaux ont compris depuis longtemps l'intérêt de mobiliser des enfants et des adolescents : ils sont moins repérables, moins lourdement sanctionnés par la justice, et surtout — cynisme absolu — ils sont remplaçables à l'infini. Un mineur qui se fait arrêter est relâché le soir même ou placé quelques jours ; un adulte risque des années de prison. Le calcul est froidement rationnel.

L'entrée dans le réseau se fait souvent par paliers, selon une gradation pensée pour ne jamais brusquer : d'abord un petit service (« tu peux garder ce sac chez toi cette nuit ? »), puis une mission ponctuelle (« va porter ce paquet à l'adresse qu'on te donne »), puis un rôle régulier (le guet, d'abord, parce que c'est le moins risqué et le moins rémunéré), et enfin, pour ceux qui « font leurs preuves », des responsabilités croissantes. À chaque palier, la rémunération augmente, la reconnaissance du groupe s'affirme, et le retour en arrière devient plus difficile — parce que l'adolescent en sait trop, parce qu'il a goûté à l'argent, parce qu'il a acquis un statut qu'il ne retrouvera nulle part ailleurs.

Les éducateurs de rue, les enseignants, les travailleurs sociaux qui côtoient ces enfants décrivent une course contre la montre. « On a une fenêtre de tir très étroite, explique un éducateur de prévention de l'Essonne. Entre 10 et 14 ans, on peut encore les accrocher, leur proposer autre chose — du sport, de la culture, un projet. Après 14 ans, si le réseau les a repérés, c'est presque trop tard. Pas toujours, mais souvent. Parce que le réseau leur offre ce que personne d'autre ne leur offre : de l'argent, du respect et un sentiment d'appartenance. »

Ce sentiment d'appartenance est peut-être le plus redoutable des leviers. Dans des quartiers où les structures traditionnelles de socialisation — famille, école, associations, institutions républicaines — sont fragilisées ou défaillantes, le réseau de trafic offre un cadre. Des règles. Une hiérarchie. Un vocabulaire. Des rituels. Un « nous » contre un « eux ». Pour un adolescent en quête d'identité, en manque de reconnaissance, en déficit de figures d'autorité crédibles, cette offre est difficilement résistible. Elle ne l'est d'ailleurs pas : les chiffres montrent que dans les quartiers les plus touchés, entre 10 % et 15 % des garçons de 13 à 18 ans participent, à un degré ou un autre, à l'économie du trafic.

IX. Le piège de la « zone de non-droit »

Il faut, à ce stade, revenir sur une expression qui empoisonne le débat public depuis des années : les « zones de non-droit ». Cette formule, martelée par une certaine classe politique et relayée complaisamment par certains médias, mérite d'être interrogée. Non parce qu'elle serait entièrement fausse — il existe bien, dans certains quartiers, des espaces où le droit commun peine à s'appliquer —, mais parce qu'elle est profondément trompeuse dans ce qu'elle suggère.

Dire « zone de non-droit », c'est suggérer un vide. Un espace sans règles, sans ordre, sans organisation — un chaos, une jungle urbaine livrée à elle-même. Or ce n'est pas ce qui se passe. Ce qui caractérise les quartiers sous emprise, ce n'est pas l'absence de droit : c'est la substitution d'un droit par un autre. Au droit républicain — imparfait, lointain, souvent vécu comme injuste — se substitue un droit coutumier du trafic, avec ses propres normes, ses propres sanctions, sa propre hiérarchie. Ce n'est pas le non-droit : c'est un contre-droit. Et cette distinction n'est pas académique. Elle est fondamentale pour comprendre la nature du problème et, par conséquent, la nature des solutions à lui apporter.

Car on ne traite pas un vide de la même manière qu'on traite une substitution. Face à un vide, il suffit de remplir : envoyer des policiers, installer des caméras, construire un commissariat. Face à une substitution, il faut comprendre pourquoi le droit républicain a été évincé, pourquoi un autre système normatif a pris sa place, et comment restaurer la légitimité du premier sans se contenter de réprimer le second. C'est un travail infiniment plus complexe, qui exige du temps, de la constance, de la nuance — toutes choses que le calendrier politique et le tempo médiatique rendent structurellement difficiles.

L'expression « zone de non-droit » a un autre défaut, peut-être plus grave encore : elle déshumanise. Elle transforme un quartier — c'est-à-dire un lieu habité par des êtres humains, des familles, des histoires de vie — en une abstraction géographique menaçante. Elle fait des habitants non pas des citoyens à protéger, mais des figurants dans un décor hostile. Elle justifie, implicitement, une approche purement sécuritaire qui considère le quartier comme un problème à résoudre plutôt que comme une communauté à soutenir. Et elle conforte, chez les habitants eux-mêmes, le sentiment d'être abandonnés par la République : « Si on est une zone de non-droit, c'est que vous avez renoncé à y faire appliquer le droit. Donc vous avez renoncé à nous. »

Ce renoncement — réel ou perçu — est au cœur du malaise. Car il ne faut pas se mentir : dans un certain nombre de quartiers, l'État a, de fait, reculé. Pas de manière déclarée, officielle, assumée — aucun gouvernement n'a jamais décrété l'abandon d'un territoire —, mais de manière insidieuse, progressive, bureaucratique. Un commissariat fermé ici, un bureau de poste relocalisé là, une ligne de bus supprimée, un centre social dont les subventions sont gelées, une école dont les postes d'enseignants ne sont pas remplacés. Chacune de ces décisions, prise isolément, relève de la « rationalisation budgétaire » ou de la « réorganisation administrative ». Mises bout à bout, elles dessinent le contour d'une désertion.

X. Quand l'État revient : le paradoxe de l'intervention

Lorsque l'État décide de « reprendre » un quartier, le spectacle est souvent impressionnant. Les opérations « place nette XXL », lancées en grande pompe à partir de 2024, en sont l'illustration la plus récente : des centaines de policiers et de gendarmes déployés simultanément, des hélicoptères, des blindés, des chiens renifleurs, des perquisitions à l'aube, des arrestations en série, des saisies de drogue et d'argent liquide exhibées devant les caméras.

L'effet immédiat est réel. Le trafic est désorganisé, les réseaux sont déstabilisés, les habitants respirent — pendant quelques jours, quelques semaines. Les politiques se félicitent. Les chaînes d'information en continu diffusent des images spectaculaires. Les chiffres sont brandis : tant de kilos saisis, tant d'interpellations, tant d'armes récupérées.

Puis les forces de l'ordre repartent. Parce qu'elles sont attendues ailleurs. Parce que les effectifs ne permettent pas un déploiement permanent. Parce que l'opération était conçue comme un coup de poing, pas comme une implantation durable. Et le quartier, un temps soulagé, retombe dans sa routine. Les points de deal rouvrent —

parfois le jour même du départ des forces de l'ordre. Les guetteurs reprennent leur poste. Les « nourrices » sont réapprovisionnées. Et les habitants, qui avaient peut-être osé espérer, referment leurs volets et leur bouche.

Ce cycle — intervention spectaculaire, accalmie temporaire, retour à la normale — est l'un des motifs les plus constants et les plus désespérants de la politique sécuritaire dans les quartiers. Il produit, chez les habitants, un mélange de cynisme et de colère qui est peut-être le terreau le plus fertile de la défiance envers les institutions. « Ils viennent, ils cassent des portes, ils embarquent des gens, ils font leur show pour la télé, et après ils s'en vont. Nous, on reste. Et on ramasse les morceaux », résume un habitant de la cité des Oliviers, à Marseille, au lendemain d'une opération de police.

Le paradoxe est cruel : chaque intervention qui n'est pas suivie d'un engagement durable renforce le pouvoir de ceux qu'elle prétend combattre. Car le réseau, lui, ne part pas. Il se replie le temps de l'orage, il se réorganise, il reconstitue ses stocks, il remplace ses soldats arrêtés par de nouvelles recrues — et il revient, plus fort, parce que la démonstration a été faite, une fois de plus, que l'État n'a pas la capacité — ou la volonté — de tenir dans la durée.

XI. Les poches de résistance

Il serait malhonnête de conclure ce chapitre sans évoquer ceux qui résistent. Pas les services de police, pas les élus, pas les administrations — mais les habitants eux-mêmes, ceux qui, dans l'ordinaire de leur vie, refusent que le trafic ait le dernier mot.

Ils sont éducateurs de rue et passent leurs soirées à arpenter les cages d'escalier pour maintenir le lien avec des adolescents que personne d'autre ne va chercher. Ils sont enseignants et arrivent chaque matin dans des collèges classés REP+ avec la conviction obstinée que la connaissance est une arme de libération. Ils sont médiateurs sociales et frappent aux portes des appartements pour proposer une aide juridique, un cours de français, un accompagnement vers l'emploi. Ils sont bénévoles dans des associations de quartier et organisent, week-end après week-end, des sorties culturelles, des ateliers de soutien scolaire, des tournois sportifs, des fêtes de voisinage — tout ce qui crée du lien là où le trafic crée de l'isolement.

Ils sont aussi, tout simplement, des voisins qui continuent de se dire bonjour, de s'entraider, de partager un repas, de garder les enfants les uns des autres, de maintenir vivante cette sociabilité de proximité que la pression territoriale tend à détruire. Ces gestes-là — un plat cuisiné apporté à une voisine malade, une aide aux devoirs offerte au fils de la famille du dessus, un coup de main pour un déménagement — sont des actes de résistance au sens le plus noble du terme. Ils affirment, contre la logique du trafic qui atomise et qui soumet, que la solidarité humaine est plus forte que la peur.

Ces résistants du quotidien ne font pas de bruit. Ils n'ont pas de porte-parole, pas de communiqué de presse, pas de hashtag. Leur action est invisible pour qui ne vit pas dans le quartier. Mais c'est grâce à eux — et presque uniquement grâce à eux — que ces quartiers restent des lieux de vie et non des zones de mort. C'est grâce à eux que des enfants grandissent en ayant d'autres modèles que le caïd du coin. C'est grâce à eux que le tissu social, malgré les déchirures, ne se désintègre pas entièrement.

Leur dire que leur quartier est une « zone de non-droit » est une insulte. Leur promettre une opération « coup de poing » sans lendemain est un mensonge. Ce qu'ils demandent est à la fois simple et immense : que l'État soit là. Non pas en opération commando, mais en présence quotidienne. Non pas en spectacle, mais en engagement. Non pas pour une semaine, mais pour une génération.

XII. Ce que les territoires sous pression révèlent de la République

Les quartiers sous emprise ne sont pas une anomalie dans le paysage français. Ils en sont un révélateur. Ils disent, avec une brutalité que nul discours politique ne peut maquiller, ce que produit le croisement de la pauvreté, de la discrimination, de l'abandon institutionnel et de la toute-puissance de l'argent sale. Ils disent que la promesse républicaine — liberté, égalité, fraternité — s'arrête, dans les faits, aux frontières invisibles que dessinent le code postal, la couleur de peau et le montant du loyer.

Ce constat n'excuse rien. Il n'excuse pas les trafiquants, qui exploitent la misère au lieu de la combattre. Il n'excuse pas la violence, qui détruit des vies. Il n'excuse pas le silence de ceux qui savent et se taisent par intérêt plutôt que par peur. Mais il impose une lucidité : tant que la République ne sera pas capable de garantir, dans ces quartiers comme ailleurs, la sécurité, l'éducation, l'emploi, la santé et la dignité auxquels chaque citoyen a droit, les réseaux criminels continueront de prospérer dans les interstices qu'elle laisse vacants.

Le territoire, en définitive, est un miroir. Ce qui s'y joue — le contrôle, la peur, le silence, la résistance — n'est que le reflet concentré, exacerbé, de dynamiques qui traversent l'ensemble de la société française. La question n'est pas de savoir si ces quartiers font partie de la France. Ils en sont, au contraire, le test de vérité. Le lieu où la République se prouve — ou se renie.

Les murs des cités ne séparent pas deux mondes. Ils relient, par un réseau souterrain de causes et de conséquences, de flux financiers et de destins brisés, les tours de banlieue et les terrasses du centre-ville, les halls d'immeuble et les salons feutrés, les enfants du béton et les consommateurs du samedi soir. Le chapitre suivant explorera ces liens — car il est temps de regarder l'autre bout de la chaîne.

Chapitre 6 — Guerres invisibles, violences bien réelles

« La violence n'est pas un accident du système. Elle est le système. »

— Magistrat instructeur, juridiction interrégionale spécialisée de Marseille, 2023.

I. Le bruit et le silence

Le 1er août 2021, un dimanche après-midi ordinaire dans la cité de la Paternelle, dans le XIVe arrondissement de Marseille. La chaleur est écrasante. Les rues sont presque vides. Quelques enfants jouent près d'un point d'eau. Des familles préparent le dîner, fenêtres ouvertes pour capter un souffle d'air. Puis le bruit.

Pas un bruit. Une déflagration. Plusieurs déflagrations. Des rafales, précisément — des rafales de kalachnikov, cette arme dont le claquement sec et rapide est devenu, dans certains quartiers de France, aussi reconnaissable que le son d'une sirène d'ambulance. En quelques secondes, un homme de 32 ans s'effondre. Puis un autre, de 25 ans. Le premier mourra sur place. Le second à l'hôpital, trois heures plus tard. Le tireur — ou les tireurs, l'enquête le déterminera — a disparu. Un scooter volé sera retrouvé calciné à quelques centaines de mètres.

Dans les heures qui suivent, les journaux télévisés consacreront un sujet de quatre-vingt-dix secondes à l'événement. Le présentateur parlera de « règlement de comptes entre trafiquants de drogue ». L'adjectif est important : *entre trafiquants*. Il trace une frontière implicite. Il dit : ceci ne vous concerne pas. Il dit : ces morts ne sont pas les vôtres. Il dit : circulez, il n'y a rien à voir — ou plutôt, rien à ressentir. La violence est cantonnée à son périmètre. Elle ne déborde pas. Elle reste *entre eux*.

Ce récit est un mensonge par omission.

Il est un mensonge parce qu'il omet la mère qui était à sa fenêtre et qui a vu son voisin mourir. Il omet les enfants qui jouaient à trente mètres et qui ont vu le sang. Il omet le commerçant dont la vitrine est criblée d'impacts et qui sait qu'aucune assurance ne le remboursera sans poser de questions auxquelles il ne peut pas répondre. Il omet les habitants qui, ce soir-là et tous les soirs suivants, dormiront par terre, en dessous du niveau des fenêtres, parce qu'ils ont appris que les balles traversent les murs de ces immeubles construits à l'économie. Il omet, surtout, la vérité la plus dérangeante : que cette violence-là — celle des « règlements de comptes » — n'est pas un phénomène marginal, exceptionnel, périphérique. Elle est un phénomène structurel, récurrent, en expansion, qui touche un nombre croissant de territoires et fait chaque année des dizaines de morts et des centaines de blessés sur le sol français.

Ce chapitre est consacré à cette violence. Non pas pour la montrer en spectacle — la pornographie de la violence est une industrie suffisamment florissante pour qu'on n'y contribue pas —, mais pour la comprendre. Comprendre ses logiques, ses mécanismes, ses escalades. Comprendre pourquoi elle augmente, pourquoi elle se radicalise, pourquoi elle touche des individus de plus en plus jeunes. Comprendre, enfin, ce qu'elle dit de l'état de la société française et de la manière dont celle-ci traite — ou refuse de traiter — le problème du narcotrafic.

II. Cartographie d'une hécatombe

Commençons par les chiffres, puisqu'il faut bien commencer par quelque part et que les chiffres ont au moins le mérite de la froideur.

En 2023, la France a enregistré officiellement 49 morts par « règlements de comptes » liés au trafic de stupéfiants. Le terme est celui qu'utilise le ministère de l'Intérieur, et il mérite qu'on s'y arrête. Un « règlement de comptes » — en langage policier, un « RC » — désigne un homicide ou une tentative d'homicide dont l'enquête établit qu'il est lié, directement ou indirectement, à l'activité de trafic de drogue. Cette catégorie statistique est, par construction, restrictive : elle exclut les morts dont le lien avec le trafic n'a pas pu être formellement établi, les victimes collatérales non identifiées comme telles, les disparitions non élucidées, et les blessés graves — parfois handicapés à vie — qui survivent à une fusillade sans entrer dans la comptabilité macabre des « RC ».

En incluant les tentatives — c'est-à-dire les fusillades qui n'ont pas atteint leur cible, ou qui l'ont atteinte sans la tuer —, le chiffre explose. L'Office anti-stupéfiants (OFAST) recensait, pour la même année, plus de 400 faits de violence grave liés au narcobanditisme. Quatre cents épisodes de fusillade, de passage à tabac, d'incendie criminel, de séquestration, de torture, directement connectés au commerce de la drogue. Plus d'un par jour. En France. En temps de paix.

La tendance, surtout, est vertigineuse. En 2010, le nombre de « règlements de comptes » enregistrés au niveau national était de l'ordre de 25 à 30 par an. En une décennie, il a presque doublé. Et encore ces chiffres ne mesurent-ils que la partie émergée du phénomène : les scènes de crime constatées, les victimes identifiées, les enquêtes ouvertes. Combien de corps n'ont jamais été retrouvés ? Combien de blessures par balle ont été soignées « en ville », dans des cabinets médicaux complaisants ou dans des appartements transformés en infirmeries de fortune, sans jamais faire l'objet d'un signalement ? Combien de disparitions, classées comme « inquiétantes » puis oubliées dans les méandres administratifs, sont en réalité des éliminations dont personne ne cherche plus les auteurs ? Les policiers et les magistrats qui travaillent sur ces dossiers reconnaissent, sous couvert d'anonymat, que le « chiffre noir » — l'écart entre la violence réelle et la violence enregistrée — est considérable. Certains avancent un facteur deux. D'autres un facteur trois. Personne ne le sait exactement, et c'est précisément le problème.

Géographiquement, la violence n'est pas uniformément répartie. Marseille, bien sûr, concentre une part disproportionnée des règlements de comptes — entre un quart et un tiers du total national, selon les années. La cité phocéenne est devenue, dans l'imaginaire collectif comme dans la réalité statistique, l'épicentre de la guerre des trafiquants en France. Mais cette focalisation sur Marseille, si elle est justifiée par les chiffres, a un effet pervers : elle masque la dissémination du phénomène. Lyon et sa banlieue, Grenoble,

Toulouse, Montpellier, Nantes, Rennes, Lille, Dijon, Strasbourg, mais aussi des villes moyennes comme Valence, Avignon, Perpignan, Béziers, Salon-de-Provence — la liste s'allonge chaque année. Des villes qui, il y a encore dix ou quinze ans, n'apparaissaient jamais dans les chroniques du narcotrafic voient désormais des fusillades éclater dans leurs rues, des corps tomber sur leurs trottoirs, des douilles joncher leurs parkings.

La violence liée au trafic n'est plus un phénomène marseillais. Elle est un phénomène national. Et le refus de le reconnaître — par confort intellectuel, par calcul politique, ou par simple aveuglement — est l'un des obstacles les plus redoutables à sa résolution.

III. Anatomie d'un règlement de comptes

Pour comprendre la violence, il faut la décomposer. Non pas la disséquer avec la fascination morbide du voyeur, mais l'analyser avec la rigueur de l'enquêteur ou du chercheur. Un règlement de comptes n'est pas un acte spontané, un coup de sang, un accident. C'est, dans l'immense majorité des cas, un acte prémédité, planifié, exécuté selon un protocole qui, à force de répétition, a acquis une forme de systématicité.

La décision.

Tout commence par une décision. Quelqu'un, quelque part — un chef de réseau, un lieutenant, parfois un conseil informel de « grands » du quartier —, décide qu'un individu doit être « puni ». Les motifs sont variables : une dette impayée, une trahison (réelle ou supposée), une intrusion sur un territoire, une humiliation publique, une collaboration avec la police, un conflit d'ego. Ce qui est constant, c'est le processus décisionnel : il n'est pas nécessairement formalisé (pas de « contrat » signé comme dans les films), mais il est délibéré. La violence n'est pas impulsive. Elle est stratégique.

Cette dimension stratégique est fondamentale. Elle distingue la violence du trafic de la violence ordinaire — celle des bagarres de bar, des conflits de voisinage, des disputes conjugales qui dégénèrent.

La violence du trafic est instrumentale : elle vise un objectif précis (éliminer un concurrent, punir un traître, envoyer un message). Elle est calibrée : le degré de violence est proportionné au message que l'on souhaite envoyer (une simple « correction » physique pour un avertissement, un tir dans les jambes pour une sanction intermédiaire, une exécution pour un message définitif). Et elle est assumée : loin d'être cachée, elle est souvent mise en scène pour maximiser son effet dissuasif.

Le recrutement.

Une fois la décision prise, il faut trouver quelqu'un pour l'exécuter. C'est ici que la logique du trafic atteint son degré le plus cynique. Les « commanditaires » — ceux qui décident — se gardent bien de tirer eux-mêmes. Ils délèguent. Et ils délèguent, de plus en plus souvent, à des individus choisis pour leur « jetabilité » : des très jeunes (mineurs si possibles, pour les raisons judiciaires déjà évoquées), des toxicomanes redevables d'une dette, des personnes en situation irrégulière que l'on tient par la menace d'une dénonciation, des individus extérieurs au quartier — parfois venus d'autres villes, voire d'autres pays — que personne ne connaît et que personne ne pourra identifier.

Le phénomène des « jobbeurs » — des exécutants recrutés ponctuellement pour une mission précise, moyennant rétribution — a pris une ampleur considérable. Les tarifs varient : quelques milliers d'euros pour une « correction », entre 10 000 et 50 000 euros pour un meurtre, selon les sources judiciaires. Ces chiffres, qu'il faut manier avec prudence parce qu'ils proviennent de procédures en cours et ne sont pas toujours généralisables, disent néanmoins quelque chose de terrifiant : le prix d'une vie humaine, dans l'économie du trafic, est négociable. Et il est, au regard des sommes brassées par les réseaux, dérisoire.

Le recrutement de ces exécutants se fait de plus en plus par voie numérique. Les messageries cryptées — Telegram, Signal, et d'autres, plus confidentielles encore — servent de plateformes de mise en relation. Un commanditaire poste une « offre ». Des candidats se manifestent. Les négociations se déroulent en quelques heures. Le tout sans que les protagonistes ne se soient jamais rencontrés physiquement. Cette « ubérisation » de la violence — le terme est glaçant mais exact — représente un défi majeur pour les services d'enquête, qui doivent désormais traquer des interactions numériques éphémères et cryptées pour reconstituer la chaîne de commandement d'un homicide.

La préparation.

Un règlement de comptes se prépare. La cible est surveillée : ses habitudes, ses trajets, ses horaires, ses fréquentations. Cette surveillance peut durer des jours, des semaines, parfois des mois. Elle mobilise des moyens qui, dans un autre contexte, relèveraient du renseignement militaire : filatures physiques, géolocalisation par téléphone, surveillance des réseaux sociaux (les cibles, avec une inconscience parfois stupéfiante, publient elles-mêmes leurs déplacements sur Instagram ou Snapchat), et parfois même utilisation de drones commerciaux pour repérer les lieux.

L'arme est procurée. Ce point mérite un développement particulier, tant l'arsenal disponible dans les réseaux de trafic français a évolué au cours des dernières années. Les dossiers judiciaires des années 2000 faisaient état principalement d'armes de poing — revolvers, pistolets semi-automatiques — et d'armes blanches. Ceux des années 2020 révèlent une montée en puissance spectaculaire : fusils d'assaut de type kalachnikov (AK-47 ou variantes), fusils-mitrailleurs, grenades, lance-roquettes (des RPG-7 ont été saisis à plusieurs reprises dans des caches d'armes liées au trafic de drogue en France), et même, dans certains cas, des explosifs de qualité militaire. La provenance de ces armes est diverse : stocks des guerres balkaniques des années 1990, circuits de contrebande est-européens, détournements de matériel militaire en Afrique du

Nord ou au Moyen-Orient, voire — phénomène plus récent — fabrication artisanale à partir de kits achetés en ligne et de pièces produites par imprimantes 3D.

Le véhicule est préparé. Presque toujours volé, souvent maquillé (plaques d'immatriculation changées, vitres teintées ajoutées), il sera abandonné puis incendié après l'opération pour détruire les traces ADN et les résidus de poudre. Le choix du véhicule n'est pas anodin : les scooters sont privilégiés pour les actions en milieu urbain dense (maniabilité, capacité à emprunter des voies piétonnes pour fuir), les voitures pour les opérations nécessitant plus de puissance de feu ou le transport de plusieurs tireurs.

Le lieu et le moment sont choisis. Contrairement à ce que suggèrent les films, un règlement de comptes n'a pas nécessairement lieu dans une ruelle sombre à trois heures du matin. Il peut survenir en plein jour, dans une rue passante, devant un restaurant, à la sortie d'une salle de sport, sur un parking de centre commercial. Le choix du lieu répond à deux logiques parfois contradictoires : la certitude de trouver la cible (ce qui impose de frapper là où elle est vulnérable, c'est-à-dire souvent dans des espaces publics et fréquentés) et la possibilité de fuir (ce qui nécessite des voies de repli identifiées à l'avance). Quand ces deux logiques convergent — un lieu fréquenté mais proche d'un axe de fuite rapide —, les conditions sont réunies pour un passage à l'acte d'une efficacité terrifiante.

L'exécution.

La scène dure rarement plus de quelques secondes. Les rapports de balistique des fusillades liées au trafic en France font état, en moyenne, de 15 à 30 projectiles tirés par épisode. Certaines scènes de crime ont révélé plus de 60 douilles. Cette surabondance de tirs n'est pas accidentelle : elle vise à garantir la mort de la cible, mais aussi à créer un effet de terreur maximale sur les témoins éventuels. Le bruit d'une rafale de kalachnikov dans une rue résidentielle est une expérience que ceux qui l'ont vécue décrivent comme physiquement insoutenable — une vibration qui traverse le corps, qui sidère, qui paralyse. Cet effet de sidération est recherché : il fige les témoins, retarde les appels au secours, offre aux tireurs un précieux délai de fuite.

L'après.

Une fois l'acte commis, le protocole de repli se met en place avec une efficacité qui témoigne, là encore, d'une professionnalisation croissante. Le véhicule est abandonné et brûlé. Les armes sont soit détruites, soit restockées dans une cache. Les vêtements portés pendant l'opération sont éliminés. Les téléphones utilisés pour la coordination sont détruits ou jetés. Les exécutants quittent la zone — parfois la ville, parfois le pays — dans les heures qui suivent. Les commanditaires, eux, ne bougent pas : ils n'étaient pas sur les lieux, ils n'ont touché aucune arme, ils n'ont laissé aucune trace matérielle. Le lien entre le commanditaire et l'exécutant, s'il existe, est enfoui dans des échanges cryptés que les enquêteurs mettront des mois, parfois des années, à reconstituer — quand ils y parviennent.

IV. Les ressorts de l'escalade

La violence liée au trafic ne se contente pas de persister. Elle s'aggrave. Elle monte en puissance, en fréquence, en intensité, en cruauté. Et cette escalade n'est pas le fruit du hasard ni de la « folie » de quelques individus. Elle répond à des logiques identifiables, que les travaux de criminologie, de sociologie et les retours d'expérience judiciaire permettent de reconstituer.

L'inflation des enjeux économiques.

La première logique est économique. Le marché de la drogue en France génère, selon les estimations les plus sérieuses — celles de l'INSEE et de l'OFDT —, un chiffre d'affaires annuel de l'ordre de 3,5 à 6 milliards d'euros. Ce marché est en expansion structurelle : la consommation augmente (la France est l'un des premiers consommateurs de cannabis et de cocaïne en Europe), les produits se diversifient (montée en puissance de la cocaïne et des drogues de synthèse), les marges restent colossales. Plus le marché est lucratif, plus les enjeux de contrôle territorial sont élevés, et plus la violence — instrument ultime de régulation d'un marché illégal où aucun tribunal de commerce ne peut arbitrer les litiges — est susceptible de s'intensifier.

Cette corrélation entre volume de marché et niveau de violence est un classique de la criminologie. Elle a été observée dans tous les contextes où le narcotrafic atteint une certaine échelle : Colombie, Mexique, Italie du Sud, États-Unis. La France, longtemps considérée comme un pays de transit plutôt que de consommation, a basculé dans une catégorie supérieure : celle des marchés majeurs, avec la violence qui va avec.

La course aux armements.

La deuxième logique est militaire. Ou plutôt para-militaire. L'accès facilité à des armes de guerre — nous y reviendrons en détail — a transformé la nature des affrontements. Quand le pistolet est remplacé par le fusil d'assaut, quand le couteau cède la place à la grenade, le seuil de violence franchit un pallier qualitatif. Non seulement les armes de guerre sont plus létales (une balle de 7,62 mm tirée par un AK-47 traverse un gilet pare-balles standard, une portière de voiture, un mur de plâtre), mais elles sont aussi plus indiscriminées : une rafale de fusil d'assaut dans une rue ne touche pas seulement sa cible. Elle touche tout ce qui se trouve dans sa trajectoire.

Cette montée en puissance de l'armement crée un effet d'entraînement. Quand un réseau acquiert des armes lourdes, ses rivaux sont contraints de s'équiper à leur tour, sous peine de se retrouver en position d'infériorité stratégique. C'est une course aux armements classique, régie par le même dilemme de sécurité que celui qui gouverne les relations entre États : chaque acteur s'arme pour se protéger, mais en s'armant, il augmente la menace perçue par les autres, qui s'arment à leur tour. La spirale est auto-entretenue.

Certains dossiers judiciaires récents donnent la mesure de cette spirale. En 2023, les douanes et la police ont saisi sur le territoire national plus de 5 000 armes à feu, dont plusieurs centaines d'armes de guerre. En 2015, ce chiffre était inférieur à 2 500. Le doublement en moins d'une décennie traduit à la fois une intensification de l'effort de saisie et une augmentation du volume d'armes en circulation. Les deux ne sont pas contradictoires : ils sont les deux faces d'une même réalité.

Le rajeunissement des acteurs.

La troisième logique est générationnelle. Les exécutants de la violence sont de plus en plus jeunes. Les dossiers judiciaires des années 2010-2020 font apparaître des auteurs de tentatives d'homicide âgés de 15, 16, 17 ans. En 2023, un adolescent de 14 ans a été mis en examen pour un meurtre par arme à feu dans un quartier de Marseille. En 2024, un enfant de 13 ans a été interpellé en possession d'un pistolet automatique chargé.

Ce rajeunissement n'est pas anecdotique. Il est systémique. Il résulte, comme on l'a vu, d'une stratégie délibérée des réseaux, qui instrumentalisent les mineurs pour leur moindre exposition pénale. Mais il produit aussi un effet collatéral dévastateur sur le niveau de violence : un adolescent de 15 ans armé d'une kalachnikov n'a ni la maturité émotionnelle, ni l'expérience, ni le recul nécessaire pour « calibrer » sa violence. Il tire plus que nécessaire, il vise mal, il panique, il touche des passants. La combinaison d'armes puissantes et de tireurs inexpérimentés est une équation dont le résultat se mesure en victimes collatérales.

Ce rajeunissement a une autre conséquence, plus insidieuse : il alimente le cycle de la vengeance. Quand un adolescent de 16 ans est abattu, ses amis, ses frères, ses cousins — eux-mêmes souvent mineurs — éprouvent un désir de représailles d'autant plus violent que leur capacité de raisonnement est encore en construction. La riposte vient plus vite, plus fort, moins calculée. Et la contre-riposte après elle. Et ainsi de suite, dans une spirale qui peut produire des dizaines de morts en quelques mois, comme l'ont illustré les « séries » marseillaises de 2023 et 2024, où des quartiers entiers se sont retrouvés pris dans des cycles de vengeance impliquant des adolescents qui, trois ans plus tôt, jouaient encore au football sur les mêmes terrains.

L'effacement des codes.

La quatrième logique est culturelle, si l'on peut employer ce terme pour décrire la disparition de ce que certains acteurs de terrain appellent « les règles du milieu ». Cette notion — qui relève autant du mythe que de la réalité, il faut le reconnaître — renvoie à l'idée qu'il existait, dans le banditisme traditionnel, un ensemble de normes implicites qui encadraient la violence : on ne touchait pas aux femmes, on ne touchait pas aux enfants, on ne tirait pas dans les lieux publics, on ne s'attaquait pas aux familles des adversaires. Ces « règles », dont l'existence réelle est discutée par les historiens du crime, fonctionnaient comme des mécanismes de limitation de la violence : elles ne l'empêchaient pas, mais elles la contenaient dans un périmètre jugé « acceptable » par les acteurs eux-mêmes.

Or ces normes, réelles ou fantasmées, sont en cours de dissolution. Les dossiers judiciaires récents en attestent avec une crudité qui laisse les magistrats les plus aguerris sans voix. Des femmes — compagnes, sœurs, mères de trafiquants — ciblées délibérément pour atteindre un adversaire. Des enfants menacés, parfois frappés, pour faire pression sur un parent. Des domiciles familiaux mitraillés en pleine nuit, sans égard pour les occupants. Des commerces innocents incendiés pour « punir » un quartier entier.

Le juge d'instruction Jacques Dallest, qui a instruit de nombreux dossiers de règlements de comptes à Marseille, résumait cette évolution en ces termes : « Il y a vingt ans, les voyous avaient des règles. Des règles de voyous, mais des règles quand même.

Aujourd'hui, il n'y a plus rien. Plus de limites, plus de tabous, plus de sanctuaire. Tout est permis. Et quand tout est permis, tout arrive. »

La dynamique mimétique.

La cinquième logique est psychosociale. La violence se nourrit d'elle-même par un mécanisme d'imitation et de surenchère que le philosophe René Girard aurait reconnu : chaque acte violent appelle une réponse plus violente encore, non seulement par désir de vengeance, mais par souci de ne pas paraître faible. Dans l'économie symbolique du trafic, la réputation est un capital. Un réseau qui ne répond pas à une agression perd sa crédibilité — et donc ses parts de marché. Un chef qui laisse « passer » une offense perd son autorité — et donc sa position. La violence n'est pas seulement un instrument : elle est un langage. Et dans ce langage, le silence est synonyme de soumission.

Les réseaux sociaux ont considérablement amplifié cette dynamique. Les provocations se font désormais en ligne, visibles par des milliers de personnes : vidéos de « trophées » (armes exhibées, liasses de billets brandies, tags moqueurs sur le territoire ennemi), « clashs » rappés où des artistes affiliés à tel ou tel quartier insultent publiquement leurs rivaux, stories éphémères montrant des scènes d'humiliation ou de menace. Cette publicité de la provocation rend la non-réponse impossible : quand l'insulte est publique, la riposte doit l'être aussi, sous peine de perdre la face devant un auditoire qui compte en milliers de followers. Les enquêteurs ont ainsi documenté des cas où un règlement de comptes avait été directement déclenché par une vidéo postée sur les réseaux sociaux — une provocation de trop, une humiliation de trop, qui transformait un conflit latent en bain de sang.

V. La victime n'est jamais celle qu'on croit

L'expression « règlement de comptes » charrie avec elle un présupposé rassurant : les victimes seraient des acteurs du milieu, des trafiquants qui « savaient à quoi s'attendre », des individus qui auraient, en quelque sorte, « choisi » leur destin. Cette présomption de culpabilité posthume est l'un des mécanismes les plus efficaces de mise à distance de la violence par l'opinion publique. Elle permet de ne pas s'émouvoir, de ne pas s'indigner, de ne pas exiger des comptes. Après tout, s'ils se tuent entre eux...

La réalité est infiniment plus complexe et infiniment plus troublante.

D'abord, parce que la catégorie « trafiquant » est elle-même un spectre, pas une ligne nette. Le gamin de 15 ans recruté comme guetteur pour 50 euros par jour est-il un « trafiquant » au même titre que le grossiste qui brasse des millions depuis son appartement de Dubaï ? La jeune femme contrainte de stocker de la drogue dans son appartement sous la menace est-elle une « trafiquante » au même titre que le chimiste qui coupe la cocaïne dans un laboratoire clandestin ? L'ancien détenu qui, faute de toute perspective de réinsertion, retombe dans le réseau qui l'avait recruté à 14 ans, est-il « coupable » de la même manière que celui qui l'a recruté ? La violence tue sans faire ces distinctions. Et quand la société qualifie indistinctement toutes ces victimes de « trafiquants qui se règlent leurs comptes », elle commet une injustice morale qui est aussi une erreur d'analyse.

Ensuite, parce que les victimes « collatérales » — celles qui n'ont aucun lien avec le trafic — sont plus nombreuses qu'on ne le dit. Les statistiques officielles des « RC » ne comptabilisent pas toujours les passants touchés par des balles perdues, les voisins blessés par des éclats, les habitants traumatisés par une fusillade sous leurs fenêtres. Certains cas, pourtant, ont marqué les esprits et auraient dû servir d'électrochoc.

Le 18 octobre 2016, un enfant de 4 ans est blessé par une balle perdue dans une cité de la Castellane, à Marseille, alors qu'il jouait devant chez lui. Il survivra, mais gardera des séquelles. En septembre 2023, c'est un adolescent de 14 ans, sans aucun lien avec le milieu, qui est grièvement blessé par une rafale de kalachnikov dans un quartier de Nîmes. En juillet 2024, un retraité de 72 ans est touché par un tir alors qu'il promenait son chien dans une cité de Vénissieux, en banlieue lyonnaise. La balle lui était destinée ? Non. Il passait simplement au mauvais endroit.

Ces victimes-là n'entrent pas dans la catégorie commode du « règlement de comptes entre trafiquants ». Elles dérangent le récit. Elles rappellent que la violence du trafic n'est pas contenue dans un périmètre étanche. Qu'elle déborde. Qu'elle éclabousse. Qu'elle touche des corps innocents, des vies qui n'ont rien demandé, des destins brisés par une balle qui ne portait pas leur nom.

Et puis il y a les victimes qu'on ne voit pas. Celles que la violence ne touche pas physiquement mais qu'elle détruit psychiquement. Les familles des morts, d'abord — ces pères et ces mères qui enterrent un fils, ces frères et ces sœurs qui grandissent avec un fantôme, ces enfants qui deviennent orphelins. Le deuil d'une mort violente est un deuil particulier : il ne connaît pas la résignation douce de la maladie, ni la fatalité de l'accident. Il est habité par la rage, le sentiment d'injustice, et souvent — c'est là le piège le plus diabolique — par le désir de vengeance. Combien de représailles ont été commises par des proches d'une victime, emportés par la douleur et canalisés par un réseau trop heureux de disposer d'un exécutant motivé ?

Les professionnels de santé mentale qui travaillent dans les quartiers touchés par la violence du trafic décrivent des tableaux cliniques d'une gravité alarmante. Syndromes de stress post-traumatique, dépressions sévères, conduites addictives, idées suicidaires — les symptômes sont les mêmes que ceux observés dans les populations civiles exposées à des conflits armés. La comparaison n'est pas rhétorique. Elle est clinique. Les cerveaux des enfants qui grandissent dans la peur des fusillades présentent les mêmes altérations neurobiologiques que ceux des enfants de zones de guerre : hyperactivation de l'amygdale (centre de la peur), atrophie du cortex préfrontal (centre du raisonnement et du contrôle des impulsions), dérèglement de l'axe du stress. Ces enfants ne sont pas « difficiles » ou « agités ». Ils sont blessés. Et leur blessure, parce qu'elle est invisible, n'est ni reconnue ni soignée.

VI. La torture comme outil de gestion

Il est un aspect de la violence liée au trafic dont on parle peu, parce qu'il est insoutenable, mais qu'il faut documenter si l'on prétend comprendre le phénomène dans sa totalité : la torture.

Les dossiers judiciaires des dix dernières années font apparaître, avec une fréquence croissante, des actes de torture et de barbarie commis dans le cadre de l'activité de trafic. Il ne s'agit pas de violences « ordinaires » — coups, blessures, intimidations —, mais de sévices délibérés, prolongés, méthodiques, infligés à des individus pour obtenir une information (l'emplacement d'une cache, le code d'un coffre, le nom d'un fournisseur), pour punir une faute (un vol dans la caisse, une « balance », une dette impayée), ou pour terroriser un groupe (un acte exemplaire destiné à être connu de tous).

Les faits rapportés dans les procédures sont d'une brutalité qui dépasse l'entendement. Des hommes séquestrés pendant des jours dans des caves ou des garages, brûlés au fer à repasser, mutilés à la cisaille, frappés à coups de batte de baseball, électrocutés avec des fils dénudés. Des scènes filmées — systématiquement — par les bourreaux eux-mêmes, et diffusées ensuite dans les réseaux pour « faire passer le message ». Ces vidéos, qui circulent sur les messageries cryptées et parfois sur les réseaux sociaux grand public avant d'être supprimées, constituent à la fois des instruments de terreur et des preuves judiciaires — quand les enquêteurs parviennent à les récupérer.

Le recours à la torture n'est pas le fait d'individus isolés, de psychopathes agissant de leur propre initiative. Il est, dans de nombreux réseaux, un mode de gestion. La torture est l'équivalent, dans l'économie criminelle, du service de recouvrement, du département des ressources humaines et du tribunal disciplinaire. Elle remplit des fonctions précises : extorsion, sanction, dissuasion. Sa pratique est connue de l'ensemble des membres du réseau, qui savent ce qui les attend en cas de manquement. En ce sens, la torture n'est pas une dérive : elle est un rouage.

Les magistrats qui instruisent ces dossiers notent une évolution qualitative préoccupante. « Il y a quinze ans, la torture dans les affaires de stups était rare et choquait tout le monde, y compris dans le milieu, confie un juge d'instruction parisien. Aujourd'hui, c'est devenu banal. Les accusés n'expriment aucun remords. Ils décrivent les sévices comme on décrirait une procédure administrative. Pour eux, c'est "le protocole". »

Cette banalisation de la cruauté n'est pas sans rapport avec le rajeunissement des acteurs. Les études de psychologie du développement montrent que l'empathie — la capacité à se représenter la souffrance d'autrui et à en être affecté — est une compétence qui se construit progressivement au cours de l'adolescence, sous l'effet combiné de la maturation cérébrale et de l'apprentissage social. Quand un adolescent de 15 ans est immergé depuis des années dans un environnement où la violence est la norme, où la cruauté est récompensée et où la compassion est assimilée à de la faiblesse, le développement de cette empathie est compromis. On ne fabrique pas des tortionnaires en un jour. On les façonne, lentement, par un processus de désensibilisation qui commence par l'exposition passive à la violence et s'achève par sa perpétration active.

VII. Les guerres de Marseille : autopsie d'un modèle

Il est impossible d'écrire sur la violence du narcotrafic en France sans consacrer un développement substantiel à Marseille. Non par fascination morbide, ni par complaisance médiatique, mais parce que Marseille est, objectivement, le laboratoire où se sont développées et perfectionnées les formes de violence qui se diffusent ensuite à l'ensemble du territoire national. Ce qui s'est passé à Marseille au cours des vingt dernières années n'est pas une exception française : c'est une préfiguration.

Les « règlements de comptes » marseillais — les « narvalo », comme on dit dans le langage local — ont commencé à faire l'objet d'un décompte systématique au début des années 2000. Les chiffres sont éloquents : une dizaine de morts par an au début de la décennie, une vingtaine au milieu, un pic à plus de 30 en 2012 et 2016, un record absolu de plus de 45 en 2023. En deux décennies, ce sont plus de 500 personnes qui sont mortes par balle dans les rues de Marseille et de son agglomération dans le cadre de conflits liés au trafic de drogue. Cinq cents. L'équivalent d'un village entier effacé de la carte.

La spécificité marseillaise tient à plusieurs facteurs.

La géographie, d'abord. Marseille est une ville fragmentée, composée de dizaines de quartiers aux identités fortes, séparés par des collines, des autoroutes, des voies ferrées qui créent autant de frontières naturelles. Cette fragmentation urbaine favorise la « cantonisation » du trafic : chaque quartier a son réseau, son point de deal, son territoire. Et chaque frontière est une zone de friction potentielle.

L'histoire du banditisme local, ensuite. Marseille a une tradition criminelle ancienne — la French Connection, le milieu corso-marseillais, les réseaux de contrebande du port — qui a créé un terreau culturel favorable à l'économie souterraine. Les réseaux de trafic contemporains se sont greffés sur cet héritage, en en reprenant certains codes tout en en brisant d'autres.

La pauvreté, toujours. Les quartiers nord de Marseille concentrent certains des taux de pauvreté les plus élevés de France métropolitaine. Dans certaines cités, le taux de chômage des jeunes dépasse 50 %. Le trafic n'est pas seulement une tentation : il est, pour beaucoup, la seule économie visible. Et la violence qui l'accompagne est, dans ce contexte, moins un choix qu'une fatalité statistique.

La position géographique, enfin. Marseille est un port. Le premier port de Méditerranée. La porte d'entrée naturelle de la drogue en provenance d'Afrique du Nord (cannabis), d'Amérique latine (cocaïne, via les Antilles ou l'Afrique de l'Ouest) et du Moyen-Orient (héroïne). Cette position de hub logistique confère à la ville un rôle stratégique dans les circuits internationaux du narcotrafic, et explique en partie pourquoi les enjeux — et donc la violence — y sont plus élevés qu'ailleurs.

Mais ce qui rend le cas marseillais véritablement singulier, c'est la dynamique de fragmentation des réseaux. À la différence de modèles comme celui des cartels mexicains ou de la Camorra napolitaine, où quelques organisations puissantes se partagent le marché, le paysage criminel marseillais est éclaté en une multitude de petits réseaux — des « équipes » de quartier, souvent composées d'une dizaine à une trentaine d'individus, qui contrôlent un ou deux points de deal et défendent leur périmètre avec une férocité inversement proportionnelle à leur taille.

Cette fragmentation est un puissant facteur de violence. Plus le nombre d'acteurs est élevé, plus le nombre de frontières est grand, et plus les occasions de conflit se multiplient. Un marché contrôlé par deux ou trois grandes organisations serait, paradoxalement, moins violent qu'un marché disputé par cinquante petites équipes. C'est le paradoxe de la fragmentation : en empêchant la constitution de monopoles criminels, elle empêche aussi la stabilisation — fût-elle illégitime — du marché, et maintient un état de guerre permanente.

Les autorités judiciaires marseillaises ont tenté, au fil des années, de cartographier cette fragmentation. Le résultat est un organigramme d'une complexité stupéfiante : des dizaines de réseaux, identifiés par le nom de leur quartier d'implantation (la Castellane, les Flamants, Félix-Pyat, la Busserine, Bassens, le Plan d'Aou...), reliés entre eux par des alliances fluctuantes, des inimitiés héréditaires, des trahisons récurrentes et des basculements d'allégeance qui redessinent la carte des conflits à un rythme que même les services de renseignement peinent à suivre.

VIII. Au-delà de Marseille : la contagion

Le modèle marseillais — fragmentation, armes lourdes, exécutions spectaculaires, victimes de plus en plus jeunes — était longtemps considéré comme une anomalie, un cas isolé, un phénomène local lié à des spécificités urbaines et sociologiques propres à la cité phocéenne. Cette lecture est désormais obsolète.

Au cours des cinq dernières années, les formes de violence autrefois « réservées » à Marseille se sont diffusées à travers le territoire national avec une rapidité qui a pris de court les services de police et de justice.

Grenoble, d'abord. La capitale des Alpes, longtemps associée aux laboratoires de recherche et aux stations de ski, est devenue, au tournant des années 2020, l'un des points chauds du narcotrafic français. Les fusillades dans les quartiers du Mistral, de la Villeneuve, de Teisseire se sont multipliées. Des armes de guerre ont été saisies. Des adolescents ont été tués. Le procureur de la République de Grenoble a été l'un des premiers à tirer la sonnette d'alarme, décrivant une « marseillisation » de la violence qui n'épargnait plus aucun quartier sensible de l'agglomération.

Lyon, ensuite. La métropole rhodanienne, avec ses banlieues est (Vaulx-en-Velin, Vénissieux, Rillieux-la-Pape, Bron) et ouest (Duchère), a vu les règlements de comptes se multiplier. En 2023, plusieurs fusillades en plein jour, dans des quartiers résidentiels, ont frappé les esprits. Des kalachnikovs ont été utilisées. Des grenades ont été lancées sur des habitations. Le niveau de violence a atteint des seuils inédits pour une ville qui, historiquement, n'était pas considérée comme un foyer majeur du narcobanditisme.

Puis ce furent les villes moyennes. Valence, où une fusillade a fait deux morts en plein centre-ville en 2022. Béziers, où un adolescent de 15 ans a été abattu devant chez lui. Dijon, où le quartier des

Grésilles a connu des scènes de guérilla urbaine liées au trafic. Rennes, où des fusillades ont éclaté dans des quartiers jusqu'alors considérés comme « calmes ». Nantes, où la guerre entre réseaux concurrents a produit une série d'homicides qui a sidéré une ville qui se croyait à l'abri.

Cette dissémination obéit à plusieurs mécanismes. Le premier est la déportation : quand la pression policière augmente dans une métropole, les réseaux se déplacent vers des villes moyennes moins surveillées, où les parts de marché sont disponibles et où la concurrence est moins organisée. Le second est l'imitation : les modèles opérationnels qui « fonctionnent » à Marseille ou à Lyon sont reproduits ailleurs, portés par des individus qui ont circulé entre les villes ou par des informations qui circulent via les réseaux numériques. Le troisième est structurel : la crise du logement, la politique de rénovation urbaine qui déplace des populations d'un quartier à l'autre, les mutations du marché de la drogue qui créent de nouvelles opportunités dans des territoires jusqu'alors épargnés — tout cela contribue à étendre la géographie de la violence.

IX. La justice face au mur

Face à cette violence, que fait la justice ?

La réponse honnête est : ce qu'elle peut. Et ce qu'elle peut est, structurellement, insuffisant.

Le traitement judiciaire des règlements de comptes est un travail d'une difficulté considérable. Chaque dossier est un puzzle dont les pièces sont dispersées, détruites, cryptées, ou enfouies sous des couches de silence et de mensonge. Les scènes de crime sont « polluées » par les heures qui séparent les faits de l'arrivée des enquêteurs — pendant lesquelles les douilles sont ramassées, les témoins disparaissent, les caméras sont retournées. Les témoignages sont rares, rétractés, ou contradictoires. Les preuves matérielles —

ADN, empreintes, balistique — sont partielles ou inexploitables. Et l'identification de la chaîne de commandement — remonter de l'exécutant au commanditaire — se heurte à la compartimentation des réseaux et au recours systématique aux communications cryptées.

Le résultat est un taux d'élucidation qui ferait rougir n'importe quel système judiciaire. En France, le taux d'élucidation des homicides liés au trafic de stupéfiants oscille, selon les années et les juridictions, entre 30 % et 40 %. Ce qui signifie que, dans six cas sur dix, les auteurs d'un meurtre lié au trafic ne sont jamais identifiés — ou, s'ils sont identifiés, jamais interpellés, ou, s'ils sont interpellés, jamais condamnés faute de preuves suffisantes. Cette impunité statistique est un message dévastateur, tant pour les victimes et leurs familles que pour les auteurs potentiels de violences futures : elle dit que le meurtre, dans le cadre du trafic, est un crime à risque modéré.

Les magistrats qui travaillent sur ces dossiers ne manquent ni de compétence ni de courage. Mais ils manquent de tout le reste : de temps (les délais d'instruction sont souvent de plusieurs années, pendant lesquelles les preuves se dégradent et les témoins se rétractent), de moyens humains (les juridictions interrégionales spécialisées, les JIRS, sont chroniquement sous-dotées en magistrats, en greffiers, en assistants spécialisés), de moyens techniques (l'exploitation des données numériques exige des compétences et des outils dont la justice française ne dispose pas toujours en quantité suffisante), et parfois de cadre juridique adapté (les écoutes téléphoniques, les interceptions de messageries cryptées, les infiltrations numériques sont soumises à des conditions procédurales strictes dont le non-respect entraîne la nullité des preuves — une protection des libertés individuelles indispensable, mais qui crée un avantage structurel pour des criminels qui, eux, ne s'embarrassent d'aucune procédure).

L'une des frustrations les plus vives des enquêteurs et des magistrats concerne la question des commanditaires. Dans l'immense majorité des dossiers de règlements de comptes, seuls les exécutants sont identifiés et poursuivis — quand ils le sont. Les commanditaires, protégés par leur éloignement de la scène de crime et par la compartimentation des communications, échappent à la justice. Ils sont « sur écoute », parfois ; ils sont « connus des services », souvent ; ils sont « mis en examen », rarement ; ils sont « condamnés », exceptionnellement. Cette asymétrie — le « petit » qui tombe, le « gros » qui s'en tire — alimente un sentiment d'injustice qui n'est pas étranger à la perpétuation du cycle de violence : si la justice ne punit pas les vrais responsables, la vengeance privée s'en charge.

X. La « narco-murder » comme message

Il serait réducteur de considérer la violence du trafic comme un simple instrument fonctionnel — éliminer un concurrent, punir un traître, récupérer une dette. Elle est aussi, et peut-être surtout, un acte de communication. Un message adressé à des destinataires multiples : les rivaux, les subordonnés, les habitants du quartier, les forces de l'ordre, et — de plus en plus — l'opinion publique.

Cette dimension communicationnelle de la violence s'est considérablement développée avec l'avènement des réseaux sociaux. Dans les années 2000, un règlement de comptes restait, pour l'essentiel, un événement local : le quartier savait, la presse locale en rendait compte, et l'information se diffusait lentement, par le bouche-à-oreille. Aujourd'hui, un homicide lié au trafic est documenté en temps réel — parfois par les auteurs eux-mêmes, qui filment leurs actes ou les revendiquent en ligne — et diffusé instantanément à des milliers de personnes via les messageries et les réseaux sociaux.

Cette mise en scène de la violence remplit plusieurs fonctions. La première est la revendication : en assumant publiquement un acte de violence, un réseau affirme sa puissance et sa détermination. La deuxième est l'intimidation : en montrant ce qu'il arrive à ceux qui «

dépassent les bornes », le réseau dissuade les velléités de résistance. La troisième est le recrutement : la violence spectaculaire, aussi paradoxal que cela puisse paraître, exerce une fascination sur certains jeunes en quête de reconnaissance et de transgression. Le tireur qui abat un rival « en mission » n'est pas, dans l'imaginaire du quartier, un meurtrier : c'est un « soldat », un « guerrier », un individu qui « ne recule devant rien ». Ce renversement sémantique — le crime comme acte héroïque — est l'une des victoires les plus pernicieuses de la culture du trafic.

La mise en musique, au sens littéral, de cette violence mérite une attention particulière. Le phénomène du « drill » — genre musical né à Chicago, importé en France au début des années 2020 — illustre la porosité entre la culture urbaine et la culture criminelle. Le drill se caractérise par des textes explicitement violents, qui décrivent des scènes de fusillade, nomment des victimes réelles, provoquent des quartiers rivaux, et revendiquent des actes criminels avec une précision qui confine parfois à l'aveu judiciaire. Plusieurs morceaux de drill français ont été utilisés comme éléments de preuve dans des procédures pénales — les paroles des chansons décrivant avec une exactitude troublante des homicides dont les auteurs faisaient précisément l'objet de poursuites.

Il ne s'agit pas, ici, de tomber dans la facilité consistant à rendre la musique « responsable » de la violence. Le drill n'a pas créé les règlements de comptes, pas plus que le gangsta rap n'a créé les gangs de Los Angeles. Mais il serait tout aussi naïf de nier que la mise en récit glorifiante de la violence — sa transformation en produit culturel consommable, en « contenu » viral — participe d'un processus de normalisation qui abaisse les seuils d'inhibition et élève le niveau d'acceptabilité de la cruauté. Quand un adolescent de 14 ans écoute, en boucle, des morceaux qui décrivent le meurtre comme un acte de bravoure et le tireur comme un héros, le travail de déconstruction que doivent opérer les éducateurs, les enseignants et les parents devient titanesque.

XI. Les morts qu'on ne compte pas

Au-delà des fusillades et des exécutions, la violence du trafic tue d'autres manières, plus silencieuses, qui n'entrent dans aucune statistique criminelle.

Elle tue par overdose. Les produits vendus dans les points de deal sont de qualité variable et souvent coupés avec des substances dangereuses — fentanyl, lévamisole, paracétamol, voire des produits industriels non destinés à la consommation humaine. Chaque année, des centaines de consommateurs meurent en France des suites d'une prise de drogue frelatée ou surdosée. Ces morts sont classées comme des « accidents sanitaires » ou des « décès par intoxication ». Elles ne figurent pas dans le décompte des « règlements de comptes ». Et pourtant, elles sont le produit direct d'un système criminel dont la violence s'exerce non seulement par la balle, mais par la seringue, le comprimé et le billet de banque roulé.

Elle tue par suicide. Le lien entre exposition au trafic et conduites suicidaires est documenté, même s'il reste insuffisamment étudié en France. Des jeunes impliqués dans les réseaux, confrontés à des dettes qu'ils ne peuvent pas rembourser, à des menaces qu'ils ne peuvent pas fuir, à une pression psychologique qu'ils ne peuvent plus supporter, mettent fin à leurs jours. Des mères de famille, épuisées par des années de vie sous pression, basculent dans une dépression qui les emporte. Des policiers et des magistrats, rongés par l'impuissance et le stress, craquent. Ces morts-là sont les plus invisibles de toutes. Elles n'ont pas de scène de crime. Elles n'ont pas de douilles. Elles n'ont pas de statistique dédiée. Mais elles sont, elles aussi, les victimes de la guerre invisible du narcotrafic.

Elle tue, enfin, par usure. L'espérance de vie dans les quartiers les plus touchés par le trafic est inférieure de plusieurs années à la moyenne nationale. Ce différentiel ne s'explique pas seulement par la violence directe : il reflète l'accumulation de stress chronique, le déficit d'accès aux soins, la mauvaise alimentation liée à la précarité, l'exposition aux nuisances environnementales, le renoncement aux dépistages et aux consultations médicales par peur de sortir de chez soi. La violence du trafic ne se contente pas de tuer brutalement : elle raccourcit lentement, insidieusement, les vies de tous ceux qui vivent dans son ombre.

XII. L'internationale de la violence

La violence du narcotrafic en France ne peut pas être analysée comme un phénomène purement national. Elle est connectée — par les flux d'armes, les circuits financiers, les alliances criminelles et les modèles opérationnels — à une violence globale dont les épicentres sont situés bien au-delà des frontières françaises.

Les armes de guerre qui tuent dans les quartiers français proviennent des Balkans, d'Europe de l'Est, d'Afrique du Nord. Elles empruntent des routes de contrebande qui traversent l'Europe, changent de mains à chaque frontière, et finissent dans les caches d'armes des cités HLM après un voyage de plusieurs milliers de kilomètres. Chaque kalachnikov saisie dans une cave de Marseille ou de Saint-Denis a une histoire — une histoire qui commence dans une usine d'armement serbe ou bulgare, passe par un trafiquant monténégrin, transite par un entrepôt belge, et s'achève entre les mains d'un adolescent français qui n'a jamais quitté son département.

Les méthodes de violence, elles aussi, circulent. Le phénomène des « narcomantas » — ces banderoles laissées par les cartels mexicains sur les scènes de crime pour revendiquer un assassinat et menacer les rivaux — a fait son apparition en Europe. En France, des tags, des tracts, des messages sur les réseaux sociaux remplissent la même fonction. Le recours à la torture filmée, qui était une « spécialité » des cartels mexicains et des organisations criminelles d'Amérique centrale, s'est diffusé dans les réseaux européens par mimétisme. Les techniques de « comptabilité de la terreur » —

compter les morts comme des trophées, les exhiber comme des preuves de puissance — sont des importations directes des modèles latino-américains et, plus récemment, des modèles d'Europe de l'Est.

Cette internationalisation de la violence a une conséquence pratique immédiate : elle rend obsolètes les réponses purement nationales. On ne peut pas combattre une violence dont les ressorts sont globaux avec des outils exclusivement locaux. Les armes qui arrivent en France sont les mêmes qui alimentent les conflits au Sahel. La drogue qui se vend dans les cités françaises est la même qui transite par les ports belges, néerlandais et espagnols. Les réseaux qui commanditent les exécutions à Marseille ont des ramifications à Dubaï, à Casablanca, à Bogotá. La violence du narcotrafic français est un chapitre d'une histoire mondiale — et elle ne sera vaincue que par une réponse à la mesure de cette réalité.

XIII. Ce que la violence dit de nous

La tentation est grande, face à cette litanie de morts et de souffrances, de se réfugier dans le déni ou dans la distance. De se dire que cette violence « ne nous concerne pas ». Qu'elle est le problème de « ces gens-là ». Qu'elle est confinée dans « ces quartiers-là ». Que notre vie, notre quotidien, notre sécurité n'ont rien à voir avec ces fusillades lointaines et ces destins brisés.

Cette distance est une illusion. Et elle est une lâcheté.

Elle est une illusion parce que la violence du trafic ne reste pas « là-bas ». Elle déborde. Elle s'étend. Elle frappe des quartiers qui se croyaient protégés, des villes qui se pensaient épargnées, des familles qui n'avaient rien vu venir. Les balles perdues ne vérifient pas le code postal de leurs victimes. Les réseaux de trafic n'ont pas de frontière et ne respectent pas de périmètre. La violence qui se concentre aujourd'hui dans les quartiers populaires se diffuse demain dans les centres-villes, les zones pavillonnaires, les communes rurales où de nouveaux points de vente s'ouvrent chaque semaine.

Elle est une lâcheté parce que la drogue qui alimente cette violence est consommée partout — dans les beaux quartiers comme dans les cités, dans les soirées parisiennes comme dans les appartements de province, par des cadres supérieurs comme par des ouvriers, par des étudiants comme par des retraités. Chaque gramme de cocaïne sniffé un samedi soir dans un appartement haussmannien est un gramme qui a transité par les mains de ceux qui tuent. Chaque billet de cinquante euros tendu à un livreur de drogue est un billet qui finance l'achat d'une arme, le recrutement d'un adolescent, la corruption d'un fonctionnaire. La violence du trafic n'est pas le fait des seuls trafiquants. Elle est le produit d'un système dont le consommateur est le rouage fondamental — celui sans lequel tout le reste s'effondrerait.

Refuser de voir ce lien, c'est se rendre complice. Non pas au sens juridique du terme — nul ne sera poursuivi pour avoir consommé un joint à une fête —, mais au sens moral. Au sens de cette responsabilité que nous avons, collectivement, envers ceux qui meurent pour que d'autres puissent se « détendre ». Envers ces enfants qui grandissent dans la peur des balles pour que des adultes confortablement installés puissent s'offrir leur dose de plaisir chimique. Envers ces mères qui enterrent leurs fils pour que le marché continue de tourner.

La violence du narcotrafic n'est pas une fatalité. Elle n'est pas inscrite dans les gènes de certains quartiers ni dans la culture de certaines populations. Elle est le produit d'un système — un système de production, de distribution, de consommation et d'impunité dont chaque maillon est identifiable et dont chaque rouage pourrait, en théorie, être démonté.

Mais pour démonter un système, il faut d'abord accepter de le voir dans sa totalité. Et sa totalité inclut les morts de Marseille, les fusillades de Grenoble, les adolescents armés de Lyon, les caves de torture de Seine-Saint-Denis — mais aussi les grammes de poudre blanche alignés sur les tables basses des beaux quartiers, les livraisons

Uber-Eats de cannabis dans les résidences sécurisées, et les regards détournés de tous ceux qui préfèrent ne pas savoir d'où vient ce qu'ils consomment.

La guerre invisible du narcotrafic ne deviendra visible que le jour où la société française acceptera de se regarder dans le miroir qu'elle lui tend. Ce miroir ne reflète pas seulement les visages des trafiquants et de leurs victimes. Il reflète le nôtre.

Chapitre 7 — Argent sale, argent discret

« L'argent de la drogue n'a pas d'odeur. C'est précisément le problème. »

— Enquêteur de la Brigade de recherches et d'investigations financières (BRIF), Paris, 2023.

I. Le paradoxe du cash

Imaginons un instant. Vous êtes à la tête d'un réseau de trafic de stupéfiants qui génère 50 000 euros de recettes par jour. En billets. En petites coupures, pour l'essentiel — des billets de cinq, de dix, de vingt euros froissés, humides parfois, qui sentent le haschich ou le tabac, tendus par des mains nerveuses dans des halls d'immeubles, des parkings souterrains, des cages d'escalier. En une semaine, vous avez accumulé 350 000 euros. En un mois, un million et demi. En un an, dix-huit millions. En billets.

Dix-huit millions d'euros en petites coupures, cela représente un volume physique considérable. Environ 180 kilos de papier. Plusieurs valises. Des cartons entiers qu'il faut stocker quelque part — un appartement, un garage, un garde-meuble —, qu'il faut protéger — des rivaux, de la police, des rongeurs, de l'humidité —, et qu'il faut, surtout, transformer en quelque chose d'utilisable.

Car c'est là tout le paradoxe de l'argent du trafic : il est à la fois considérable et inutile. Considérable par son volume, par sa masse, par la puissance d'achat théorique qu'il représente. Inutile parce que, tant qu'il reste sous forme de cash, il ne peut rien acheter de véritablement important. On peut, certes, payer en liquide ses courses au supermarché, son plein d'essence, sa note de restaurant. On peut s'offrir des vêtements de luxe, des baskets à 500 euros, des montres clinquantes dans des boutiques qui ne posent pas trop de questions. On peut distribuer des liasses aux proches, aux amis, aux obligés. Mais on ne peut pas acheter un appartement en cash. On ne peut pas créer une entreprise avec de l'argent liquide inexpliqué. On ne peut pas ouvrir un compte en banque et y déposer 200 000 euros en billets de vingt sans déclencher une alerte. On ne peut pas, en un mot, intégrer l'économie légale — celle qui donne accès au pouvoir réel, au confort durable, à la respectabilité sociale — sans répondre à la question que tout le système financier moderne est conçu pour poser : d'où vient cet argent ?

Le blanchiment d'argent est la réponse à cette question. Ou plutôt, il est l'art de faire en sorte que la question ne soit jamais posée. Il est le processus par lequel de l'argent d'origine criminelle — sale, traçable, dangereux — est transformé en argent d'apparence légitime — propre, anonyme, dépensable. C'est, dans l'architecture du narcotrafic, la pierre angulaire sans laquelle tout l'édifice s'effondre. Car un trafiquant qui ne peut pas blanchir son argent est un trafiquant qui possède des montagnes de papier sans valeur réelle. Il est riche en théorie et pauvre en pratique. Il peut s'acheter des sneakers, mais pas une vie.

Ce chapitre est consacré à cette alchimie. À la transformation du plomb en or — ou plutôt, du cash en capital. Aux techniques, anciennes et nouvelles, par lesquelles l'argent de la drogue quitte les caves des cités pour irriguer l'économie légale. Aux failles — juridiques, institutionnelles, humaines — qui rendent cette transformation possible. Et aux raisons pour lesquelles, malgré un arsenal législatif de plus en plus étoffé et des moyens de détection de plus en plus sophistiqués, la France reste, pour les blanchisseurs, un terrain remarquablement hospitalier.

II. Les trois actes du blanchiment

La littérature criminologique distingue traditionnellement trois phases dans le processus de blanchiment, désignées par des métaphores aquatiques qui, pour être devenues des lieux communs, n'en restent pas moins éclairantes.

Le placement (ou *injection*) est la première étape : il s'agit d'introduire l'argent liquide d'origine criminelle dans le circuit financier. C'est la phase la plus risquée, parce que c'est celle où l'argent est le plus visible — physiquement (des liasses de billets, ça se voit) et réglementairement (les dépôts en espèces au-delà de certains seuils déclenchent des obligations de signalement). C'est le moment où l'argent « entre dans le système », et c'est donc le moment où le système a le plus de chances de le repérer.

L'empilage (ou *stratification*, *layering* en anglais) est la deuxième étape : il s'agit de brouiller la trace de l'argent en le faisant circuler à travers une série de transactions, de comptes, de structures juridiques et de juridictions, afin de rendre impossible — ou du moins extrêmement difficile — la reconstitution de son origine. C'est la phase la plus technique, celle qui mobilise l'ingéniosité des blanchisseurs et, de plus en plus souvent, l'expertise de professionnels du droit et de la finance.

L'intégration est la troisième et dernière étape : l'argent, désormais blanchi, est réinvesti dans l'économie légale sous une forme qui ne suscite aucun soupçon — un investissement immobilier, une entreprise commerciale, un placement financier. À ce stade, l'argent a perdu toute trace de son origine criminelle. Il est « propre ». Il circule librement dans les artères de l'économie légitime, se mêle aux flux ordinaires de la vie économique, et devient, pour quiconque n'a pas suivi l'intégralité de son parcours, rigoureusement indistinguable de n'importe quel autre euro.

Ces trois phases — placement, empilage, intégration — ne sont pas toujours séquentielles ni distinctes. Dans la réalité, elles se chevauchent, se combinent, se court-circuitent. Certaines techniques de blanchiment permettent de passer directement du cash à l'intégration, sans phase d'empilage identifiable. D'autres multiplient les couches d'empilage au point de rendre la reconstitution du parcours de l'argent virtuellement impossible, même pour les enquêteurs les mieux équipés. Mais le schéma en trois temps reste un outil analytique utile pour comprendre les mécanismes à l'œuvre.

III. Les vieilles recettes

Le blanchiment d'argent n'est pas une invention du narcotrafic contemporain. Il est aussi ancien que la criminalité organisée elle-même. Al Capone blanchissait les revenus de la prohibition à travers des laveries automatiques — d'où, selon la légende, le terme de *money laundering*. Les mafias sicilienne, napolitaine et calabraise ont perfectionné l'art du blanchiment pendant des décennies, à travers des réseaux de pizzerias, de boulangeries, de supermarchés et de sociétés immobilières. Les cartels colombiens ont industrialisé le processus dans les années 1980 et 1990, inventant des mécanismes financiers d'une sophistication qui a inspiré — et parfois surpassé — ceux de la finance légale.

En France, le blanchiment de l'argent du trafic de stupéfiants emprunte un large éventail de techniques, des plus artisanales aux plus élaborées. Commençons par les plus anciennes, celles qui, malgré leur simplicité apparente, continuent de fonctionner avec une efficacité surprenante.

Le commerce de détail à forte composante cash.

C'est la méthode la plus classique, la plus répandue, et probablement la plus difficile à détecter. Le principe est élémentaire : on acquiert un commerce dont l'activité génère naturellement beaucoup de transactions en espèces — une pizzeria, un kebab, un bar-tabac, un pressing, un salon de coiffure, une laverie automatique, un car-Wash — et on y injecte l'argent du trafic en gonflant artificiellement le chiffre d'affaires déclaré.

Concrètement, cela fonctionne ainsi. Vous possédez une pizzeria qui, en réalité, vend 50 pizzas par jour. Vous en déclarez 200. La différence — le chiffre d'affaires fantôme — correspond à l'argent sale que vous injectez dans la caisse. Vous payez des impôts et des charges sociales sur ce chiffre d'affaires gonflé (ce qui représente un « coût de blanchiment » que les réseaux intègrent dans leur modèle économique), et en contrepartie, l'argent sort de votre caisse sous forme de revenus déclarés, parfaitement légaux en apparence.

La beauté de ce système tient à sa banalité. Qui va vérifier combien de pizzas une pizzeria vend réellement ? Le contrôleur fiscal qui examine les comptes verra un commerce prospère, avec un chiffre d'affaires élevé mais pas délirant, des charges cohérentes, des déclarations en ordre. Il ne viendra pas compter les clients un par un. Et même s'il le faisait, il se heurterait à la difficulté fondamentale de tout contrôle des activités à forte composante cash : l'impossibilité de reconstituer avec certitude le volume réel des transactions.

Les enquêteurs financiers ont développé des méthodes pour détecter ces gonflements artificiels — analyse des ratios entre chiffre d'affaires et achats de matières premières, comparaison avec les moyennes du secteur, recoupement avec les données de consommation d'eau et d'électricité (une pizzeria qui déclare 200 pizzas par jour mais dont la consommation d'électricité correspond à 50 est suspecte). Mais ces méthodes exigent du temps, des moyens et une coopération interservices (fisc, douanes, police) qui n'est pas toujours au rendez-vous.

Les dossiers judiciaires montrent l'ampleur du phénomène. En 2022, une opération conjointe de la police judiciaire et de la direction générale des finances publiques dans l'agglomération lyonnaise a mis au jour un réseau de blanchiment utilisant une chaîne de sept kebabs et trois salons de coiffure, dont le chiffre d'affaires cumulé déclaré était trois fois supérieur au chiffre d'affaires réel. L'argent blanchi par ce seul réseau était estimé à plus de 2 millions d'euros par an. Le propriétaire officiel des commerces — un prête-nom, en réalité — était un jeune homme de 24 ans sans antécédent judiciaire, dont le casier vierge avait été le principal critère de sélection.

Le fractionnement des dépôts (*smurfing*).

Le terme vient de l'anglais *smurf* (schtroumpf), en référence à l'armée de petits personnages bleus qui agissent collectivement. Le principe est simple : plutôt que de déposer une grosse somme en cash sur un seul compte (ce qui déclenche les obligations de signalement au-delà de certains seuils), on fractionne les dépôts en petites sommes, réparties sur de multiples comptes, dans de multiples agences, parfois dans de multiples banques. Chaque dépôt, pris isolément, est trop modeste pour attirer l'attention. Mais agrégés, ils représentent des montants considérables.

Cette technique nécessite une main-d'œuvre nombreuse — les « schtroumpfs », précisément, ces individus recrutés pour effectuer les dépôts en échange d'une commission. Il peut s'agir de proches du réseau, de personnes en situation de précarité acceptant d'ouvrir des comptes à leur nom, de travailleurs sans papiers tenus par la menace d'une dénonciation, ou même d'étudiants recrutés via les réseaux sociaux pour « un petit boulot facile et bien payé ». Les banques, alertées par les régulateurs, ont développé des systèmes de détection des dépôts fractionnés — mais ces systèmes ont des limites, et les blanchisseurs les connaissent.

Les mandats postaux et les transferts informels.

Dans les communautés diasporiques, les systèmes de transfert informel d'argent — dont le plus connu est la *hawala*, pratiquée dans le monde arabe et sud-asiatique — offrent des canaux de blanchiment particulièrement difficiles à tracer. Le principe de la hawala est celui d'une compensation bilatérale : un « hawaldar » (opérateur) à Paris reçoit une somme en cash d'un client ; il contacte un hawaldar partenaire à Casablanca, Dubaï ou Islamabad, qui remet une somme équivalente (moins une commission) au destinataire désigné. Aucun mouvement de fonds physique ne traverse les frontières. Aucune transaction bancaire n'est enregistrée. L'argent « se déplace » sans bouger, par un simple jeu d'écritures entre deux opérateurs qui se font confiance.

Ce système, parfaitement légitime dans son principe — il a été inventé il y a des siècles pour faciliter les transferts de fonds au sein des communautés commerçantes — est massivement détourné par les réseaux de trafic. Les enquêteurs de Tracfin — la cellule française de renseignement financier — estiment que plusieurs centaines de millions d'euros transitent chaque année par des circuits de type hawala en France, dont une proportion significative — impossible à quantifier avec précision, par définition — est liée au narcotrafic.

IV. Les nouvelles alchimies

Si les vieilles recettes continuent de fonctionner, c'est que leur simplicité les rend résilientes. Mais les réseaux de trafic, comme toute organisation confrontée à un environnement hostile, innovent. Les vingt dernières années ont vu émerger des techniques de blanchiment d'une sophistication croissante, qui exploitent les failles du système financier globalisé et les potentialités offertes par les nouvelles technologies.

L'immobilier, ou le temple du blanchiment.

Si le blanchiment avait une cathédrale, elle serait en pierre — en pierre de taille, en béton armé, en marbre de Carrare. L'immobilier est, de l'avis unanime des spécialistes, le vecteur de blanchiment le plus massif, le plus efficace et le plus difficile à combattre. Et cela pour une raison fondamentale : l'immobilier est, dans toutes les économies développées, le principal réservoir de valeur. C'est le bien par excellence que l'on achète pour stocker de la richesse, pour la faire fructifier, pour la transmettre. Et c'est, par conséquent, le bien par excellence vers lequel converge l'argent qui cherche à se transformer en patrimoine légitime.

Les mécanismes de blanchiment par l'immobilier sont multiples et souvent combinés.

Le plus direct consiste à acheter un bien immobilier en cash — ou plutôt, à faire en sorte qu'un apport en cash significatif soit intégré dans une transaction dont le reste est financé par un crédit bancaire ordinaire. Un appartement à 300 000 euros, financé par un prêt de 200 000 euros et un apport personnel de 100 000 euros en espèces ? Le notaire qui instrumente la vente est censé vérifier l'origine des fonds. Dans la pratique, cette vérification est souvent formelle : une attestation sur l'honneur, un relevé de compte montrant la somme disponible (qu'il a suffi de déposer préalablement en fractionnant les versements), parfois un simple silence qui tient lieu d'acquiescement.

Plus sophistiqué est le recours aux sociétés civiles immobilières (SCI). La SCI est un outil juridique parfaitement légitime, largement utilisé en France pour la gestion patrimoniale. Mais sa souplesse en fait aussi un instrument de choix pour le blanchiment. On crée une SCI, on y apporte des fonds (dont l'origine est rarement vérifiée au moment de la constitution), on acquiert un bien immobilier par l'intermédiaire de la SCI, et on revend les parts de la SCI — plutôt que le bien lui-même — à un tiers. Cette cession de parts échappe aux contrôles qui s'appliquent aux transactions immobilières directes : pas de passage chez le notaire, pas de formalités de publicité foncière, pas — ou très peu — de vérification de l'origine des fonds.

Plus sophistiqué encore est l'empilement de structures. On crée une SCI en France, détenue par une société à responsabilité limitée domiciliée au Luxembourg, elle-même contrôlée par un trust enregistré aux îles Vierges britanniques, dont le bénéficiaire effectif est une personne physique dont l'identité est protégée par le secret bancaire d'une juridiction offshore. L'argent du trafic entre dans ce labyrinthe juridique sous forme de cash, en ressort sous forme de loyers immobiliers ou de plus-values de cession, et l'enquêteur qui tente de remonter la piste se retrouve face à un mur de sociétés-écrans, de prête-noms et de juridictions non coopératives.

L'ampleur du blanchiment immobilier en France est difficile à quantifier, mais les indices convergent vers des ordres de grandeur considérables. En 2022, Tracfin a identifié le secteur immobilier comme le premier vecteur de blanchiment en France, avec plus de 1 500 signalements de soupçon de blanchiment liés à des transactions immobilières. Ce chiffre ne représente, de l'aveu même de Tracfin, qu'une fraction du phénomène réel. Des études académiques estiment que l'argent sale représente entre 3 % et 5 % du marché immobilier français — soit, à l'échelle d'un marché annuel de l'ordre de 200 milliards d'euros, entre 6 et 10 milliards d'euros par an. Même si seule une partie de cette somme provient du narcotrafic (le blanchiment alimente aussi la fraude fiscale, la corruption, le proxénétisme et d'autres formes de criminalité), les montants en jeu sont vertigineux.

Les conséquences de cette injection d'argent sale dans l'immobilier dépassent la seule question criminelle. En gonflant artificiellement la demande, l'argent du trafic contribue à la hausse des prix immobiliers dans certaines zones — un effet qui, s'il est difficile à isoler statistiquement, est attesté par des études menées dans d'autres pays (Espagne, Italie, Pays-Bas) et que les professionnels de l'immobilier français reconnaissent à demi-mot. L'argent sale ne se contente pas de se cacher dans la pierre : il renchérit le coût du logement pour tous les autres — une externalité criminelle dont les victimes sont les ménages ordinaires qui peinent à se loger.

Les cryptomonnaies : promesse et désillusion.

L'avènement des cryptomonnaies — Bitcoin, Ethereum, Monero, et les milliers d'autres actifs numériques apparus depuis 2009 — a été salué par les réseaux criminels comme une révolution. Un système de paiement décentralisé, sans intermédiaire bancaire, sans contrôle étatique, pseudonyme par conception ? Le rêve du blanchisseur.

La réalité s'est révélée plus nuancée.

D'un côté, les cryptomonnaies offrent effectivement des avantages considérables pour le blanchiment. Les transactions en Bitcoin, si elles sont enregistrées sur une blockchain publique et théoriquement traçables, sont pseudonymes : elles sont associées à des adresses cryptographiques, pas à des identités réelles. Des outils comme les « mixeurs » (*tumblers*) permettent de brouiller la piste en mélangeant les fonds de multiples utilisateurs avant de les redistribuer. Des cryptomonnaies comme Monero ou Zcash offrent un anonymat quasi total, rendant le traçage des transactions extrêmement difficile, sinon impossible. Et les « exchanges » (plateformes d'échange) non régulés, basés dans des juridictions complaisantes, permettent de convertir des cryptomonnaies en devises traditionnelles avec un minimum de vérifications d'identité.

Les dossiers judiciaires attestent de l'utilisation croissante des cryptomonnaies dans les circuits de blanchiment liés au narcotrafic. En 2023, la justice française a saisi l'équivalent de plusieurs dizaines de millions d'euros en cryptoactifs dans des affaires de trafic de stupéfiants. L'affaire EncroChat — le démantèlement, en 2020, d'un réseau de téléphonie cryptée utilisé par des milliers de criminels en Europe — a révélé l'ampleur des transactions en Bitcoin au sein des réseaux de trafic, certains échanges portant sur des centaines de milliers d'euros en quelques minutes.

Mais les cryptomonnaies ont aussi leurs limites comme outil de blanchiment. La première est technique : la blockchain, par nature, conserve une trace permanente de chaque transaction. Un enquêteur disposant des bons outils — et les services français se sont considérablement renforcés dans ce domaine depuis 2018 — peut, dans certains cas, remonter la chaîne des transactions jusqu'à identifier le bénéficiaire réel. Les affaires Silk Road (2013) et

AlphaBay (2017) aux États-Unis, puis les exploitations judiciaires d'EncroChat et de Sky ECC en Europe, ont montré que l'anonymat des cryptomonnaies n'est pas absolu. La seconde limite est pratique : pour être réellement utile, l'argent blanchi doit être converti en euros (ou en une autre devise classique) utilisables dans l'économie réelle. Or cette conversion — le passage du « crypto » au « fiat » — constitue un point de vulnérabilité majeur, où les régulateurs et les forces de l'ordre peuvent intervenir.

Le résultat est un paysage contrasté. Les cryptomonnaies sont devenues un outil de blanchiment parmi d'autres — ni la panacée que les criminels espéraient, ni le tigre de papier que certains commentateurs décrivent. Elles compliquent le travail des enquêteurs sans le rendre impossible. Elles ajoutent une couche de complexité à un processus déjà opaque. Et elles posent, à la société dans son ensemble, une question fondamentale : peut-on tolérer l'existence de systèmes financiers parallèles, hors de tout contrôle étatique, au nom de la liberté individuelle et de l'innovation technologique, quand ces systèmes sont massivement exploités par la criminalité organisée ?

Les cartes prépayées et les néobanques.

Entre le cash physique et les cryptomonnaies, un vaste espace intermédiaire est occupé par des instruments financiers qui combinent la facilité d'utilisation du premier avec l'anonymat relatif des secondes.

Les cartes bancaires prépayées — ces cartes que l'on peut acquérir en bureau de tabac, charger en espèces et utiliser pour des paiements en ligne ou en magasin — ont longtemps été un outil de blanchiment de premier choix. Faciles à obtenir (parfois sans pièce d'identité pour les montants faibles), rechargeables en cash, utilisables à l'étranger, elles offraient un pont commode entre le monde du liquide et celui du numérique. La réglementation s'est durcie — plafonnement des montants, obligation d'identification pour les cartes les plus importantes —, mais les réseaux s'adaptent : multiplication des cartes à faible montant, utilisation de prête-noms, achat de cartes prépayées dans d'autres pays européens où la réglementation est plus souple.

Les néobanques — ces établissements financiers 100 % en ligne, nés de la révolution fintech — posent un défi d'un autre ordre. Leur modèle repose sur la simplicité d'ouverture de compte : quelques minutes, un selfie, une photo de pièce d'identité, et vous disposez d'un IBAN européen fonctionnel. Cette simplicité, qui est leur force commerciale, est aussi leur faiblesse en matière de lutte contre le blanchiment. Les processus de vérification d'identité (KYC, pour *Know Your Customer*) sont, dans certaines néobanques, notoirement insuffisants. Des enquêtes journalistiques et des rapports d'autorités de supervision ont montré que des comptes pouvaient être ouverts avec des documents falsifiés ou volés, et utilisés pendant des mois pour faire transiter des sommes considérables avant d'être détectés.

En 2022, l'Autorité de contrôle prudentiel et de résolution (ACPR) — le gendarme bancaire français — a sanctionné plusieurs établissements de paiement pour des manquements graves à leurs obligations en matière de lutte anti-blanchiment. Les amendes infligées, si elles ont envoyé un signal, n'ont pas résolu le problème structurel : dans un marché hyper-concurrentiel où la croissance du nombre de clients est le principal indicateur de performance, la rigueur des contrôles anti-blanchiment est, pour certains acteurs, un frein commercial qu'ils sont tentés de desserrer.

V. Le Dubaï-sur-trafic

Il est impossible d'écrire sur le blanchiment de l'argent du narcotrafic sans évoquer Dubaï. L'émirat, devenu en quelques années la destination de prédilection des trafiquants français en fuite ou en villégiature, joue un rôle central dans l'architecture financière du trafic — un rôle que les autorités émiriennes reconnaissent du bout des lèvres et que les autorités françaises dénoncent avec une frustration croissante.

Pourquoi Dubaï ? Les raisons sont multiples et convergentes.

L'immobilier, d'abord. Dubaï offre un marché immobilier en expansion permanente, où les transactions en cash sont courantes, où les contrôles d'origine des fonds sont — malgré les réformes récentes — notoirement laxistes, et où un appartement de luxe peut s'acheter en quelques jours, au nom d'une société offshore, sans que quiconque ne pose de question embarrassante. Les trafiquants français y acquièrent des biens prestigieux — tours Marina, résidences Palm Jumeirah — qui fonctionnent à la fois comme des placements financiers, des résidences de repli et des symboles de réussite sociale exhibés sur les réseaux sociaux.

Le cadre fiscal, ensuite. Dubaï ne prélève pas d'impôt sur le revenu, pas d'impôt sur les sociétés (ou presque), pas de taxe sur les plus-values immobilières. Cette attractivité fiscale, parfaitement légitime pour les entrepreneurs et les investisseurs ordinaires, est un aimant pour l'argent sale : le « coût de blanchiment » — la part des revenus criminels perdue en impôts et en commissions dans le processus de légalisation — y est mécaniquement plus faible qu'en Europe.

L'infrastructure bancaire et financière, également. Dubaï héberge des dizaines de banques, de bureaux de change et de sociétés de transfert de fonds dont les pratiques en matière de vérification d'identité et d'origine des fonds sont, selon les rapports du GAFI (Groupe d'action financière), en deçà des standards internationaux. L'émirat a été placé sur la « liste grise » du GAFI en mars 2022 — une mise sous surveillance qui reconnaissait officiellement les insuffisances du dispositif anti-blanchiment émirati — avant d'en être retiré en février 2024, malgré les réserves de plusieurs pays membres.

Et enfin, le cadre juridique. Les Émirats arabes unis et la France ne sont liés par aucune convention d'extradition. Un trafiquant français qui s'installe à Dubaï échappe, de fait, à la justice de son pays — sauf dans les rares cas où une coopération bilatérale ad hoc est mise en place, au terme de négociations diplomatiques longues et incertaines. Cette impunité géographique est un atout décisif : elle permet aux « gros » du trafic — les commanditaires, les financiers, les blanchisseurs — de piloter leurs opérations à distance, via téléphones cryptés et messageries sécurisées, depuis le confort d'un penthouse climatisé, à 5 000 kilomètres des territoires qu'ils ravagent.

Le phénomène a pris une ampleur telle que les enquêteurs français parlent désormais d'un « Dubaï-connexion ». Les dossiers judiciaires les plus importants des dernières années — ceux qui touchent aux échelons supérieurs du narcotrafic français — mènent presque systématiquement à l'émirat. Des mandats d'arrêt internationaux sont émis, mais restent lettre morte. Des commissions rogatoires internationales sont adressées aux autorités émiriennes, qui y répondent avec une lenteur que les magistrats français qualifient, en termes diplomatiques, de « perfectible ».

Moha, arrêté en France en 2023 après trois ans de fuite, dont deux passés à Dubaï, décrit dans son audition un mode de vie qui tient de la science-fiction pour un gamin des quartiers nord de Marseille : appartement avec vue sur la mer, voiture de sport de location, piscine privée, restaurants de luxe, fêtes dans des clubs où le champagne coule à 2 000 euros la bouteille. « Là-bas, personne ne te demande d'où vient ton argent, résume-t-il. Tu payes, tu existes. C'est tout. » Ce témoignage, dans sa crudité, vaut tous les rapports du GAFI.

VI. Les professions réglementées : gardiens ou complices ?

Le système de lutte contre le blanchiment repose, en France comme dans tous les pays développés, sur un principe fondamental : la mobilisation des « professions assujetties ». Ce terme désigne l'ensemble des professionnels qui, par la nature de leur activité, sont susceptibles d'être confrontés à des opérations de blanchiment et qui sont, à ce titre, soumis à des obligations légales de vigilance et de signalement : banquiers, assureurs, notaires, avocats, experts-comptables, commissaires aux comptes, agents immobiliers, marchands d'art, casinos, bijoutiers, commissaires-priseurs, etc.

L'idée est simple : puisque l'État ne peut pas surveiller l'intégralité des flux financiers (leur volume est trop considérable, leur diversité trop grande, leur vitesse trop élevée), il délègue une partie de cette surveillance aux professionnels qui les manipulent au quotidien. Le banquier qui reçoit un dépôt suspect, le notaire qui instrumente une vente à prix anormalement bas, l'expert-comptable qui constate des incohérences dans les comptes d'un client, l'agent immobilier qui rencontre un acheteur insistant pour payer en cash — tous sont tenus de signaler leurs soupçons à Tracfin, la cellule de renseignement financier du ministère de l'Économie.

Sur le papier, le dispositif est robuste. En pratique, il est criblé de failles.

Les notaires, d'abord. Le notaire est, en France, un acteur central de la chaîne immobilière. Aucune vente ne se fait sans lui. Il est le « gardien du temple » de la transaction, celui qui vérifie la légalité de l'opération, l'identité des parties, l'origine des fonds. En théorie. En pratique, la vérification de l'origine des fonds par les notaires est, de l'aveu même de la profession, inégale. Certaines études notariales appliquent scrupuleusement leurs obligations : elles exigent des justificatifs détaillés, interrogent les incohérences, signalent les opérations suspectes. D'autres se contentent d'une vérification formelle — un relevé de compte, une attestation bancaire, parfois un simple questionnaire rempli par le client — qui ne permet pas de détecter un blanchiment un tant soit peu élaboré.

Les chiffres parlent d'eux-mêmes. En 2022, les notaires français ont transmis environ 2 600 déclarations de soupçon à Tracfin. Ce chiffre, qui peut sembler important en valeur absolue, doit être rapporté au nombre de transactions immobilières traitées chaque année par la profession : environ un million. Soit un taux de signalement de 0,26 %. Moins de trois transactions sur mille suscitent un soupçon formellement déclaré. Même en admettant que l'immense majorité des transactions sont parfaitement légitimes, ce ratio semble étonnamment bas au regard de l'ampleur estimée du blanchiment immobilier.

Les avocats, ensuite. La profession d'avocat occupe une position particulière dans le dispositif anti-blanchiment, parce qu'elle est prise entre deux exigences contradictoires : l'obligation de signalement, d'un côté, et le secret professionnel, de l'autre. Les avocats sont assujettis aux obligations de vigilance et de déclaration de soupçon, mais leur secret professionnel — protégé par la loi et par la Convention européenne des droits de l'homme — crée une zone grise que certains exploitent, de bonne ou de mauvaise foi.

La question n'est pas de jeter l'opprobre sur l'ensemble d'une profession qui joue un rôle essentiel dans la défense des libertés. La grande majorité des avocats exercent leur métier avec intégrité et sont aussi attachés que quiconque à la lutte contre la criminalité organisée. Mais il serait naïf de nier que certains avocats — une minorité, certes, mais une minorité aux effets disproportionnés — prêtent sciemment leurs compétences juridiques à des opérations de blanchiment. Création de structures opaques, rédaction de contrats fictifs, interposition du compte CARPA (le compte séquestre des avocats) pour « nettoyer » des fonds, conseil en optimisation de la chaîne de blanchiment : les dossiers judiciaires font apparaître, avec une régularité troublante, la présence d'avocats dans les organigrammes de blanchiment — non pas en tant que défenseurs de leurs clients (ce qui est leur rôle légitime), mais en tant que conseillers actifs de l'opération criminelle (ce qui est un délit).

Les experts-comptables et les commissaires aux comptes, enfin. Ces professionnels, qui sont au cœur de la vie financière des entreprises, sont en première ligne pour détecter les anomalies comptables révélatrices d'un blanchiment : chiffres d'affaires incohérents, flux de trésorerie inexplicables, factures de complaisance, sociétés dormantes soudainement actives. Leurs obligations de signalement sont claires. Leur mise en œuvre est, là encore, variable. Le nombre de déclarations de soupçon émanant des experts-comptables — quelques centaines par an pour une profession qui compte plus de 20 000 membres et supervise les comptes de centaines de milliers d'entreprises — suggère un sous-signalement massif, qui peut s'expliquer par le manque de formation, la peur de perdre un client, ou simplement l'absence de vigilance.

VII. Tracfin : le gardien débordé

Au centre du dispositif français de lutte contre le blanchiment se trouve Tracfin — le Traitement du renseignement et action contre les circuits financiers clandestins. Créé en 1990, rattaché au ministère de l'Économie, ce service est la cellule de renseignement financier de la France. C'est à Tracfin que les professions assujetties adressent leurs déclarations de soupçon. C'est Tracfin qui analyse ces déclarations, les enrichit avec ses propres investigations, et transmet les cas les plus significatifs à la justice.

Le bilan de Tracfin est, à première vue, impressionnant. En 2022, le service a reçu plus de 165 000 informations (déclarations de soupçon et informations systématiques), a procédé à l'analyse approfondie de plus de 18 000 dossiers, et a transmis près de 2 800 notes aux autorités judiciaires, fiscales ou disciplinaires. Ces chiffres sont en hausse constante depuis une décennie, témoignant d'une montée en puissance réelle du dispositif.

Mais derrière les chiffres, une réalité plus nuancée se dessine.

D'abord, le volume d'informations reçues par Tracfin est lui-même le reflet d'un déséquilibre structurel. Plus de 90 % des déclarations de soupçon émanent du secteur bancaire. Les autres professions assujetties — notaires, avocats, agents immobiliers, experts-comptables — représentent, collectivement, moins de 10 %

du total. Ce déséquilibre ne signifie pas que le blanchiment passe essentiellement par les banques : il signifie que les banques sont les seules à déclarer de manière systématique, parce qu'elles disposent des systèmes de détection automatisés et qu'elles sont soumises à une supervision prudentielle étroite. Les autres professions, moins surveillées, déclarent moins — ce qui ne veut pas dire qu'elles voient moins.

Ensuite, la capacité de traitement de Tracfin est structurellement en deçà du volume d'informations reçues. Le service compte environ 200 agents — un effectif modeste au regard de l'ampleur de la tâche. Chaque analyste traite plusieurs dizaines de dossiers simultanément, dans des délais contraints par le caractère urgent de certaines opérations (un bien immobilier peut être vendu en quelques jours, une transaction cryptomonnaie en quelques minutes). Le risque de « passer à côté » d'un dossier significatif est réel, et les agents de Tracfin le reconnaissent avec une franchise qui force le respect : « On fait un travail de triage permanent, explique l'un d'eux. On sait qu'on ne peut pas tout traiter. Donc on priorise. Et quand on priorise, on fait des choix. Et quand on fait des choix, on laisse des choses de côté. C'est mathématique. »

Enfin, la chaîne qui va du signalement de Tracfin à la sanction judiciaire est longue, complexe et semée d'obstacles. Une note Tracfin transmise au parquet ne déclenche pas automatiquement une enquête. Le parquet, lui-même débordé, doit évaluer l'opportunité des poursuites, affecter un enquêteur, désigner un juge d'instruction le cas échéant. L'enquête financière qui s'ensuit est, par nature, longue et technique : il faut reconstituer des flux, analyser des comptes, interpréter des montages juridiques, obtenir des coopérations internationales. Les délais se comptent en années. Et au bout du parcours, le risque de relaxe pour insuffisance de preuves ou pour vice de procédure n'est pas négligeable.

Le résultat est un taux de « transformation » — la proportion de signalements Tracfin qui aboutissent à une condamnation définitive — que personne ne calcule officiellement, parce que le chiffre serait décourageant. Un ancien cadre de Tracfin, aujourd'hui à la retraite, résume la situation avec une métaphore éloquente : « On est comme un filet de pêche avec des mailles trop larges. On attrape les gros poissons — parfois — et les poissons trop bêtes pour passer à travers. Tout le reste file. »

VIII. L'argent qui quitte la France

L'argent du trafic ne reste pas en France. Il circule. Il s'exile. Il traverse les frontières avec une fluidité que les contrôles douaniers et les coopérations internationales peinent à entraver.

Les destinations sont connues : le Maroc, principal pays d'origine du cannabis consommé en France, où l'argent revient en boucle sous forme de paiements aux producteurs et d'investissements immobiliers ; Dubaï, on l'a vu, devenu la place financière de référence du narcotrafic européen ; l'Espagne, terre de transit et de blanchiment via l'immobilier côtier ; la Belgique et les Pays-Bas, hubs logistiques du trafic de cocaïne ; la Turquie, carrefour entre l'Europe et le Moyen-Orient ; et une constellation de paradis fiscaux — îles Vierges, Panama, Belize, Seychelles — où des sociétés-écrans absorbent l'argent sale et le restituent sous une identité vierge.

Les canaux de sortie sont multiples. Le transport physique de cash reste, contre toute attente, l'un des plus utilisés. Les douanes françaises saisissent, chaque année, des dizaines de millions d'euros en espèces aux frontières — dans des véhicules, des bagages, des colis postaux, parfois dissimulés dans des compartiments aménagés avec une ingéniosité qui forcerait l'admiration si elle n'était pas au service du crime. En 2023, les douanes ont saisi plus de 120 millions d'euros en cash — un record. Mais ce montant ne représente, selon les estimations des douaniers eux-mêmes, qu'une fraction — entre 5 % et 10 % — des sommes réellement transportées. Le reste passe, porté par des « fourmis » (des passeurs individuels transportant des sommes modestes, qui ne justifient pas une fouille systématique) ou acheminé par des convois logistiques mieux organisés.

Les virements bancaires internationaux, les transferts via des sociétés de remise de fonds (*money transfer*), les compensations informelles de type hawala, et les transactions en cryptomonnaies complètent le dispositif de sortie des capitaux. Chaque canal a ses avantages et ses vulnérabilités, et les réseaux les combinent en fonction des montants, des destinations et du niveau de risque accepté.

La coopération internationale en matière de lutte contre le blanchiment existe — elle est même abondamment proclamée dans les déclarations politiques et les communiqués diplomatiques. Mais son efficacité réelle est limitée par des obstacles structurels que toute la bonne volonté du monde ne suffit pas à surmonter : les différences de législation entre pays (ce qui est un délit dans un pays ne l'est pas nécessairement dans un autre), les lenteurs des procédures d'entraide judiciaire (une commission rogatoire internationale peut mettre des mois, voire des années, à être exécutée), le secret bancaire (qui, malgré les progrès réalisés, reste une réalité dans de nombreuses juridictions), et le simple décalage de tempo entre des enquêteurs qui travaillent en temps réel et des mécanismes de coopération qui fonctionnent en temps diplomatique.

IX. Le coût du blanchiment — ou le prix de la respectabilité

Blanchir de l'argent coûte cher. C'est un aspect du phénomène que l'on oublie souvent, mais qui est essentiel pour comprendre l'économie du narcotrafic dans sa globalité.

Le « coût de blanchiment » — la part des revenus criminels perdue dans le processus de légalisation — varie considérablement selon la technique utilisée, le montant blanchi, la destination des fonds et le niveau de risque accepté. Les estimations convergent vers une fourchette de 8 % à 30 % du montant blanchi. Autrement dit, pour chaque million d'euros d'argent sale injecté dans le circuit de blanchiment, entre 80 000 et 300 000 euros sont « perdus » en commissions, en impôts, en frais de structure et en corruption.

Ce coût est le prix de la respectabilité. Il est le tribut que le criminel paie pour accéder à l'économie légale. Et il est, à bien des égards, un coût acceptable — voire dérisoire — au regard des avantages qu'il procure : la possibilité de posséder un patrimoine, de créer une entreprise, de voyager librement, de donner à ses enfants une vie « normale », et surtout, de mettre sa fortune à l'abri de la saisie judiciaire (un bien immobilier blanchi est infiniment plus difficile à confisquer qu'une valise de billets).

Ce coût de blanchiment alimente, à son tour, une économie souterraine de services : les courtiers qui mettent en relation les trafiquants et les blanchisseurs, les prête-noms qui « portent » les biens et les sociétés pour le compte des vrais propriétaires, les faussaires qui fabriquent les documents justificatifs, les professionnels (notaires, avocats, comptables) qui ferment les yeux ou qui participent activement. Tous ces intervenants prélèvent leur commission, créant un écosystème parasitaire mais fonctionnel, dont la survie dépend de la continuation du trafic.

Il y a, dans cette logique économique, quelque chose de vertigineux. L'argent du trafic finance non seulement le trafic lui-même (achat de drogue, rémunération des réseaux, acquisition d'armes), mais aussi l'industrie de son propre nettoyage. Le blanchiment est un marché dans le marché, un business dans le business, avec ses prestataires, ses tarifs, sa concurrence et ses innovations. Il emploie, directement ou indirectement, des milliers de personnes en France — dont beaucoup n'ont aucun lien avec le monde criminel et exercent des professions parfaitement légales, mais dont l'activité est, partiellement ou totalement, alimentée par de l'argent sale.

X. Le blanchiment social : acheter le silence, financer l'influence

L'argent du trafic ne se contente pas de se blanchir dans les circuits financiers. Il se blanchit aussi dans le tissu social. Il achète du silence. Il finance de l'influence. Il construit de la respectabilité. Et cette dimension sociale du blanchiment est peut-être, à long terme, la plus dangereuse de toutes.

Dans les quartiers sous emprise, l'argent du trafic irrigue l'économie locale de manière visible et invisible. Il finance les commerces, les associations, les événements sportifs et culturels. Il subventionne les mosquées, les clubs de football, les tournois de boxe. Il offre des cadeaux aux enfants, des aides aux familles en difficulté, des « bourses » aux étudiants méritants. Cette générosité n'est pas philanthropique : elle est stratégique. Elle crée de la dépendance, de la loyauté, du silence. Elle fait du trafiquant un bienfaiteur — un « Robin des Bois » des cités, selon un mythe tenace que la réalité dément cruellement (le trafiquant ne « vole aux riches pour donner aux pauvres » : il empoisonne les pauvres pour s'enrichir lui-même, et redistribue une fraction dérisoire de ses gains pour s'acheter la paix sociale).

Au-delà du quartier, l'argent du trafic cherche à pénétrer les cercles du pouvoir légitime. Les cas de corruption d'élus locaux, de fonctionnaires, de policiers, liés au narcotrafic, sont documentés dans les procédures judiciaires. Ils restent, en France, moins systémiques que dans certains pays d'Amérique latine ou d'Europe de l'Est — il faut le reconnaître et s'en féliciter —, mais ils existent, et leur fréquence augmente.

Un maire qui accepte un financement occulte pour sa campagne. Un policier qui ferme les yeux sur un point de deal en échange d'une enveloppe mensuelle. Un douanier qui « oublie » de contrôler un conteneur signalé. Un greffier qui fait « disparaître » une pièce du dossier. Un élu qui facilite l'obtention d'un permis de construire pour un projet immobilier dont il sait — ou devrait savoir — que le financement est douteux. Ces cas, pris isolément, sont traités comme des faits divers. Pris ensemble, ils dessinent le contour d'une infiltration progressive du corps social par l'argent criminel — une infiltration qui, si elle n'est pas combattue avec la dernière énergie, menace de ronger les fondements mêmes de la démocratie.

Le financement du sport professionnel et semi-professionnel mérite une mention particulière. Plusieurs affaires récentes ont mis en lumière l'injection d'argent suspect dans des clubs de football, de boxe, de MMA — des disciplines populaires dans les quartiers touchés par le trafic, et dont les structures financières sont souvent fragiles et peu contrôlées. Un club de football amateur qui reçoit un « don » de 50 000 euros d'un « mécène » local dont les revenus déclarés ne justifient pas une telle générosité : qui pose des questions ? Le trésorier du club, qui a enfin de quoi acheter des maillots et payer l'arbitre ? L'entraîneur, qui peut pour la première fois emmener ses joueurs en déplacement autrement qu'en covoiturage ? La fédération, qui se réjouit de voir un club de quartier « dynamique et bien géré » ?

XI. Les flux invisibles : ce que l'État ne voit pas

Malgré l'existence de Tracfin, malgré les obligations de signalement imposées aux professions réglementées, malgré les saisies douanières et les enquêtes judiciaires, une vérité dérangeante doit être formulée : l'essentiel de l'argent du trafic échappe à la détection.

Les estimations varient selon les sources et les méthodologies, mais elles convergent vers un ordre de grandeur accablant : entre 80 % et 95 % de l'argent du narcotrafic français serait blanchi avec succès, c'est-à-dire réintroduit dans l'économie légale sans être détecté ni confisqué. Les saisies judiciaires et douanières — aussi impressionnantes soient-elles dans les communiqués de presse — ne représentent qu'une fraction marginale des flux réels.

Ce constat n'est pas propre à la France. Il est partagé par l'ensemble des pays européens, et il est reconnu par les instances internationales comme le GAFI ou l'Office des Nations unies contre la drogue et le crime (ONUDC). Mais il n'en est pas moins vertigineux. Il signifie que le système financier mondial — avec ses banques, ses régulateurs, ses contrôles, ses algorithmes de détection — laisse passer, chaque année, des centaines de milliards de dollars d'argent criminel. L'argent de la drogue coule dans les veines de l'économie mondiale comme le sang coule dans les veines d'un organisme vivant : partout, tout le temps, indispensable au fonctionnement de l'ensemble.

Cette perméabilité structurelle du système financier à l'argent sale n'est pas un accident. Elle est, au moins en partie, le produit d'un choix. Le système financier mondial a été construit pour faciliter la circulation des capitaux, pas pour l'entraver. La libre circulation des fonds est un principe fondamental de l'économie de marché, une condition de la croissance, un pilier de la globalisation. Les contrôles anti-blanchiment sont venus se greffer sur ce système a posteriori, comme des rustines sur une chambre à air percée : ils colmatent les fuites les plus visibles, mais ils ne peuvent pas changer la nature du dispositif qu'ils tentent de surveiller. Demander au système financier mondial de bloquer efficacement l'argent sale, c'est demander à une autoroute de ne laisser passer que les véhicules en règle : la chose est théoriquement possible, mais elle exigerait un niveau de contrôle incompatible avec la fluidité du trafic — dans les deux sens du terme.

XII. La saisie et la confiscation : frapper au portefeuille

Face à l'ampleur du phénomène et à la difficulté de prévenir le blanchiment, une stratégie alternative — ou complémentaire — a gagné en importance au cours des dernières années : la saisie et la confiscation des avoirs criminels. L'idée est simple, et elle est puissante : si l'on ne peut pas empêcher l'argent d'être blanchi, on peut au moins le reprendre une fois qu'il l'a été. Frapper les trafiquants au portefeuille. Les priver du fruit de leur crime. Transformer la prison dorée en prison tout court.

La France s'est dotée, en 2010, d'un outil dédié : l'Agence de gestion et de recouvrement des avoirs saisis et confisqués (AGRASC). Cet organisme, rattaché au ministère de la Justice, est chargé de gérer les biens saisis dans le cadre des procédures pénales — comptes bancaires gelés, véhicules confisqués, biens immobiliers saisis — et de veiller à leur confiscation définitive en cas de condamnation.

Le bilan de l'AGRASC est en progression constante. En 2022, la valeur totale des avoirs saisis sous son contrôle dépassait 1,8 milliard d'euros (toutes infractions confondues, pas seulement le trafic de stupéfiants). Les confiscations définitives — celles qui interviennent après une condamnation et qui privent définitivement le condamné de ses biens — se sont élevées à plusieurs centaines de millions d'euros.

Mais ces chiffres, pour encourageants qu'ils soient, doivent être rapportés à l'ampleur des flux en jeu. Si le trafic de stupéfiants génère, en France, un chiffre d'affaires annuel de l'ordre de 4 à 6 milliards d'euros, les saisies et confiscations liées au narcobanditisme représentent — au mieux — quelques pour cent de ce montant. La « pression patrimoniale » exercée sur les trafiquants, bien qu'en hausse, reste insuffisante pour constituer un véritable facteur de dissuasion.

Les obstacles à une politique de confiscation plus ambitieuse sont multiples. Le premier est juridique : la confiscation d'un bien exige la preuve de son lien avec l'infraction, preuve qui est souvent difficile à établir quand le bien a été blanchi à travers plusieurs couches de sociétés et de juridictions. Le deuxième est procédural : les procédures de saisie et de confiscation sont longues, complexes, contestées systématiquement par les avocats de la défense, et susceptibles d'annulation pour vice de forme. Le troisième est international : la confiscation d'un bien situé à l'étranger — un appartement à Dubaï, un compte en Suisse, une villa en Espagne — nécessite une coopération judiciaire dont l'efficacité varie considérablement selon les pays.

La question de la « confiscation élargie » — la possibilité de confisquer l'ensemble du patrimoine d'une personne condamnée pour trafic de stupéfiants, et non seulement les biens dont le lien avec l'infraction est prouvé — fait l'objet d'un débat législatif en France. Le droit italien, avec son régime de confiscation préventive hérité de la lutte contre la Mafia, est souvent cité en exemple. La proposition de loi Narcotrafic, discutée au Parlement en 2024-2025, prévoit un renforcement significatif des possibilités de saisie et de confiscation — y compris la possibilité d'une présomption de blanchiment pour les personnes ne pouvant justifier l'origine de leur patrimoine. Si elle est adoptée dans sa version la plus ambitieuse, cette évolution législative pourrait marquer un tournant.

Mais le cadre juridique, aussi perfectionné soit-il, ne vaudra que ce que vaudront les moyens mis en œuvre pour l'appliquer. Et sur ce point, le constat est sans ambiguïté : la France manque d'enquêteurs financiers, de magistrats spécialisés, d'analystes Tracfin, de douaniers formés au traçage des flux. Elle manque, surtout, de la volonté politique de faire de la lutte contre le blanchiment une priorité qui ne se limite pas aux annonces médiatiques.

XIII. L'économie contaminée

Il faut, pour conclure ce chapitre, prendre la mesure de ce que le blanchiment fait à l'économie légitime. Non pas seulement en termes moraux — l'argent sale « pollue » l'argent propre, selon une métaphore aussi courante que vague —, mais en termes économiques concrets.

L'injection de capitaux criminels dans l'économie légale produit des distorsions de concurrence. Le restaurant blanchi qui déclare un chiffre d'affaires fictif peut se permettre de pratiquer des prix inférieurs à ceux de ses concurrents honnêtes — puisque ses «

revenus » ne dépendent pas de sa rentabilité réelle, mais du volume d'argent sale qu'il doit absorber. Le promoteur immobilier qui finance ses projets avec de l'argent blanchi peut proposer des prix d'achat supérieurs à ceux de ses concurrents légitimes — puisque son objectif n'est pas la rentabilité de l'investissement, mais sa capacité à transformer du cash en patrimoine. Dans les deux cas, le concurrent honnête est pénalisé : il perd des parts de marché, non pas parce qu'il est moins compétent, mais parce qu'il ne dispose pas de la manne du trafic.

Cette distorsion de concurrence, si elle est difficile à quantifier à l'échelle macroéconomique, est bien réelle à l'échelle locale. Dans certains quartiers, certaines rues, certains secteurs d'activité, les commerces blanchisseurs évincent progressivement les commerces légitimes. Le pizzaiolo qui travaille honnêtement ferme boutique parce qu'il ne peut pas s'aligner sur les prix du kebab d'à côté — un kebab qui « tourne » 24 heures sur 24 avec une clientèle mystérieusement abondante et dont le propriétaire change tous les six mois sans que le commerce ne ferme jamais. Le phénomène est documenté dans plusieurs villes françaises, notamment à Marseille, Lyon et en Île-de-France, où la concentration anormale de certains types de commerces (barbiers, kebabs, épiceries de nuit, laveries) dans des zones à faible demande suscite les interrogations des services fiscaux et des enquêteurs.

L'argent du trafic contamine aussi les circuits de décision. Quand un élu local sait — ou devine — qu'une partie de l'activité économique de sa commune repose sur de l'argent sale, il est pris dans un dilemme : dénoncer, c'est risquer de détruire des emplois (fussent-ils fictifs), de fermer des commerces (fussent-ils de façade), de perdre des recettes fiscales (fussent-elles frauduleuses). Se taire, c'est se rendre complice d'un système qui gangrène le tissu social. Ce dilemme n'est pas théorique. Il est vécu, quotidiennement, par des dizaines de maires, d'adjoints, de conseillers municipaux à travers la France.

Et l'argent du trafic contamine, enfin, la perception même de ce qui est normal. Quand un quartier vit depuis vingt ans avec des commerces blanchisseurs, quand les habitants s'y approvisionnent, y travaillent, y font leurs courses, quand ces commerces font partie du paysage au même titre que l'école ou la poste, la frontière entre l'économie légale et l'économie criminelle devient floue — non pas dans les textes de loi, mais dans les esprits. L'argent sale, à force de circuler, finit par se fondre dans l'argent propre. Il devient « normal ». Et cette normalisation est peut-être, de tous les effets du blanchiment, le plus corrosif.

XIV. Le nerf de la guerre

L'argent est au narcotrafic ce que le sang est à l'organisme : le fluide vital sans lequel rien ne fonctionne. C'est l'argent qui achète la drogue en amont, qui rémunère les réseaux en aval, qui arme les soldats, qui corrompt les gardiens, qui construit les empires, qui finance les fuites. C'est l'argent, aussi, qui motive les trafiquants — car personne ne risque sa vie et sa liberté par amour du haschich ou par passion pour la logistique.

Couper cet argent — le détecter, le saisir, le confisquer, le rendre inutilisable — est donc, en théorie, la stratégie la plus efficace contre le narcotrafic. Plus efficace que l'arrestation des petits dealers, qui sont remplacés dans l'heure. Plus efficace que la saisie des stocks de drogue, qui sont reconstitués dans la semaine. Plus efficace que l'incarcération des chefs de réseau, qui dirigent leurs opérations depuis leur cellule. L'argent est le point de vulnérabilité du système — celui où une pression suffisante pourrait faire s'effondrer l'édifice tout entier.

Mais cette stratégie exige un changement de paradigme. Elle exige de considérer le blanchiment non pas comme un délit accessoire — un « plus » qui s'ajoute au trafic proprement dit —, mais comme le cœur même de l'activité criminelle. Elle exige de doter les services d'enquête financière des moyens qui correspondent à l'ampleur de la tâche — des moyens aujourd'hui ridiculement insuffisants au regard des enjeux. Elle exige de renforcer les obligations des professions assujetties et de sanctionner sévèrement celles qui ne les respectent pas. Elle exige de bâtir une coopération internationale qui ne soit pas un vœu pieux mais un outil opérationnel. Elle exige, en un mot, de traiter l'argent sale avec la même détermination que l'on met — ou que l'on prétend mettre — à traiter la drogue elle-même.

L'argent du trafic n'a pas d'odeur. Mais il laisse des traces. Des traces dans les comptes bancaires, dans les registres immobiliers, dans les flux de cryptomonnaies, dans les livres comptables des commerces, dans les déclarations fiscales des sociétés-écrans. Ces traces sont ténues, dispersées, camouflées — mais elles existent. Et chacune d'entre elles est un fil que l'on peut tirer, patiemment, méthodiquement, pour remonter du billet froissé tendu dans un hall d'immeuble jusqu'au penthouse climatisé d'un émirat du Golfe.

La question n'est pas de savoir si l'on peut suivre ces traces. La question est de savoir si l'on veut s'en donner les moyens. Et cette question-là n'est pas technique. Elle est politique. Elle engage la société tout entière — ses choix budgétaires, ses priorités judiciaires, sa tolérance à l'opacité financière, et, au fond, sa conception de ce que signifie vivre dans un État de droit.

L'argent sale ne disparaît jamais. Il se transforme. Il circule. Il s'insinue. Il achète des murs, des consciences, des silences. Le chapitre suivant explorera l'un des terrains où son emprise est la plus redoutable : celui des institutions elles-mêmes, ces gardiens de la République que l'argent du trafic tente, chaque jour, de corrompre.

Chapitre 8 — Police, justice, État : lignes de front

« On nous demande de vider l'océan avec une cuillère. Et de sourire pour la photo quand on a rempli le seau. »

— *Commissaire divisionnaire, Direction centrale de la police judiciaire, 2023.*

I. Le fantasme et le réel

Il y a deux manières de parler de la réponse de l'État au narcotrafic. La première est celle du discours politique : volontariste, martiale, ponctuée de chiffres spectaculaires et de formules définitives. « Nous mènerons une guerre sans merci. » « Les trafiquants doivent savoir que la République ne reculera pas. » « Nous avons saisi tant de tonnes, arrêté tant d'individus, démantelé tant de réseaux. » Ce discours a sa fonction : rassurer l'opinion, afficher la détermination, justifier les budgets. Mais il entretient un fantasme — celui d'une puissance publique omnisciente, omnipotente, capable de frapper quand elle veut, où elle veut, aussi fort qu'elle veut.

La seconde manière est celle du terrain. Celle des policiers qui travaillent douze heures par jour sur des écoutes téléphoniques dans des bureaux surchauffés. Celle des magistrats instructeurs qui gèrent simultanément quarante dossiers avec un greffier à temps partiel. Celle des douaniers qui contrôlent un conteneur sur mille dans un port qui en traite des dizaines de milliers par semaine. Celle des agents de Tracfin qui analysent des flux financiers d'une complexité byzantine avec des logiciels qui datent parfois de la décennie précédente. Ce terrain-là ne ment pas. Et ce qu'il dit est à la fois plus nuancé et plus préoccupant que n'importe quelle déclaration ministérielle.

Ce chapitre n'est ni un réquisitoire contre les institutions ni un panégyrique de leur action. Il est une tentative d'examen honnête — aussi honnête que les sources disponibles le permettent — de ce que l'État français peut faire face au narcotrafic, de ce qu'il fait réellement, et de l'écart, parfois vertigineux, entre les deux. Il s'intéresse aux hommes et aux femmes qui composent les forces de l'ordre, la magistrature, les douanes, les services de renseignement — non pas comme des abstractions bureaucratiques, mais comme des professionnels confrontés à un adversaire qui dispose de moyens souvent supérieurs aux leurs, d'une agilité que leur propre organisation leur interdit, et d'un luxe que la République ne peut pas s'offrir : celui de ne respecter aucune règle.

II. L'archipel institutionnel

La première difficulté que rencontre quiconque cherche à comprendre la réponse de l'État français au narcotrafic est la suivante : il n'y a pas *un* État face au trafic. Il y en a plusieurs. Ou plutôt, il y a un archipel d'institutions, de services, de directions, de corps, de juridictions, chacun doté de ses propres compétences, de ses propres hiérarchies, de ses propres cultures professionnelles, de ses propres systèmes d'information — et qui communiquent entre eux avec une fluidité variable, allant de la coopération exemplaire à l'ignorance réciproque la plus complète.

Essayons d'y voir clair.

Du côté des forces de sécurité, le paysage est le suivant. La **police nationale**, sous l'autorité du ministère de l'Intérieur, déploie plusieurs services en charge de la lutte contre le narcotrafic. L'**OFAST** (Office antistupéfiants), créé en 2020, est le bras armé de cette lutte : il coordonne l'action des différents services, conduit les enquêtes les plus complexes, assure la liaison avec les partenaires internationaux. Mais l'OFAST n'a pas le monopole de l'action : la **Direction centrale de la police judiciaire** (DCPJ), à travers ses services régionaux et ses antennes locales, mène ses propres investigations. Les **sûretés départementales**, les **brigades des stupéfiants** des commissariats, les **groupes d'enquête** des directions territoriales de la police nationale interviennent à leur niveau. Sans compter les **Brigades de recherche et d'intervention** (BRI), les services de police du renseignement qui collectent de l'information sur les réseaux, et les unités d'intervention (RAID, BRI-PP) qui sont mobilisées pour les interpellations à haut risque.

Du côté de la **gendarmerie nationale**, la lutte antistupéfiants est assurée par les sections de recherches, les brigades de recherches des groupements départementaux, et l'**Office central de lutte contre la délinquance itinérante** (OCLDI), qui traite notamment les affaires de trafic liées aux routes et aux zones rurales. La gendarmerie a aussi ses propres unités d'intervention (GIGN) et ses services de renseignement (SDAO, devenu la SDRJ).

Les **douanes**, sous l'autorité du ministère de l'Économie et des Finances, constituent un troisième pilier. Le **Service d'enquêtes judiciaires des finances** (SEJF) et la **Direction nationale du renseignement et des enquêtes douanières** (DNRED) sont en première ligne sur le volet financier et logistique du trafic : saisies de marchandises aux frontières, traque des flux financiers illicites, surveillance des conteneurs dans les ports et les aéroports.

Du côté de la justice, les **juridictions interrégionales spécialisées** (JIRS), créées en 2004, ont vocation à traiter les affaires de criminalité organisée les plus complexes. Il en existe huit en métropole (Paris, Lyon, Marseille, Lille, Rennes, Bordeaux, Nancy, Fort-de-France). Elles disposent de magistrats spécialisés — juges d'instruction et procureurs — formés aux techniques d'enquête financière, de téléphonie, de coopération internationale. Mais les JIRS ne traitent qu'une fraction des dossiers de stupéfiants : la majorité des affaires sont gérées par les **tribunaux judiciaires** ordinaires, dont les moyens et l'expertise en matière de criminalité organisée sont très inégaux.

Et puis il y a **Tracfin**, la cellule de renseignement financier, rattachée à Bercy. Il y a la **Direction générale de la sécurité intérieure** (DGSI), qui suit les ramifications terroristes et géopolitiques du narcotrafic. Il y a la **Direction générale de la sécurité extérieure** (DGSE), qui collecte du renseignement sur les réseaux internationaux. Il y a les services de **renseignement pénitentiaire**, qui surveillent les détenus soupçonnés de continuer à diriger des réseaux depuis leur cellule. Il y a les **préfectures**, qui coordonnent l'action de l'État à l'échelon départemental. Il y a les **agences régionales de santé**, qui gèrent le volet sanitaire (prévention, réduction des risques). Il y a les **communes**, qui ont en charge la tranquillité publique et la prévention de la délinquance. Il y a les **bailleurs sociaux**, qui gèrent le parc immobilier où se déroule une partie du trafic.

Cette énumération, qui n'est pas exhaustive, donne le vertige. Et elle dit, en creux, quelque chose d'essentiel : la lutte contre le narcotrafic en France n'est pas conduite par une organisation unifiée, dotée d'une stratégie unique et d'une chaîne de commandement claire. Elle est le produit d'une juxtaposition d'acteurs qui travaillent, chacun dans son couloir, avec ses propres objectifs, ses propres indicateurs de performance, ses propres contraintes administratives — et qui se coordonnent quand c'est possible, quand c'est facile, quand quelqu'un y pense.

La création de l'OFAST en 2020 avait précisément pour ambition de remédier à cette fragmentation. L'Office, qui réunit sous un même toit des policiers, des gendarmes, des douaniers, des agents de Tracfin et des magistrats de liaison, devait être le chef d'orchestre de la lutte antistupéfiants en France — celui qui distribue les partitions, qui harmonise les tempo, qui veille à ce que tous les musiciens jouent la même symphonie.

Le bilan, quatre ans après, est mitigé. L'OFAST a incontestablement apporté une valeur ajoutée en matière de coordination : les échanges d'information entre services se sont améliorés, les « doublons » d'enquête (deux services travaillant sur la même cible sans le savoir) ont diminué, la vision stratégique du phénomène s'est affinée. Mais l'Office reste une structure légère — quelques centaines d'agents au total, antennes comprises — confrontée à un phénomène tentaculaire. Il coordonne, mais il ne commande pas : chaque service conserve sa hiérarchie propre, ses priorités propres, sa culture propre. Le commissaire de l'OFAST peut demander à un service de gendarmerie de partager ses informations ; il ne peut pas le lui ordonner. Cette distinction entre la coordination et le commandement est, dans l'administration française, aussi solide que la muraille de Chine — et à peu près aussi difficile à franchir.

III. Les hommes et les femmes du front

Derrière les organigrammes, il y a des êtres humains. Des policiers, des gendarmes, des douaniers, des magistrats qui, chaque jour, se lèvent pour combattre un phénomène dont ils mesurent mieux que quiconque l'ampleur — et dont ils constatent, avec un mélange de détermination et d'amertume, que leurs efforts ne suffisent pas à l'endiguer.

Il faut commencer par rendre justice à ces professionnels. Non par complaisance corporatiste ni par naïveté — il y a, dans les rangs des forces de l'ordre et de la magistrature, des incompétents, des résignés, et même, on le verra, des corrompus. Mais la grande majorité d'entre eux exercent un métier difficile, ingrat, parfois dangereux, pour un niveau de rémunération et de reconnaissance sociale qui ne reflète en rien la charge qui est la leur.

Le policier de la brigade des stupéfiants d'un commissariat de banlieue gagne entre 1 800 et 2 500 euros nets par mois, selon son grade et son ancienneté. Il travaille en horaires décalés — nuits, week-ends, jours fériés. Il passe des heures dans des véhicules banalisés à surveiller des points de deal. Il rédige des procès-verbaux de plusieurs dizaines de pages, dans un langage juridique précis, en respectant des règles procédurales dont la moindre erreur peut entraîner l'annulation de l'ensemble de l'enquête. Il risque sa vie lors des interpellations. Il est confronté, quotidiennement, à la violence, à la misère, à la détresse humaine. Il rentre chez lui le soir en sachant que le type qu'il a arrêté le matin sera probablement libre le lendemain — parce que le parquet aura classé, parce que le juge aura prononcé un rappel à la loi, parce que la prison est pleine, parce que le dossier est trop léger pour justifier un mandat de dépôt. Et il recommence le lendemain.

La juge d'instruction spécialisée en criminalité organisée dans une JIRS gère, en moyenne, entre trente et cinquante dossiers simultanément. Chaque dossier est un univers en soi : des milliers de pages de procès-verbaux, des centaines d'heures d'écoutes téléphoniques à exploiter, des schémas relationnels d'une complexité fractale, des questions de droit international qui exigent une expertise que la formation initiale de l'ENM ne fournit pas toujours. Elle travaille avec un ou deux greffiers — quand ils ne sont pas en arrêt maladie, en congé maternité, ou mutés dans un autre service sans être remplacés. Elle gagne entre 3 000 et 5 000 euros nets par mois, selon son échelon. Elle est menacée — les menaces contre les magistrats instructeurs dans les affaires de stupéfiants sont documentées et en augmentation. Elle est isolée — le secret de l'instruction lui interdit de parler de son travail, même à ses proches. Et elle sait que le jugement final, quand il interviendra — dans trois ans, cinq ans, parfois sept ans après le début de l'instruction —, sera accueilli par un haussement d'épaules de l'opinion publique, qui aura depuis longtemps oublié l'affaire.

Le douanier en poste dans un grand port maritime — Le Havre, Marseille, Dunkerque — contrôle des conteneurs. Il en arrive des milliers chaque jour. Il en contrôle une poignée. Le choix des conteneurs à cibler repose sur une combinaison de renseignement (informations fournies par les services partenaires, alertes internationales), d'analyse de risque (profilage des itinéraires, des expéditeurs, des destinataires) et, il faut bien le dire, d'intuition. Quand il ouvre un conteneur et qu'il y trouve cinq cents kilos de cocaïne dissimulés dans un chargement de bananes, c'est une victoire. Quand il ouvre un conteneur et n'y trouve que des bananes, il ne sait pas s'il a fait chou blanc ou si la drogue est passée dans le conteneur d'à côté — celui qu'il n'a pas eu le temps de contrôler.

Ces portraits ne sont pas des caricatures. Ils sont le quotidien des quelques milliers de professionnels qui constituent, en France, la première ligne de la lutte contre le narcotrafic. Et ce quotidien dit, mieux que n'importe quelle analyse institutionnelle, la vérité fondamentale de cette lutte : elle est menée par des gens déterminés, compétents, souvent courageux — mais structurellement sous-dotés face à un adversaire qui dispose de moyens illimités, d'une flexibilité totale et d'un mépris absolu pour les règles que la République s'impose à elle-même.

IV. Le nerf de la guerre : les moyens

La question des moyens est la plus rebattue et la plus décisive. Elle est rebattue parce que tous les acteurs de terrain la posent, inlassablement, et que tous les gouvernements successifs y répondent par des annonces qui, une fois passées au crible de la réalité budgétaire, se révèlent en deçà des besoins. Elle est décisive parce que, dans cette lutte comme dans toute autre, on n'obtient que ce que l'on investit — et que le décalage entre les moyens de l'État et ceux des trafiquants atteint aujourd'hui un niveau qui frise l'indécence.

Quelques ordres de grandeur permettent de mesurer ce décalage.

Le budget global de la sécurité intérieure en France — police nationale et gendarmerie confondues — est de l'ordre de 22 milliards d'euros par an. C'est considérable en valeur absolue. Mais la lutte contre le narcotrafic ne représente qu'une fraction de ce budget. L'OFAST, pierre angulaire du dispositif, fonctionne avec un budget propre de quelques dizaines de millions d'euros et un effectif de l'ordre de 300 à 400 agents (antennes déconcentrées comprises). En face, le narcotrafic génère en France un chiffre d'affaires annuel estimé entre 4 et 6 milliards d'euros. Le ratio est éloquent : pour chaque euro que l'État consacre spécifiquement à la lutte antistupéfiants, les trafiquants en brassent des dizaines — voire des centaines.

Mais le problème ne se limite pas au montant global. Il tient aussi à la nature des moyens disponibles.

Les moyens humains, d'abord. La France manque cruellement d'enquêteurs spécialisés en matière de stupéfiants. Les brigades des stups, dans les commissariats et les antennes de police judiciaire, sont souvent sous-effectif. Les postes vacants ne sont pas pourvus, ou le sont par des policiers fraîchement sortis d'école, sans formation spécifique ni expérience du milieu. Le turn-over est élevé, parce que le travail est épuisant, mal rémunéré (comparativement à la charge), et que les policiers les plus compétents sont aspirés par d'autres services ou tentés par le secteur privé (cabinets d'intelligence économique, services de sécurité d'entreprises), où leurs compétences sont mieux valorisées.

Le déficit est encore plus criant en matière d'enquête financière. Traquer les flux d'argent sale exige des compétences rares — analyse comptable, connaissance du droit des sociétés, maîtrise des outils de traçage numérique, familiarité avec les montages offshore — que la formation policière standard ne fournit pas. Les enquêteurs financiers sont des profils atypiques dans l'institution policière, et ils sont trop peu nombreux. Un commissariat de banlieue peut disposer de dix enquêteurs en stups ; il n'a souvent aucun enquêteur financier dédié. Le volet « blanchiment » des affaires de trafic est, dans la majorité des cas, traité a minima — ou pas du tout.

Les moyens techniques, ensuite. L'évolution technologique des réseaux de trafic — téléphones cryptés, messageries éphémères, cryptomonnaies, drones, contre-surveillance électronique — exige des services de police et de justice des capacités techniques en constante évolution. Or la modernisation des outils d'investigation se heurte à deux obstacles : le coût (les licences de logiciels d'analyse de données, les équipements d'interception de communications, les plateformes de traçage de cryptomonnaies représentent des investissements considérables) et la lourdeur administrative (l'acquisition de matériel informatique dans l'administration française suit des procédures de marché public dont les délais sont incompatibles avec la vitesse d'évolution technologique du milieu criminel).

Un exemple, parmi cent. En 2020, le démantèlement de la plateforme EncroChat — un réseau de téléphonie cryptée utilisé par des milliers de criminels en Europe — a livré aux enquêteurs français un trésor de données : des millions de messages, des photos, des coordonnées GPS, des transactions financières. L'exploitation de ces données a permis des centaines d'interpellations et des dizaines de condamnations. Mais elle a aussi mis en lumière l'insuffisance des moyens de traitement : les enquêteurs français ont mis des mois, parfois des années, à exploiter l'intégralité des données relatives aux cibles françaises, faute de personnels et d'outils suffisants. Pendant ce temps, les trafiquants non encore interpellés avaient migré vers d'autres plateformes — Sky ECC, puis ANOM, puis d'autres encore, dans une course technologique permanente que les services de l'État peinent à suivre.

Les moyens juridiques, enfin. La France dispose d'un arsenal législatif en matière de lutte contre le trafic de stupéfiants qui, sur le papier, est l'un des plus complets d'Europe. Le Code pénal punit le trafic de peines pouvant aller jusqu'à trente ans de réclusion criminelle pour les infractions les plus graves. La loi autorise les techniques spéciales d'enquête — écoutes téléphoniques, sonorisation de véhicules et de domiciles, infiltration, surveillance numérique — sous le contrôle du juge. Le régime de la garde à vue dérogatoire permet de retenir un suspect pendant 96 heures (contre 24 ou 48 heures en droit commun) dans les affaires de criminalité organisée. Les peines complémentaires de confiscation permettent de saisir le patrimoine des trafiquants.

Mais cet arsenal, si étoffé soit-il, présente des fragilités que les avocats de la défense — souvent d'excellents pénalistes, grassement rémunérés par l'argent du trafic — exploitent avec une redoutable efficacité. La moindre irrégularité procédurale — un procès-verbal de perquisition mal daté, une écoute téléphonique dont l'autorisation a été délivrée avec une heure de retard, un interrogatoire de garde à vue conduit en l'absence de l'avocat — peut entraîner la nullité des preuves, voire de l'ensemble de la procédure. Cette rigueur procédurale est, en soi, une garantie démocratique fondamentale : elle protège le citoyen contre l'arbitraire de l'État, et nul esprit sérieux ne proposerait de l'abolir. Mais elle crée, dans le contexte spécifique de la criminalité organisée, une asymétrie structurelle : le trafiquant n'a aucune règle à respecter ; l'enquêteur doit en respecter des centaines. Et le moindre faux pas de l'enquêteur profite au trafiquant.

Cette asymétrie n'est pas propre à la France. Elle est inhérente à tout État de droit. La démocratie se combat avec un bras attaché dans le dos — celui de ses propres principes. Et c'est précisément cette contrainte volontaire, cette autolimitation du pouvoir, qui fait la noblesse du système et qui le distingue de ce qu'il combat. Mais il faut être lucide : dans la guerre contre le narcotrafic, cette noblesse a un coût. Et ce coût se mesure en acquittements, en relaxes, en annulations de procédure qui laissent les enquêteurs exsangues et les magistrats amers.

V. L'enquête au long cours : le temps contre le temps

S'il est un domaine où le décalage entre la réalité du terrain et la perception publique est le plus flagrant, c'est celui du temps.

L'opinion publique — formatée par les séries télévisées, les films policiers et les chaînes d'information en continu — imagine l'enquête comme une séquence rapide et linéaire : un crime est commis, un enquêteur est saisi, des indices sont collectés, un suspect est identifié, une arrestation est effectuée, un procès a lieu, un verdict tombe. Le tout en quelques jours, quelques semaines au plus. Dans les séries américaines, l'affaire est bouclée en quarante-deux minutes, publicités comprises.

La réalité d'une enquête de stupéfiants d'envergure est aux antipodes de ce schéma. Elle se mesure non pas en jours ou en semaines, mais en mois et en années. Une enquête ciblant un réseau structuré — de l'ouverture de l'information judiciaire au renvoi devant le tribunal — dure, en moyenne, entre deux et cinq ans. Certaines enquêtes dépassent les sept ans. Quelques-unes approchent la décennie.

Ce temps long n'est pas le produit de la paresse ou de l'inefficacité. Il est la conséquence mécanique de la complexité du phénomène investigué.

Phase 1 : le renseignement préalable. Avant même qu'une enquête judiciaire ne soit formellement ouverte, il faut identifier la cible. Ce travail de renseignement — collecte d'informations auprès de sources humaines (indicateurs, témoins, repentis), surveillance physique, exploitation de données numériques, recoupement avec les bases de données policières — peut prendre des mois. Il est conduit par les services de renseignement criminel (la sous-direction de la lutte contre la criminalité organisée et la délinquance financière, les groupes de renseignement opérationnel des services territoriaux) et débouche, quand il est concluant, sur l'ouverture d'une enquête préliminaire ou sur la saisine d'un juge d'instruction.

Phase 2 : les écoutes téléphoniques. L'interception des communications est l'outil d'enquête le plus puissant et le plus gourmand en temps et en moyens. Une « ligne » — l'écoute d'un numéro de téléphone — mobilise un enquêteur à temps plein pour la transcription et l'analyse des conversations. Or une enquête de stupéfiants d'envergure peut nécessiter l'écoute simultanée de dizaines de lignes — les trafiquants changent de téléphone comme de chemise, utilisent des messageries cryptées en parallèle, communiquent en argot, en langues étrangères, en codes convenus. L'exploitation de ces écoutes est un travail de bénédictin : il faut identifier les interlocuteurs, décoder le langage (quand un trafiquant parle de « tee-shirts », il peut s'agir de kilos de cocaïne ; quand il évoque « la voiture de tante Fatima », il peut désigner un véhicule de transport de drogue), reconstituer la chronologie des échanges, établir les liens entre les différents membres du réseau.

Phase 3 : les surveillances physiques. En parallèle des écoutes, les enquêteurs conduisent des opérations de surveillance — filatures, planques, observations — qui exigent des effectifs considérables. Suivre un suspect en milieu urbain nécessite, selon les standards professionnels, une équipe de quatre à huit enquêteurs et deux à trois véhicules. Surveiller un point de deal pendant 24 heures mobilise encore davantage. Et comme les suspects ne vivent pas en circuit fermé — ils se déplacent, ils ont des rendez-vous dans d'autres villes, ils partent à l'étranger —, les besoins en surveillance dépassent rapidement les capacités disponibles.

Phase 4 : les commissions rogatoires internationales. Quand l'enquête met en évidence des ramifications internationales — ce qui est le cas dans la quasi-totalité des affaires de trafic d'envergure —, le juge d'instruction doit solliciter la coopération des autorités étrangères par le biais de commissions rogatoires internationales (CRI) ou de décisions d'enquête européenne (DEE). Ces demandes, adressées aux autorités judiciaires du pays concerné, sont transmises par la voie diplomatique ou par les canaux de coopération judiciaire (Eurojust, les magistrats de liaison, les attachés de sécurité intérieure des ambassades). Leur exécution dépend de la bonne volonté et des capacités du pays requis. Avec certains pays européens — Espagne, Pays-Bas, Belgique, Allemagne —, la coopération est fluide et relativement rapide (quelques semaines à quelques mois). Avec d'autres — Émirats arabes unis, Maroc, Turquie, certains pays d'Amérique latine —, les délais peuvent se compter en années, quand la demande n'est pas purement et simplement ignorée.

Phase 5 : l'exploitation financière. Si l'enquête intègre un volet blanchiment — ce qui devrait être systématique mais ne l'est pas, faute de moyens —, il faut analyser les comptes bancaires, les structures sociétaires, les flux de cryptomonnaies, les investissements immobiliers de l'ensemble des mis en cause. Ce travail, d'une technicité extrême, est souvent confié à des assistants spécialisés (détachés de Tracfin ou d'autres services financiers) dont la disponibilité est limitée.

Phase 6 : les interpellations et l'instruction. Une fois que le dossier est suffisamment étoffé — c'est-à-dire quand les enquêteurs et le magistrat estiment disposer de suffisamment d'éléments pour « frapper » sans risquer de voir leur procédure annulée —, vient le temps des interpellations. Celles-ci sont souvent conduites à l'aube, simultanément dans plusieurs villes (parfois dans plusieurs pays), et mobilisent des effectifs considérables : enquêteurs, unités d'intervention, techniciens de scène de crime, interprètes. Les gardes à vue qui s'ensuivent (jusqu'à 96 heures) sont un marathon procédural : chaque suspect doit être interrogé, chaque déclaration confrontée aux éléments du dossier, chaque droit notifié avec une précision chronométrique.

Phase 7 : le renvoi et le jugement. Après les interpellations, l'instruction se poursuit — parfois pendant des mois, voire des années supplémentaires — pour compléter le dossier, entendre les mis en examen, ordonner des expertises, répondre aux demandes de la défense. Puis vient le renvoi devant le tribunal correctionnel ou la cour d'assises, selon la qualification retenue. Le procès lui-même, dans les affaires les plus importantes, peut durer plusieurs semaines. Le jugement est susceptible d'appel. Et la cour d'appel peut renvoyer l'affaire devant le tribunal pour un nouveau procès. La boucle peut prendre, au total, sept à dix ans entre le début de l'enquête et la condamnation définitive.

Ce temps judiciaire, incompressible dans un État de droit, est une arme à double tranchant. Il est la garantie que les droits de la défense sont respectés, que les preuves sont examinées avec rigueur, que les condamnations sont fondées sur des éléments solides. Mais il est aussi, pour les trafiquants, un allié objectif. Pendant que la justice instruit, le réseau se réorganise. Les lieutenants remplacent les chefs arrêtés. Les stocks sont reconstitués. Les points de deal rouvrent. Et quand le jugement tombe, cinq ou sept ans après les faits, le paysage criminel a été entièrement recomposé. La condamnation frappe un instantané du passé, pas la réalité du présent.

VI. Le parquet : le tri impossible

Au cœur de la machine judiciaire, un acteur méconnu joue un rôle décisif — et un rôle de plus en plus intenable : le parquet. Le procureur de la République et ses substituts sont, dans le système français, les aiguilleurs du trafic pénal. C'est eux qui reçoivent les procédures transmises par la police et la gendarmerie. C'est eux qui décident de l'orientation : classement sans suite, poursuite devant le tribunal, ouverture d'une information judiciaire, mesure alternative. C'est eux qui, au quotidien, font le tri entre ce qui sera jugé et ce qui ne le sera pas.

Ce tri est devenu un exercice de triage de guerre.

Dans un tribunal judiciaire d'une grande métropole, le parquet reçoit chaque année des milliers de procédures liées aux stupéfiants. Elles vont du simple usage (un joint trouvé dans la poche d'un contrôle routier) au trafic international (des dizaines de kilos saisis, des dizaines de suspects identifiés). Chaque procédure est un dossier qui exige une lecture, une analyse, une décision. Et le nombre de substituts du procureur affectés au traitement de ces dossiers est, dans la plupart des juridictions, dramatiquement insuffisant.

Résultat : le parquet est contraint de prioriser. Et prioriser, en matière de stupéfiants, c'est faire des choix douloureux.

Les affaires d'usage simple sont massivement classées sans suite ou orientées vers des alternatives aux poursuites — rappels à la loi, stages de sensibilisation, amendes forfaitaires délictuelles (AFD). Cette politique, parfois critiquée comme un signe de laxisme, est en réalité un mécanisme de survie : si le parquet poursuivait devant le tribunal chaque usager de cannabis interpellé en France, le système judiciaire s'effondrerait en quelques semaines.

Les affaires de petit trafic — le « charbonneur » interpellé avec quelques grammes dans les poches — sont traitées par la voie rapide : comparution immédiate, jugement dans les 48 heures, condamnation à quelques mois de prison (ferme ou avec sursis selon les antécédents). Cette justice expéditive a le mérite de la rapidité, mais elle ne touche que la base de la pyramide : les petites mains, les soldats remplaçables. Elle ne démantèle rien. Elle ne remonte rien. Elle traite le symptôme sans toucher à la cause.

Les affaires de trafic organisé — celles qui pourraient réellement affecter les réseaux — sont les plus consommatrices de temps et de moyens. Elles nécessitent l'ouverture d'une information judiciaire, la désignation d'un juge d'instruction, la mobilisation d'une équipe d'enquête sur une longue durée. Or les juges d'instruction sont eux-mêmes en nombre insuffisant, et les services d'enquête n'ont pas les effectifs nécessaires pour mener simultanément un grand nombre d'investigations complexes. Le parquet est donc contraint de « sélectionner » les affaires qui méritent un investissement lourd — ce qui signifie, en creux, que d'autres affaires, pourtant significatives, ne seront pas traitées.

Un procureur de la République d'une juridiction du sud de la France, qui a accepté de s'exprimer sous couvert d'anonymat, résume la situation avec une franchise désarmante :

« Chaque matin, je fais un choix. Je choisis quelles affaires je poursuis et lesquelles je laisse tomber. Je choisis en fonction des moyens disponibles, de la gravité des faits, de la qualité du dossier, et parfois — il faut le dire — du retentissement médiatique. C'est un choix rationnel, dans un contexte de pénurie. Mais c'est un choix qui me hante. Parce que l'affaire que je ne poursuis pas, c'est un réseau qui continue de tourner, des jeunes qui continuent de se faire recruter, des habitants qui continuent de vivre dans la peur. Et quand je rentre chez moi le soir, je me demande si j'ai bien choisi. »

VII. La prison : fin de parcours ou centre de formation ?

La question carcérale est l'une des plus explosives — et des plus négligées — du débat sur la réponse de l'État au narcotrafic.

La France incarcère massivement pour des infractions liées aux stupéfiants. Environ un détenu sur cinq purge une peine pour infraction à la législation sur les stupéfiants (ILS) — ce qui fait du trafic de drogue la première cause d'incarcération en France après les atteintes aux personnes. Au 1er janvier 2024, on comptait environ 15 000 détenus pour ILS dans les prisons françaises, sur un total de plus de 75 000 détenus.

Ces chiffres disent deux choses.

La première, c'est que la France punit. Contrairement à une idée reçue complaisamment entretenue par certains commentateurs, le système judiciaire français ne « laisse tout passer ». Des milliers de trafiquants sont condamnés chaque année à des peines de prison ferme, parfois lourdes — dix ans, quinze ans, vingt ans pour les cas les plus graves. L'idée d'une « justice laxiste » qui relâcherait systématiquement les trafiquants est un fantasme politique, démenti par les statistiques pénitentiaires.

La seconde, c'est que la prison ne fonctionne pas. Ou plutôt, qu'elle fonctionne — mais pas dans le sens espéré.

La surpopulation carcérale française — l'une des plus critiques d'Europe, avec un taux d'occupation moyen dépassant 140 % dans les maisons d'arrêt — crée des conditions de détention qui non seulement ne permettent pas la réinsertion, mais favorisent activement la récidive. Les détenus pour stupéfiants côtoient, dans des cellules surpeuplées et des cours de promenade bondées, d'autres détenus — plus expérimentés, mieux connectés, plus endurcis. La prison est, pour beaucoup, une école du crime : on y apprend des techniques, on y noue des contacts, on y tisse des alliances qui seront exploitées à la sortie.

Pire : la prison n'interrompt pas le trafic. Elle le déplace. Les téléphones portables — officiellement interdits en détention — circulent dans les établissements pénitentiaires avec une facilité qui laisse pantois les visiteurs et désespère les surveillants. Un trafiquant incarcéré peut, depuis sa cellule, passer des appels, envoyer des messages, consulter les réseaux sociaux, et — c'est le point essentiel — continuer à diriger son réseau. Les dossiers judiciaires regorgent d'exemples de chefs de réseau qui ont commandité des approvisionnements, arbitré des conflits territoriaux, ordonné des représailles, et blanchi de l'argent depuis leur cellule de prison, au nez et à la barbe d'une administration pénitentiaire débordée et sous-équipée.

Le renseignement pénitentiaire — ce service encore jeune, créé en 2017, chargé de surveiller les détenus les plus dangereux et de détecter les activités criminelles en milieu carcéral — fait ce qu'il peut avec ce qu'il a. Mais ses effectifs sont dérisoires au regard de la population à surveiller : quelques centaines d'agents pour près de 190 établissements pénitentiaires. Les brouilleurs de téléphone, quand ils existent, couvrent des zones limitées et sont régulièrement contournés. Les fouilles de cellule, quand elles sont pratiquées, révèlent des téléphones, de la drogue, parfois de l'argent liquide — preuve que les murs de la prison, si épais soient-ils, ne constituent pas une barrière étanche entre le dedans et le dehors.

L'expérience de la prison produit, chez les détenus pour trafic de stupéfiants, des effets contrastés. Pour certains — une minorité, mais une minorité qui existe —, l'incarcération est un électrochoc qui provoque une prise de conscience, un désir de changement, une volonté de « décrocher ». Pour la majorité, elle est une parenthèse — désagréable mais prévisible, incluse dans le « coût de fonctionnement » du métier de trafiquant — après laquelle la reprise de l'activité est quasi automatique. Et pour certains, elle est un accélérateur : le détenu ressort plus endurci, mieux connecté, plus déterminé, avec un carnet d'adresses enrichi et une rancœur décuplée.

Le taux de récidive des personnes condamnées pour trafic de stupéfiants est, en France, parmi les plus élevés de toutes les catégories d'infraction. Les études du ministère de la Justice montrent que plus de 60 % des personnes condamnées pour ILS font l'objet d'une nouvelle condamnation dans les cinq ans suivant leur sortie de prison. Ce chiffre, à lui seul, est un aveu d'échec. Il dit que la prison, telle qu'elle fonctionne aujourd'hui en France, ne dissuade pas, ne réinsère pas, ne protège pas la société. Elle stocke temporairement des individus que le système recrache ensuite, intacts ou aggravés, dans un environnement qui les reprend.

VIII. La coopération internationale : promesses et réalités

Le narcotrafic est, par nature, transnational. La drogue est produite dans un pays (Maroc, Colombie, Afghanistan, Pays-Bas), transportée à travers plusieurs autres, vendue dans un troisième, et l'argent qu'elle génère blanchi dans un quatrième. Aucun pays, si puissant soit-il, ne peut combattre seul un phénomène dont les racines s'étendent sur plusieurs continents.

La coopération internationale en matière de lutte contre le narcotrafic existe. Elle est même abondante — en déclarations d'intention, en accords bilatéraux, en conventions multilatérales, en organismes de coordination. La France participe à une constellation de structures coopératives dont l'énumération seule donnerait le tournis : **Europol** (l'agence européenne de coopération policière), **Eurojust** (l'agence européenne de coopération judiciaire), **Interpol** (l'organisation internationale de police criminelle), le **MAOC-N** (Maritime Analysis and Operations Centre — Narcotics), la **plateforme SIENA** (Secure Information Exchange Network Application), les réseaux de **magistrats de liaison**, les attachés de sécurité intérieure des ambassades, les accords bilatéraux de coopération policière et judiciaire avec des dizaines de pays...

Cette architecture coopérative produit des résultats concrets. Les opérations conjointes — saisies coordonnées dans plusieurs pays, démantèlements simultanés de réseaux transnationaux, échanges de renseignement en temps réel — se sont multipliées au cours des dernières années. L'affaire EncroChat, en 2020, est emblématique : l'exploitation, par les autorités françaises et néerlandaises, des serveurs d'une plateforme de téléphonie cryptée a livré un trésor de données dont l'exploitation a permis des centaines d'arrestations et de saisies dans toute l'Europe. L'opération Pollino (2018), conduite sous l'égide d'Eurojust, a démantelé un réseau de 'Ndrangheta calabraise qui acheminait de la cocaïne d'Amérique latine vers l'Europe via les ports d'Anvers et de Gioia Tauro. L'opération Familia (2023) a ciblé un super-cartel de cocaïne opérant entre l'Amérique du Sud, Dubaï et l'Europe, avec des arrestations simultanées dans six pays.

Ces succès sont réels et méritent d'être salués. Mais ils ne doivent pas masquer les limites structurelles de la coopération internationale — des limites qui, dans la pratique quotidienne des enquêteurs, se manifestent comme autant de murs contre lesquels leur détermination vient se fracasser.

La lenteur des procédures d'entraide judiciaire. Une commission rogatoire internationale adressée par un juge d'instruction français à un homologue étranger suit un parcours administratif qui peut durer des mois. Elle transite par le ministère de la Justice, le ministère des Affaires étrangères, l'ambassade du pays requis, le ministère de la Justice du pays requis, l'autorité judiciaire locale... Chaque étape est une occasion de retard, de perte, d'oubli. Et quand la commission rogatoire porte sur des éléments urgents — le gel d'un compte bancaire, la localisation d'un suspect, la préservation de preuves numériques menacées de destruction —, ces délais peuvent être fatals.

La Décision d'enquête européenne (DEE), entrée en vigueur en 2018, a considérablement simplifié les échanges au sein de l'Union européenne en instaurant un délai d'exécution de 90 jours et en permettant la transmission directe entre autorités judiciaires, sans passer par la voie diplomatique. Mais ce cadre ne s'applique qu'aux 27 membres de l'UE. Or les ramifications du narcotrafic ne s'arrêtent pas aux frontières de l'Union : le Maroc, la Turquie, les Émirats arabes unis, la Colombie, le Brésil, la Chine — autant de pays essentiels dans la chaîne du narcotrafic, avec lesquels la coopération reste soumise aux aléas des conventions bilatérales et de la bonne volonté diplomatique.

L'hétérogénéité des cadres juridiques. Ce qui est un délit dans un pays ne l'est pas nécessairement dans un autre. Les seuils de qualification (à partir de quelle quantité un usage devient-il un trafic ?), les techniques d'enquête autorisées (les écoutes téléphoniques sont soumises à des conditions très différentes selon les pays), les régimes de preuve (la recevabilité des preuves obtenues à l'étranger varie considérablement), les niveaux de sanction (ce qui vaut vingt ans de prison en France peut valoir une amende dans un autre pays) — tout cela crée des disparités qui compliquent l'articulation des enquêtes transfrontalières.

Le secret bancaire et les juridictions non coopératives. Malgré les progrès réalisés en matière de transparence financière — notamment sous l'impulsion du GAFI —, plusieurs juridictions continuent d'offrir une opacité bienvenue aux blanchisseurs. Les Émirats arabes unis, malgré leur sortie de la liste grise du GAFI en 2024, restent une destination de choix pour l'argent sale, en raison de la lenteur de la coopération judiciaire et de la difficulté à identifier les bénéficiaires effectifs des structures offshores. Hong Kong, Singapour, certains États américains (le Delaware, le Nevada), les îles anglo-normandes — la liste des juridictions où l'argent du trafic peut se réfugier avec une relative tranquillité est longue, et elle ne se raccourcit que très lentement.

Les rivalités entre services. La coopération internationale ne souffre pas seulement de la distance géographique et des différences juridiques. Elle souffre aussi, plus prosaïquement, des rivalités entre services de renseignement et de police. Le renseignement — par nature — se partage mal. Un service qui a développé une source humaine au sein d'un réseau de trafic, qui a investi des mois de travail et pris des risques considérables pour établir cette source, n'est pas toujours enclin à partager ses informations avec un service étranger — fût-il « ami » — dont il ne maîtrise pas les circuits internes et dont il ne peut pas garantir qu'ils protégeront sa source. Cette rétention d'information, compréhensible au niveau individuel, produit un résultat collectif désastreux : des pans entiers du renseignement restent cloisonnés, inaccessibles aux enquêteurs qui en auraient besoin, enfermés dans des silos institutionnels dont les parois sont renforcées par la méfiance réciproque.

IX. Les opérations « place nette » : le spectacle et l'après

Aucune analyse de la réponse de l'État au narcotrafic ne serait complète sans un examen critique des opérations de grande envergure qui, sous des dénominations variées — « place nette », « place nette XXL », « reconquête républicaine » —, ponctuent le paysage sécuritaire français depuis plusieurs années.

Le principe est le suivant : un déploiement massif de forces de l'ordre — plusieurs centaines de policiers et de gendarmes, appuyés par des unités d'intervention, des brigades cynophiles, des hélicoptères — investit un quartier identifié comme un point chaud du narcotrafic. Pendant plusieurs jours, les forces de l'ordre occupent le terrain : contrôles systématiques, perquisitions, interpellations, saisies de drogue, d'armes et d'argent liquide. La présence policière est visible, ostentatoire, délibérément spectaculaire. Les médias sont invités. Les caméras tournent. Les chiffres sont communiqués en temps réel. Le ministre de l'Intérieur se déplace, parfois.

Depuis le lancement du dispositif « place nette XXL » en 2024, sous l'impulsion du ministre de l'Intérieur Gérald Darmanin, des dizaines d'opérations de ce type ont été conduites dans des quartiers de Marseille, Lyon, Grenoble, Rennes, Besançon, Montpellier, Nice, Avignon, et de nombreuses autres villes. Les bilans chiffrés, communiqués par le ministère de l'Intérieur, sont systématiquement présentés comme des succès : tant de kilos de drogue saisis, tant d'armes récupérées, tant de personnes interpellées, tant de véhicules contrôlés.

Ces opérations ont-elles un effet ? Oui, incontestablement, à court terme. Pendant la durée de l'opération et dans les jours qui suivent, le trafic est perturbé — parfois interrompu. Les points de deal ferment. Les trafiquants se font discrets. Les habitants respirent. L'effet est réel, tangible, mesurable.

Mais la question décisive n'est pas celle de l'effet immédiat. C'est celle de l'effet durable. Et sur ce point, le bilan est beaucoup plus contrasté.

Les retours de terrain — ceux des policiers locaux, des élus, des associations de quartier, des habitants eux-mêmes — convergent vers un constat récurrent : dans la majorité des cas, le trafic reprend ses droits quelques jours à quelques semaines après le départ des forces de l'ordre. Les réseaux, momentanément déstabilisés, se réorganisent. Les points de deal se déplacent — de quelques rues, parfois de quelques mètres — et rouvrent. Les stocks saisis sont reconstitués.

Et le quartier retrouve son quotidien d'avant l'opération, avec parfois un surcroît de tension lié aux représailles internes (les trafiquants cherchent les « responsables » de l'intervention, c'est-à-dire les supposés « balances ») et à la redistribution des parts de marché entre réseaux concurrents.

Ce constat n'est pas un procès d'intention contre les forces de l'ordre. Les policiers et les gendarmes qui participent à ces opérations font leur travail avec professionnalisme et courage. Le problème est structurel : une opération ponctuelle, si massive soit-elle, ne peut pas résoudre un problème qui est, par nature, permanent. Occuper un quartier pendant trois jours ne suffit pas à démanteler un réseau qui l'occupe depuis dix ans. Saisir vingt kilos de cannabis ne suffit pas à tarir un flux qui en déverse des tonnes. Interpeller trente individus ne suffit pas à déstabiliser une organisation qui en compte des centaines.

La métaphore la plus juste est peut-être celle de l'antibiotique. Une opération « place nette » est comme une dose unique d'antibiotique administrée à un patient atteint d'une infection chronique : elle fait baisser la fièvre pendant quelques heures, mais elle ne guérit pas la maladie. Pour guérir, il faudrait un traitement prolongé, à dose suffisante, sur une durée adaptée. En matière de sécurité, cela signifierait une présence policière permanente — non pas en mode d'intervention, mais en mode de proximité —, accompagnée d'un investissement massif dans les services publics (école, emploi, santé, logement) et dans l'accompagnement social. Autrement dit, exactement le contraire d'un « coup de poing ».

Les policiers de terrain le savent. Les élus locaux le savent. Les habitants le savent. Mais le calendrier politique — qui fonctionne en cycles courts, scandés par les échéances électorales et les crises médiatiques — favorise structurellement l'opération spectaculaire au détriment de l'action durable. Un ministre qui annonce une opération « place nette » récolte des images fortes et des gros titres.

Un ministre qui finance la réouverture d'un bureau de poste dans un quartier difficile ne fait pas la une du journal de 20 heures.

X. Le renseignement criminel : savoir pour agir

Dans l'ombre des opérations visibles, un travail moins spectaculaire mais peut-être plus décisif se mène au quotidien : celui du renseignement criminel. Comprendre les réseaux, identifier leurs structures, anticiper leurs mouvements, détecter les mutations du marché — ce travail d'intelligence, au sens anglo-saxon du terme, est la condition préalable de toute action efficace.

La France dispose, en matière de renseignement criminel, de capacités réelles mais insuffisamment exploitées. L'OFAST, par sa vocation de coordination, produit une cartographie des réseaux et une analyse des tendances qui alimentent les enquêtes opérationnelles. La DGSI suit les ramifications géopolitiques du narcotrafic — ses liens avec le terrorisme, les conflits armés, les mouvements séparatistes. La DGSE collecte du renseignement à l'étranger sur les flux logistiques et les réseaux d'approvisionnement. Le renseignement territorial (ex-RG) capte, au niveau local, les signaux faibles de l'activité criminelle dans les quartiers.

Mais ces capacités sont fragmentées. Chaque service produit son propre renseignement, l'analyse selon ses propres grilles, le diffuse selon ses propres circuits. La « fusion » du renseignement — la mise en commun de l'ensemble des informations disponibles pour produire une vision globale et cohérente du phénomène — reste un objectif imparfaitement atteint. Les obstacles sont culturels (chaque service défend son « pré carré » d'information), techniques (les systèmes d'information ne sont pas toujours interopérables) et juridiques (les règles de classification et de diffusion du renseignement varient selon les services et selon la sensibilité des sources).

Le renseignement criminel souffre aussi d'un déficit de priorité stratégique. Dans l'échelle des menaces telles que les perçoit l'appareil de sécurité français, le narcotrafic occupe une position ambiguë. Il est reconnu comme un phénomène grave — personne ne le nie —, mais il reste subordonné, dans l'allocation des ressources de renseignement, à la menace terroriste, qui mobilise — à juste titre — une part considérable des moyens humains et techniques. Or les deux menaces ne sont pas étanches : les liens entre narcotrafic et terrorisme sont documentés (financement de groupes armés par le trafic de drogue, recrutement de combattants dans les filières criminelles, utilisation des mêmes routes de contrebande pour les armes et la drogue). Traiter le narcotrafic comme une menace de second rang, c'est ignorer qu'il nourrit — directement ou indirectement — les autres menaces.

L'enjeu du renseignement humain — les « sources », les « indics », les « informateurs » — est particulièrement sensible. Dans un milieu criminel où l'omertà est la règle et la trahison passible de mort, recruter et gérer des sources humaines est un travail d'orfèvrerie qui exige du temps, de la confiance, de la discrétion et un savoir-faire que seule l'expérience procure. Les policiers qui excellent dans ce domaine — les « officiers traitants » — sont des profils rares, dont la valeur est inestimable et dont le remplacement, quand ils partent à la retraite ou changent d'affectation, est rarement assuré. La perte d'un bon officier traitant, c'est la perte de plusieurs années de travail relationnel, de dizaines de contacts, de tout un réseau d'information patiemment tissé.

Le renseignement technique — écoutes téléphoniques, interception de messageries cryptées, géolocalisation, surveillance numérique — a connu des avancées significatives grâce aux affaires EncroChat, Sky ECC et ANOM. Mais ces percées, aussi spectaculaires soient-elles, ont un caractère ponctuel : elles exploitent une vulnérabilité spécifique d'une plateforme spécifique, à un moment donné. Une fois la vulnérabilité révélée, les criminels migrent vers d'autres systèmes — souvent plus sécurisés. La course technologique entre les services de renseignement et les réseaux criminels est une course sans fin, où chaque victoire est temporaire et chaque outil a une durée de vie limitée.

XI. La question de la corruption

Il est un sujet que l'on n'aborde qu'à voix basse dans les couloirs des commissariats et des palais de justice, mais dont l'importance est capitale pour l'efficacité de la réponse de l'État : la corruption.

La France n'est pas le Mexique. Elle n'est pas la Colombie. Elle n'est pas l'Italie des années de plomb. La corruption systémique — celle qui gangrène l'ensemble d'une institution, du sommet à la base — n'est pas la réalité française. Les forces de l'ordre et la magistrature françaises sont, dans leur immense majorité, composées de professionnels intègres qui exercent leur métier avec une conscience morale que leur rémunération ne récompense pas suffisamment.

Mais la corruption existe. Et elle est, selon tous les indicateurs disponibles, en augmentation.

Les cas documentés dans les procédures judiciaires des dernières années dessinent un spectre large.

Au bas du spectre, les « petits arrangements » : un policier qui prévient un trafiquant d'une opération imminente, en échange d'une enveloppe mensuelle de quelques centaines d'euros. Un douanier qui « oublie » de contrôler un véhicule signalé, en échange d'un cadeau. Un agent de préfecture qui accélère un dossier administratif en échange d'un service. Ces micro-corruptions, prises isolément, semblent presque dérisoires. Mais leur effet cumulé est dévastateur : chaque fuite d'information, chaque défaut de contrôle, chaque complaisance administrative est un maillon supplémentaire dans la chaîne qui protège les réseaux.

Au milieu du spectre, les cas de corruption structurée : un fonctionnaire de police ou de justice qui, de manière régulière et organisée, fournit des informations sensibles à un réseau de trafic — identité des informateurs, détails des enquêtes en cours, dates des opérations planifiées, contenu des écoutes téléphoniques. Ces « taupes » sont, pour les réseaux, des actifs d'une valeur inestimable : elles leur permettent d'anticiper les actions de la police, de détruire les preuves, de protéger leurs lieutenants, de neutraliser les enquêtes les plus menaçantes. Leur rémunération est à la mesure de leur utilité : plusieurs milliers d'euros par mois, parfois des dizaines de milliers.

En 2022, l'IGPN (Inspection générale de la police nationale) a ouvert plus de 80 enquêtes pour des faits de corruption ou de manquement grave à la déontologie en lien avec le trafic de stupéfiants. En 2023, plusieurs policiers ont été condamnés à des peines de prison ferme pour avoir fourni des informations à des réseaux. Un commissaire de police a été mis en examen pour complicité de trafic. Un magistrat a fait l'objet d'une procédure disciplinaire pour des liens suspects avec un avocat lui-même soupçonné de blanchiment.

Ces affaires, quand elles éclatent, provoquent un séisme institutionnel. Elles sapent la confiance du public dans les forces de l'ordre. Elles démoralisent les policiers intègres, qui voient leur travail anéanti par la trahison d'un collègue. Et elles renforcent, dans les quartiers, le sentiment que « tout le monde est mouillé » — un sentiment qui, même quand il est excessif, a des conséquences concrètes : si la police est corrompue, pourquoi coopérer avec elle ? Si la justice est achetable, pourquoi lui faire confiance ?

L'IGPN et l'IGGN (son équivalent pour la gendarmerie) font un travail de police des polices qui est indispensable. Mais leurs moyens sont limités, leur périmètre d'action est restreint aux forces de l'ordre (la corruption judiciaire, douanière ou administrative relève d'autres instances), et leur efficacité est tributaire de la capacité des services à détecter en amont les signes de corruption — un enrichissement inexplicable, un train de vie incompatible avec le salaire, des fréquentations suspectes. Cette détection préventive est, en France, encore embryonnaire. Aux États-Unis, le FBI et les services d'affaires internes des départements de police pratiquent des enquêtes de « contrôle d'intégrité » (*integrity tests*) — des mises en situation fictives destinées à tester la résistance des agents à la corruption. Rien de tel n'existe en France, où le sujet reste tabou.

La meilleure arme contre la corruption est, à long terme, la revalorisation des conditions de travail et de rémunération des agents de l'État. Un policier payé correctement, travaillant dans des conditions dignes, bénéficiant d'une reconnaissance sociale à la hauteur de sa mission, est un policier moins vulnérable à la tentation de l'argent facile. Ce constat, d'une banalité confondante, reste largement ignoré par les décideurs politiques, qui préfèrent investir dans des opérations de communication plutôt que dans la solde de leurs agents.

XII. La proposition de loi Narcotrafic : tournant ou mirage ?

En 2024-2025, le Parlement français a examiné une proposition de loi spécifiquement consacrée à la lutte contre le narcotrafic — un texte porté par des sénateurs de différentes sensibilités politiques, nourri par les travaux d'une commission d'enquête sénatoriale et soutenu, dans son principe, par un large spectre de l'échiquier politique.

Ce texte mérite qu'on s'y arrête, non pas pour en commenter chaque article — ce serait l'affaire d'un juriste, pas d'un essayiste —, mais pour en examiner la philosophie et en évaluer la portée potentielle.

La proposition de loi repose sur plusieurs piliers.

Le renforcement des moyens d'enquête. Le texte prévoit l'extension de certaines techniques spéciales d'enquête au champ du narcotrafic — notamment l'utilisation de dispositifs de captation de données informatiques à distance, la possibilité d'activer à distance les microphones et les caméras des téléphones portables des suspects, et l'élargissement des conditions de recours aux « coups d'achat » (achats de drogue par des policiers infiltrés). Ces dispositions, qui existent déjà pour les enquêtes antiterroristes, seraient étendues aux affaires de trafic de stupéfiants les plus graves.

La création d'un « parquet national antistupéfiants » (PNAS). Sur le modèle du Parquet national financier (PNF) et du Parquet national antiterroriste (PNAT), un parquet spécialisé serait créé pour coordonner et conduire les poursuites dans les affaires de narcotrafic les plus complexes. Cette structure centraliserait l'expertise, harmoniserait les politiques pénales, et assurerait une continuité de l'action judiciaire aujourd'hui éclatée entre de multiples juridictions.

Le renforcement des peines. Le texte prévoit une aggravation des sanctions pour certaines infractions — notamment le recrutement de mineurs comme guetteurs ou dealers, les violences commises dans le cadre du trafic, et les atteintes aux forces de l'ordre. Il introduit aussi de nouvelles incriminations, comme le fait de commander un trafic depuis l'étranger ou depuis une cellule de prison.

Le volet patrimonial. La proposition de loi prévoit un élargissement significatif des possibilités de saisie et de confiscation des avoirs criminels, incluant une présomption de blanchiment pour les personnes condamnées pour trafic qui ne peuvent justifier l'origine de leur patrimoine — un renversement de la charge de la preuve qui s'inspire du modèle italien. Elle prévoit aussi la création d'une « liste noire » des personnes condamnées pour narcotrafic, soumises à une surveillance patrimoniale renforcée pendant une durée déterminée après leur libération.

Le statut de « repenti ». Le texte propose la création d'un véritable statut du collaborateur de justice — le « repenti » —, inspiré des modèles italien et américain. Un trafiquant qui accepterait de coopérer avec la justice, en fournissant des informations substantielles permettant le démantèlement de réseaux, bénéficierait de réductions de peine significatives, d'un programme de protection (changement d'identité, relocalisation), et de garanties procédurales. Ce dispositif, qui existe de manière embryonnaire en droit français, serait considérablement renforcé.

Ce texte a-t-il une chance de changer la donne ? La réponse est nuancée.

D'un côté, la proposition de loi répond à des besoins réels. Le parquet national spécialisé, en particulier, pourrait apporter la coordination et la continuité qui font aujourd'hui défaut. Le statut de repenti, s'il est correctement mis en œuvre, pourrait permettre de « retourner » des membres de réseaux et de remonter vers les commanditaires — une stratégie qui a fait ses preuves en Italie et aux États-Unis. Le volet patrimonial, s'il est doté des moyens d'investigation nécessaires, pourrait frapper les trafiquants là où cela fait le plus mal : au portefeuille.

De l'autre côté, une loi n'est qu'un cadre. Sans les moyens humains, techniques et budgétaires pour l'appliquer, elle restera lettre morte. Le risque est réel de voir s'ajouter un nouveau texte à un arsenal législatif déjà considérable, sans que les moyens d'enquête et de poursuite augmentent à proportion. Les magistrats de l'Union syndicale de la magistrature, le Syndicat des commissaires et les syndicats policiers ont tous émis la même réserve, dans des termes remarquablement convergents : « Nous n'avons pas besoin de nouvelles lois. Nous avons besoin de moyens pour appliquer celles qui existent. »

XIII. Ce que l'État pourrait faire — et ne fait pas

Au terme de cet examen, une question s'impose : que devrait faire l'État qu'il ne fait pas déjà ? Non pas dans un monde idéal — les utopies sont agréables mais stériles — mais dans le cadre des contraintes réelles d'un État démocratique, respectueux des libertés, soumis à des arbitrages budgétaires et confronté à des menaces multiples.

Plusieurs pistes, sans prétention à l'exhaustivité, se dégagent de l'analyse.

Investir massivement dans l'enquête financière. C'est le point le plus crucial et le plus négligé. Tant que l'État s'acharnera à poursuivre les « petits » — les guetteurs, les charbonneurs, les petits revendeurs — sans s'attaquer systématiquement aux flux financiers qui irriguent les réseaux, il continuera de vider la mer avec une cuillère. Doubler, tripler les effectifs d'enquêteurs financiers ; systématiser le volet blanchiment dans chaque enquête de stupéfiants ; renforcer Tracfin en moyens humains et techniques ; former les magistrats à l'analyse financière — voilà des mesures dont le coût serait modeste au regard des enjeux, et dont l'impact pourrait être considérable.

Assurer la continuité de l'action. Le principal reproche que l'on peut adresser aux politiques sécuritaires successives est leur caractère discontinu. Les opérations « coup de poing » sans lendemain, les plans gouvernementaux qui changent à chaque alternance, les priorités qui fluctuent au gré des faits divers — tout cela produit une action en dents de scie, incompatible avec la lutte contre un phénomène structurel et durable. Ce dont les quartiers sous emprise ont besoin, ce n'est pas d'une intervention spectaculaire une fois par an, mais d'une présence quotidienne — policière, judiciaire, sociale, éducative — sur le long terme. Dix ans. Vingt ans. Le temps d'une génération.

Rompre les silos institutionnels. La fragmentation de la réponse de l'État — entre services de police, entre police et gendarmerie, entre police et justice, entre sécurité et social, entre national et local — est un obstacle majeur à l'efficacité de l'action. La création de l'OFAST a été un pas dans la bonne direction, mais il faut aller plus loin : fusion des bases de données, interopérabilité des systèmes d'information, commandement opérationnel unifié des enquêtes les plus complexes, décloisonnement du renseignement.

Protéger ceux qui parlent. Le silence des quartiers est le meilleur allié des trafiquants. Pour le briser, il faut offrir à ceux qui osent parler — témoins, victimes, repentis — une protection qui ne soit pas un vœu pieux mais une réalité concrète : relocalisation, accompagnement social, garantie d'anonymat, suivi psychologique. Le dispositif actuel de protection des témoins est, en France, embryonnaire et sous-doté. Le statut de repenti prévu par la proposition de loi est un progrès, à condition qu'il soit assorti de moyens.

Réinvestir dans les quartiers. Aucune politique sécuritaire, si ambitieuse soit-elle, ne peut réussir sans une politique sociale de même ampleur. La police peut arrêter les trafiquants ; elle ne peut pas offrir un emploi aux jeunes qui les remplacent. La justice peut condamner les délinquants ; elle ne peut pas réparer l'école qui ne forme plus, le service public qui n'existe plus, l'ascenseur social qui ne fonctionne plus. Le combat contre le narcotrafic est, indissociablement, un combat pour l'emploi, l'éducation, la santé, le logement et la dignité dans les quartiers populaires. L'un sans l'autre est voué à l'échec.

XIV. Le courage du possible

L'État français n'est pas impuissant face au narcotrafic. Il dispose de services compétents, de professionnels dévoués, d'un cadre juridique en constante amélioration, d'une tradition d'excellence en matière d'enquête judiciaire et de renseignement. Les succès existent — démantèlements de réseaux majeurs, saisies record, condamnations lourdes — et ils sont le fruit du travail acharné de femmes et d'hommes qui ne comptent ni leurs heures ni les risques.

Mais l'État français est, structurellement, en deçà de ce que la situation exige. Par manque de moyens, par défaut de coordination, par instabilité des stratégies, par insuffisance de volonté politique durable. Le narcotrafic est un adversaire qui pense en décennies ; l'État français pense en quinquennats. Le narcotrafic investit sans compter ; l'État français arbitre entre des enveloppes budgétaires. Le narcotrafic innove en permanence ; l'État français réforme par à-coups. Le narcotrafic est uni par le profit ; l'État français est fragmenté par ses institutions.

Combler cet écart ne relève pas de l'impossible. Il relève du choix. Du choix politique, d'abord : décider que la lutte contre le narcotrafic est une priorité nationale de premier rang, au même titre que la lutte contre le terrorisme, et y consacrer les moyens correspondants. Du choix budgétaire, ensuite : accepter que cet investissement a un coût, mais que le coût de l'inaction est infiniment supérieur. Du choix stratégique, enfin : renoncer au spectacle de l'action au profit de la constance de l'engagement.

Les policiers, les magistrats, les douaniers, les agents de renseignement qui sont en première ligne n'ont pas besoin qu'on leur dise quoi faire. Ils le savent. Ils ont besoin qu'on leur en donne les moyens. Que les promesses soient tenues. Que les renforts annoncés arrivent. Que les budgets votés soient exécutés. Que la volonté politique, si volontiers affichée devant les caméras, se traduise en décisions concrètes, en postes pourvus, en équipements livrés, en formations dispensées.

Ce qu'ils demandent, au fond, n'est pas héroïque. C'est prosaïque. C'est le minimum. Mais dans un pays où le minimum est devenu l'exception, le prosaïque a pris des allures d'exploit.

Le chapitre suivant explorera un autre front de cette guerre — celui de la demande, celui des consommateurs, celui de la société qui, en achetant le produit, finance la machine. Car la réponse de l'État, si nécessaire soit-elle, ne sera jamais suffisante tant que la demande restera ce qu'elle est : massive, banalisée, et confortablement aveugle aux conséquences de ses choix.

Chapitre 9 — Le regard médiatique : entre information et simplification

« On n'écrit jamais sur un quartier. On écrit sur l'idée qu'on s'en fait. »

— Reporter indépendante, prix Albert-Londres, 2019.

I. Le premier récit

Avant d'avoir mis un pied dans une cité, avant d'avoir parlé à un policier, avant d'avoir lu une seule ligne d'un dossier judiciaire, le citoyen français sait déjà — ou croit savoir — ce qu'est le narcotrafic. Il le sait parce qu'on le lui a raconté. Parce que des images, des mots, des sons, des récits lui ont été livrés, jour après jour, écran après écran, titre après titre, depuis des décennies. Ce récit premier — celui qui précède l'expérience, celui qui la façonne, celui qui parfois la remplace — est le produit des médias.

Le mot « médias » est commode et trompeur. Il recouvre une réalité si diverse qu'elle en devient presque insaisissable : la presse quotidienne nationale et régionale, la télévision hertzienne et câblée, les chaînes d'information en continu, la radio, les magazines, les sites d'information en ligne, les réseaux sociaux, les podcasts, les documentaires, les séries de fiction inspirées du réel, les vidéos YouTube, les comptes TikTok, les fils X (ex-Twitter), les groupes Telegram — autant de canaux, autant de formats, autant de logiques éditoriales, autant de manières de dire, de montrer, de taire, de déformer.

Ce chapitre n'est pas un réquisitoire contre les médias. Il n'a pas pour ambition de désigner des coupables ni de distribuer des bons et des mauvais points. Les journalistes qui couvrent le narcotrafic en France sont, pour la plupart, des professionnels sérieux, soumis à des contraintes (de temps, de moyens, de sécurité, d'audience) que les critiques extérieurs mesurent rarement. Certains d'entre eux font un travail d'enquête remarquable, au péril de leur sécurité, avec une rigueur et un courage qui méritent d'être salués. D'autres, il est vrai, cèdent à la facilité, au sensationnalisme, au raccourci — non par malveillance, le plus souvent, mais parce que les conditions dans lesquelles ils exercent leur métier les y poussent.

Ce chapitre est un examen du récit médiatique en tant que tel — de ses structures, de ses biais, de ses effets. Il interroge non pas les intentions des journalistes, mais les conséquences de ce qu'ils produisent. Car entre l'intention et la conséquence, il y a un gouffre. Et ce gouffre est peuplé de malentendus, de simplifications et de silences qui façonnent, bien plus sûrement que n'importe quel discours politique, la perception que la société française a du narcotrafic — et, par extension, des territoires et des populations qui lui sont associés.

II. L'économie de l'attention : le biais structurel

Pour comprendre comment les médias racontent le narcotrafic, il faut d'abord comprendre dans quel cadre économique ils opèrent. Ce cadre a un nom : l'économie de l'attention. Et il produit, mécaniquement, des biais qui ne doivent rien à l'idéologie ni à la mauvaise foi.

L'économie de l'attention repose sur un postulat simple : dans un univers médiatique saturé, où des milliers de contenus se disputent chaque seconde le regard et le clic du consommateur d'information, la ressource la plus rare n'est ni le papier, ni le temps d'antenne, ni la bande passante — c'est l'attention humaine. Capter cette attention, la retenir, la convertir en audience (pour la télévision et la radio), en trafic (pour les sites internet), en engagement (pour les réseaux sociaux), en abonnements (pour la presse payante) — voilà l'impératif catégorique qui structure l'ensemble de la production médiatique contemporaine.

Or l'attention humaine est sélective. Elle est attirée par certains stimuli plutôt que par d'autres, selon des mécanismes cognitifs bien documentés par la psychologie et les neurosciences. Ce qui capte l'attention, c'est le nouveau, l'inattendu, le menaçant, le spectaculaire, l'émotionnel, le conflictuel. Ce qui ne la capte pas, c'est le lent, le complexe, le nuancé, le structurel, le répétitif, le contextuel.

Cette asymétrie cognitive produit, dans le traitement médiatique du narcotrafic, une série de biais prévisibles.

Le biais de la violence spectaculaire. Une fusillade fait l'ouverture du journal. Une saisie record fait un gros titre. Un règlement de comptes fait un sujet télévisé. L'érosion quotidienne du tissu social dans un quartier sous emprise ne fait rien du tout. Elle n'est pas « filmable », pas « tweetable », pas résumable en un titre de dix mots. Elle n'a pas d'image forte, pas de scène de crime, pas de gyrophare. Elle est invisible — non pas parce qu'elle n'existe pas, mais parce qu'elle n'entre pas dans les formats de l'attention médiatique.

Ce biais produit un effet de loupe déformant : le narcotrafic, tel qu'il apparaît dans les médias, est un phénomène essentiellement violent. Des fusillades, des morts, des armes, du sang. Or la violence — nous l'avons vu dans les chapitres précédents — n'est qu'une dimension du narcotrafic, et pas nécessairement la plus significative. Le blanchiment d'argent, la corruption, la destruction du tissu social, les conséquences sanitaires, l'exploitation des mineurs, la pression sur les habitants ordinaires — tout cela est quantitativement plus important et qualitativement plus destructeur que les fusillades. Mais tout cela est moins « vendeur ».

Le biais de l'événement isolé. Le narcotrafic est un phénomène structurel — un système, avec ses causes, ses mécanismes, ses logiques de long terme. Mais le format médiatique dominant est celui de l'événement : un fait divers, une opération de police, une déclaration politique, un procès. Chaque événement est traité comme une unité autonome, déconnectée de ce qui le précède et de ce qui le suivra. Le téléspectateur voit une fusillade à Marseille le lundi, une saisie de cocaïne au Havre le mercredi, un procès de trafiquant à Paris le vendredi — mais il ne voit pas le fil qui relie ces événements, les logiques communes qui les sous-tendent, le système dont ils sont les manifestations.

Ce découpage événementiel du réel empêche la compréhension. Il transforme un phénomène complexe en une succession de faits divers, chacun oublié aussitôt que le suivant survient. Il crée l'illusion de la nouveauté permanente (« encore une fusillade ! ») là où il y a en réalité une continuité structurelle. Et il prive le public des clés de lecture nécessaires pour dépasser le stade de l'émotion et accéder à celui de l'analyse.

Le biais du chiffre. Les médias adorent les chiffres. Et le narcotrafic en fournit à foison : kilos saisis, millions d'euros confisqués, personnes interpellées, années de prison prononcées. Ces chiffres sont brandis comme des preuves — preuves de la gravité du problème quand ils sont gros, preuves de l'efficacité de la réponse quand ils sont présentés comme des « résultats ». Mais ils sont rarement mis en perspective. Dire que « 100 kilos de cocaïne ont été saisis à Dunkerque » est une information. Dire que ces 100 kilos représentent moins de 1 % des quantités estimées transitant par le port est un contexte. L'information sans le contexte n'informe pas : elle impressionne, ce qui n'est pas la même chose.

III. Les mots du trafic : un lexique piégé

Les mots que les médias utilisent pour parler du narcotrafic ne sont pas neutres. Ils charrient des connotations, des présupposés, des jugements implicites qui orientent la perception du lecteur ou du téléspectateur bien avant que celui-ci n'ait formé sa propre opinion. Ce lexique mérite d'être examiné, mot par mot, comme on examinerait les pièces d'un mécanisme — pour comprendre ce que chacune produit.

« Règlement de comptes ».

L'expression est si courante qu'on ne la questionne plus. Elle figure dans les dépêches d'agence, dans les titres de presse, dans les bulletins d'information, dans les rapports de police. Pourtant, elle porte en elle un jugement qui n'a rien d'anodin. « Règlement de comptes » suggère une logique de réciprocité — un échange, une mise à plat, presque une forme de justice privée. Le mot « comptes » renvoie à la comptabilité, à l'équilibre entre le doit et l'avoir. Le mot « règlement » renvoie à la résolution, à l'apurement, à la clôture. L'ensemble donne l'impression d'une affaire privée entre parties consentantes — comme si la victime avait, d'une certaine manière, contracté une dette dont le meurtre serait le remboursement.

Cette sémantique est un piège. Elle neutralise l'empathie. Elle dit au lecteur : « Ce mort avait des comptes à régler. Sa mort est le produit d'une logique interne au milieu. Elle ne vous concerne pas. » Et le lecteur, soulagé de cette mise à distance, tourne la page. Essayons, pour mesurer l'effet, de remplacer « règlement de comptes » par ce que l'expression désigne réellement : « assassinat prémédité ». Ou « exécution extrajudiciaire ». Ou simplement « meurtre ». La perception change, n'est-ce pas ? Le mort redevient un mort — un être humain dont la vie a été prise.

« **Quartier sensible** ».

L'euphémisme par excellence. « Sensible » — comme un film est sensible à la lumière, comme une dent est sensible au froid. Le mot esquive tout ce qu'il prétend désigner : la pauvreté, l'abandon, la relégation, la discrimination, la violence. Il est si vague qu'il ne dit rien — et en ne disant rien, il dit tout : il dit que le quartier est « à part », « différent », qu'il relève d'une catégorie spéciale qui ne mérite pas d'être décrite avec précision. L'habitant d'un « quartier sensible » est, par extension, un être « sensible » — fragile, potentiellement dangereux, à manier avec précaution. Le terme, forgé par l'administration pour éviter les désignations stigmatisantes, est devenu lui-même un stigmate.

« **Dealer** ».

Le mot anglais a supplanté, dans l'usage courant, ses équivalents français : revendeur, trafiquant, vendeur de drogue. Sa popularité tient à sa brièveté (deux syllabes) et à son exotisme — il sonne « américain », « cinématographique », presque glamour. Mais son usage indifférencié est un facteur de confusion. Le « dealer » du journal télévisé peut être un adolescent de 15 ans qui vend quelques grammes de cannabis à ses camarades de classe, ou un grossiste international qui brasse des millions d'euros. Les amalgamer sous le même terme, c'est traiter de la même manière un symptôme et une cause, un pion et un roi, un gamin paumé et un criminel en col blanc.

« Narchomicide », « narcobanditisme », « narco-État ».

Le préfixe « narco- » s'est imposé, ces dernières années, comme un marqueur linguistique du traitement médiatique du trafic de drogue. Il signale la gravité, la spécificité, l'urgence. Mais il fonctionne aussi comme un outil de mise à distance. Le « narcobanditisme » n'est pas le banditisme ordinaire. Le « narchomicide » n'est pas un homicide ordinaire. L'ajout du préfixe crée une catégorie à part — un compartiment du réel que l'on peut isoler, examiner, commenter, sans le rattacher aux dynamiques sociales, économiques et politiques dont il est le produit.

« Les jeunes ».

Dans le récit médiatique du narcotrafic, « les jeunes » sont une catégorie aussi omniprésente qu'imprécise. « Les jeunes » dealent. « Les jeunes » se tuent. « Les jeunes » brûlent des voitures. « Les jeunes » refusent l'autorité. Ce « les » collectif — cet article défini qui généralise, qui globalise, qui fait de quelques individus le portrait de toute une classe d'âge — est une machine à fabriquer du préjugé. Car « les jeunes » des quartiers populaires, ce sont aussi les bacheliers, les apprentis, les bénévoles, les sportifs, les artistes, les étudiants, les travailleurs, les rêveurs — tous ceux que le récit médiatique ne montre pas, parce qu'ils ne font pas d'images, parce qu'ils ne font pas de bruit, parce qu'ils ne font pas de chiffre d'audience.

« Communautarisme ».

Le mot fonctionne comme un sésame explicatif : il suffit de le prononcer pour que le phénomène du narcotrafic se trouve instantanément rattaché à une grille de lecture culturelle et identitaire. « C'est le communautarisme qui empêche la police de faire son travail. » « C'est le communautarisme qui protège les dealers. » « C'est le communautarisme qui explique le silence des habitants. » L'explication par le communautarisme a l'avantage de la simplicité : elle fournit une cause unique à un phénomène multicausal, et elle désigne un responsable — une « communauté », définie en termes ethniques ou religieux — qui épargne à l'analyste le travail fastidieux d'examiner les causes structurelles (pauvreté, chômage, discrimination, défaillance des services publics). Elle est, en un mot, le contraire de l'explication : elle est un substitut à l'explication.

IV. Les images qui collent

Si les mots construisent un récit, les images le gravent dans les esprits. Et les images du narcotrafic, telles qu'elles circulent dans l'espace médiatique français, composent un répertoire visuel d'une remarquable constance — et d'une remarquable pauvreté.

Fermez les yeux. Pensez « narcotrafic en France ». Quelles images vous viennent ?

Des barres d'immeubles grises, filmées en contre-plongée, qui écrasent le ciel. Des halls sombres, des cages d'escalier tagguées, des ascenseurs en panne. Des silhouettes encapuchonnées — toujours encapuchonnées —, filmées de dos ou en ombres chinoises, dont on ne voit ni le visage ni les traits, mais dont la posture dit tout ce que le commentaire n'a pas besoin de dire : menaçantes, fuyantes, étrangères. Des gyrophares bleus dans la nuit. Des policiers casqués, en formation serrée, qui avancent dans un parking souterrain. Des sacs de drogue alignés sur une table de commissariat, avec l'inévitable balance de précision et les liasses de billets savamment disposées pour la photo. Et, en fond sonore, la voix grave du reporter qui martèle les mots-clés — « violence », « trafic », « réseau », « impunité » — sur un tempo de thriller.

Ce répertoire visuel est si codifié, si répétitif, si prévisible qu'il fonctionne comme un langage autonome — un système de signes que le téléspectateur décode instantanément, sans même avoir besoin d'écouter le commentaire. La barre d'immeuble dit « banlieue ». Le capuchon dit « jeune délinquant ». Le gyrophare dit « police ». Le sac de drogue dit « saisie ». Le tout dit : « Là-bas, c'est la guerre. Ici, nous sommes en sécurité. » La frontière entre le « là-bas » et l'« ici » est tracée par l'image elle-même, avec une efficacité que les mots seuls ne pourraient pas atteindre.

Ce répertoire pose au moins trois problèmes.

Le premier est celui de la **réduction**. Un quartier qui abrite 10 000 habitants est réduit à ses murs les plus gris, à ses recoins les plus sombres, à ses moments les plus tendus. La vie ordinaire — les familles qui prennent le petit-déjeuner, les enfants qui partent à l'école, les retraités qui jouent aux dominos dans le local associatif — n'apparaît pas, parce qu'elle ne fait pas « image ». Le résultat est un portrait en négatif : le quartier n'est montré que par ce qui ne va pas, jamais par ce qui tient. Et ce portrait en négatif, répété jour après jour, sujet après sujet, chaîne après chaîne, finit par se substituer, dans l'esprit du public, à la réalité elle-même.

Le deuxième est celui de la **racialisation implicite**. Les silhouettes encapuchonnées qui peuplent les reportages sur le narcotrafic ne sont pas — et n'ont pas besoin d'être — explicitement identifiées en termes ethniques. Leur seule présence dans le décor visuel des « quartiers » suffit à activer, chez le téléspectateur, des associations cognitives qui ont la force de l'évidence : jeune, quartier, encapuchonné, drogue. Le syllogisme est implicite mais implacable. Et il produit, à force de répétition, une équation mentale qui assimile une catégorie de population — définie par son apparence, son origine supposée, son lieu de résidence — à une catégorie de comportement — le crime, la violence, la transgression. Les journalistes qui produisent ces images n'ont pas, dans leur immense majorité, l'intention de racialiser le narcotrafic. Mais l'accumulation de ces représentations produit un effet de racialisation que les meilleures intentions ne suffisent pas à conjurer.

Le troisième est celui de l'**esthétisation**. Il y a, dans la mise en image du narcotrafic, une tentation permanente du beau. Du spectaculaire. Du cinématographique. Les drones qui survolent les barres d'immeubles au crépuscule, les ralentis sur les gyrophares dans la nuit, les travellings dans les couloirs d'un tribunal — toute cette grammaire visuelle emprunte au cinéma de genre (le polar, le thriller, le film de gangsters) une esthétique qui transforme le réel en spectacle. Le problème n'est pas que cette esthétique soit laide — elle est souvent belle, techniquement maîtrisée, visuellement saisissante. Le problème est qu'elle emballe la réalité dans un packaging de fiction qui en neutralise la charge politique. Quand le reportage ressemble à un épisode de série, le téléspectateur le regarde comme un épisode de série : avec intérêt, parfois avec émotion, mais sans que cela ne modifie en rien sa compréhension du monde ni son rapport à l'action.

V. Le temps médiatique contre le temps du réel

Le narcotrafic est un phénomène lent. Ses causes sont anciennes — elles plongent leurs racines dans des décennies de politiques urbaines, sociales, économiques. Ses mécanismes sont progressifs — un quartier ne bascule pas en un jour. Ses conséquences se déploient sur le long terme — la destruction d'un tissu social, l'érosion d'une génération, la contamination d'une économie locale prennent des années, parfois des décennies.

Le tempo médiatique est aux antipodes de cette lenteur. Il est scandé par le cycle de l'actualité — le « news cycle » — qui, dans sa version contemporaine, n'a même plus la durée de vingt-quatre heures que lui accordait la presse quotidienne. Sur les chaînes d'information en continu, le cycle de l'actualité est de quelques heures. Sur les réseaux sociaux, il est de quelques minutes. Sur X/Twitter, un événement peut naître, culminer et mourir en moins d'une demi-journée, remplacé par le suivant avec une régularité de métronome.

Ce décalage temporel entre le phénomène et sa couverture produit des effets profonds.

L'effet d'amnésie. Un reportage sur un quartier sous emprise fait sensation lors de sa diffusion. Pendant quelques heures, quelques jours au plus, l'opinion s'émeut, les politiques réagissent, les commentateurs commentent. Puis le flux de l'actualité emporte le sujet, le remplace par un autre, l'efface de la mémoire collective. Le quartier, lui, reste. Ses problèmes restent. Ses habitants restent. Mais le regard médiatique est passé ailleurs, attiré par le prochain fait divers, la prochaine polémique, la prochaine urgence. Cet oubli programmé est l'un des mécanismes les plus cruels de l'économie médiatique : il suscite l'émotion sans jamais susciter l'engagement, il montre sans jamais montrer la suite, il pose les questions sans jamais vérifier les réponses.

L'effet de saturation. À l'inverse de l'amnésie, la répétition — quand elle se produit — peut engendrer une forme de lassitude. Quand le énième reportage sur les fusillades à Marseille commence, le téléspectateur décroche. « Encore Marseille. Encore les quartiers nord. Encore les dealers. » La répétition, qui devrait alarmer (le problème persiste, s'aggrave même), finit par anesthésier. Le narcotrafic devient un « bruit de fond » de l'actualité — présent, mais plus vraiment entendu. Cette saturation est un allié objectif de l'immobilisme politique : quand le public cesse de s'émouvoir, les élus cessent de se sentir contraints d'agir.

L'effet de compression. Quand un média décide de traiter le narcotrafic en profondeur — un dossier, une enquête, un documentaire —, il se heurte à un obstacle redoutable : comment condenser un phénomène de cette complexité dans un format compatible avec les contraintes éditoriales ? Un sujet de journal télévisé dure deux minutes. Un article de quotidien occupe 5 000 signes. Un reportage de magazine peut aller jusqu'à 15 000 signes. Un documentaire dispose de 52 minutes. Dans chacun de ces formats, des choix doivent être faits : que dire ? Que taire ? Quel angle retenir ? Quels acteurs interroger ? Quels aspects développer, quels autres sacrifier ?

Ces choix ne sont pas arbitraires — les journalistes les font en fonction de critères professionnels (la pertinence, l'originalité, la qualité des sources) et de contraintes pratiques (le temps de tournage, l'accès au terrain, la disponibilité des interlocuteurs). Mais ils produisent, inévitablement, une compression du réel qui en altère la perception. Un sujet de deux minutes sur le trafic de cocaïne à Marseille peut être irréprochable dans chacun de ses éléments — images authentiques, témoignages vérifiés, chiffres exacts — et néanmoins donner du phénomène une vision partielle, déformée, trompeuse, simplement parce que deux minutes ne suffisent pas à rendre compte d'une réalité qui exigerait deux heures. Ou deux cents pages.

VI. Les chaînes d'information en continu : la machine à broyer le sens

Il faut s'arrêter un instant sur un acteur médiatique dont le rôle dans la construction des représentations du narcotrafic est considérable : les chaînes d'information en continu. BFM TV, CNews, LCI, Franceinfo — ces chaînes, qui émettent 24 heures sur 24, 7 jours sur 7, ont transformé en profondeur la manière dont l'information est produite, diffusée et consommée en France.

Leur modèle économique repose sur le flux. L'information ne s'arrête jamais. Il faut remplir l'antenne en permanence — avec du neuf, du vif, du réactif. Ce besoin structurel de flux a plusieurs conséquences directes sur le traitement du narcotrafic.

La prime au direct. Quand une fusillade éclate dans un quartier, la chaîne d'information en continu dépêche un reporter dans l'heure. Le reporter arrive sur les lieux, se poste devant un périmètre de sécurité, et commence à commenter en direct un événement dont il ne sait encore presque rien — ni les circonstances exactes, ni le nombre de victimes, ni les motivations, ni l'identité des protagonistes. Ce qu'il dit, dans ces premières heures, est nécessairement lacunaire, parfois erroné, souvent spéculatif. Mais il le dit en direct, ce qui confère à sa parole une force performative considérable : ce qui est dit en direct est perçu comme vrai, parce que la simultanéité entre l'événement et son récit crée une illusion de transparence. Le téléspectateur croit assister au réel. Il assiste, en fait, à une construction en temps réel du récit, avec toutes les approximations, les projections et les biais que cette construction implique.

La prime au commentaire. Le flux d'information en continu ne peut pas reposer sur les seuls reportages — il n'y a pas assez de reporters, pas assez d'événements, pas assez de « matière première » pour remplir vingt-quatre heures d'antenne. Le commentaire prend le relais : des plateaux où des « experts », des « consultants », des « éditorialistes » discutent, débattent, s'opposent autour d'un sujet d'actualité. Ces plateaux, qui constituent l'essentiel du temps d'antenne des chaînes d'information, ont une caractéristique structurelle : ils privilégient l'opinion à l'information, le conflit à la nuance, l'affirmation tranchée à l'analyse prudente. Un expert qui dit « c'est compliqué » ne fait pas de l'audience. Un polémiste qui dit « il faut tout changer » en fait.

Le narcotrafic, quand il arrive sur ces plateaux, est donc traité non pas comme un phénomène à comprendre, mais comme un sujet à débattre. Et le débat, sur les chaînes d'information en continu, obéit à une logique binaire qui réduit toute complexité à un affrontement entre deux « camps » : les « sécuritaires » contre les « laxistes », les « réalistes » contre les « angéliques », la « fermeté » contre le « social ». Cette binarité, qui est le format même du plateau télévisé, est une machine à détruire la nuance. Elle transforme une question qui appelle des réponses multidimensionnelles — policières, judiciaires, sociales, éducatives, sanitaires, urbanistiques — en un choix entre deux options caricaturales. Et elle laisse le téléspectateur avec l'impression que le problème est simple, que les solutions existent, et que si elles ne sont pas mises en œuvre, c'est par faiblesse, par incompétence ou par calcul politique — jamais par complexité structurelle.

La prime à l'émotion. Le flux d'information en continu se nourrit d'émotion. La mère qui pleure son fils abattu. Le policier qui raconte sa peur. Le maire qui exprime sa colère. L'habitant qui dit sa détresse. Ces témoignages, légitimes et précieux quand ils sont recueillis avec respect et mis en contexte, deviennent problématiques quand ils sont instrumentalisés comme des « preuves » à l'appui d'une thèse préétablie, ou quand ils sont répétés en boucle jusqu'à ce que leur charge émotionnelle se substitue à toute analyse rationnelle.

L'émotion n'est pas l'ennemie de l'information. Elle en est, au contraire, un composant indispensable : sans émotion, l'information ne touche pas, ne mobilise pas, ne transforme pas. Mais quand l'émotion devient le seul registre — quand le reportage vise à faire pleurer plutôt qu'à faire comprendre, à indigner plutôt qu'à expliquer, à sidérer plutôt qu'à éclairer —, l'information se dénature. Elle ne sert plus la compréhension du réel. Elle sert le spectacle de l'émotion. Et le spectacle de l'émotion, par définition, ne change rien : il se consomme, il s'épuise, il se renouvelle. Il est un substitut à l'action, pas un appel à l'action.

VII. La presse quotidienne régionale : le miroir de proximité

À l'opposé des chaînes d'information en continu, la presse quotidienne régionale (PQR) — *La Provence*, *Ouest-France*, *Le Parisien*, *La Voix du Nord*, *Sud-Ouest*, *Le Progrès* et des dizaines d'autres — occupe une position singulière dans le paysage médiatique du narcotrafic. Elle est, pour de nombreux habitants des quartiers touchés, le premier — et parfois le seul — média qui parle de leur réalité quotidienne.

La PQR a des qualités que la presse nationale et les chaînes d'information ne peuvent pas revendiquer. Elle connaît le terrain — ses journalistes vivent dans les villes qu'ils couvrent, fréquentent les mêmes espaces que leurs lecteurs, connaissent les acteurs locaux par leur nom. Elle inscrit les événements dans une continuité — le lecteur de *La Provence* qui lit un article sur une fusillade dans les quartiers nord de Marseille sait, parce qu'il lit le journal tous les jours, que cette fusillade s'inscrit dans une série, qu'elle a des antécédents, qu'elle aura des suites. La PQR offre, potentiellement, le contexte et la durée que l'information en continu ne peut pas fournir.

Mais la PQR a aussi ses faiblesses. La plus évidente est la raréfaction de ses moyens. La presse régionale française traverse, depuis deux décennies, une crise économique profonde : baisse des ventes, effondrement des recettes publicitaires, restructurations, rachats, plans sociaux. Les rédactions ont fondu — certains titres ont perdu la moitié de leurs journalistes en quinze ans. Les « localiers » — ces journalistes de terrain qui couvraient, au quotidien, la vie des quartiers — ont été les premiers touchés par les réductions d'effectifs. Les correspondants locaux, souvent non-professionnels, les ont partiellement remplacés, mais sans disposer ni de la formation, ni du temps, ni de la protection nécessaire pour traiter un sujet aussi sensible que le narcotrafic.

La PQR est aussi, par sa position de proximité, particulièrement exposée aux pressions. Un journaliste de *La Provence* qui enquête sur un réseau de trafic à Marseille prend un risque que son confrère du *Monde* ou de BFM TV ne prend pas : il vit dans la même ville que ceux sur lesquels il écrit. Il peut les croiser au supermarché, dans la rue, à la sortie de l'école de ses enfants. Les menaces, quand elles surviennent, ne sont pas abstraites : elles sont physiques, immédiates, personnelles. Plusieurs journalistes de PQR ont fait l'objet d'intimidations, voire de violences, en lien avec leur couverture du narcotrafic. La plupart ne les signalent pas, par crainte de représailles supplémentaires ou par résignation.

Cette vulnérabilité produit, inévitablement, une forme d'autocensure. Pas sur les faits bruts — les fusillades, les saisies, les interpellations sont couvertes — mais sur le contexte, les noms, les réseaux, les ramifications. Le journaliste de PQR sait des choses qu'il ne peut pas écrire, parce que les écrire le mettrait en danger, ou parce que les preuves dont il dispose ne sont pas suffisamment solides pour résister à une action en diffamation, ou parce que sa hiérarchie éditoriale — elle-même soumise à des pressions économiques (les annonceurs locaux, la mairie, le bailleur social) — ne souhaite pas « aller trop loin ».

VIII. L'enquête au long cours : un genre en voie de disparition ?

Il existe un journalisme qui échappe aux travers décrits ci-dessus. Un journalisme qui prend le temps — des semaines, des mois, parfois des années — pour enquêter, vérifier, recouper, contextualiser. Un journalisme qui ne se contente pas de rapporter des faits mais qui les inscrit dans des logiques, qui remonte les chaînes de causalité, qui met au jour les mécanismes cachés, qui donne la parole à ceux que personne n'écoute. Ce journalisme-là existe en France, et il a produit, sur le narcotrafic, des travaux remarquables.

Les enquêtes publiées par des journalistes de *Mediapart*, du *Monde*, de *Libération*, de *L'Obs*, de *La Marseillaise*, du *Ravi*, de *StreetPress*, de *Blast* ou de *Disclose*, parmi d'autres, ont mis au jour des mécanismes de blanchiment, des cas de corruption policière, des défaillances institutionnelles, des parcours de vie de trafiquants et de victimes que le traitement quotidien de l'information n'aurait jamais pu documenter. Les documentaires diffusés sur France Télévisions,

Arte ou Canal+ ont donné à voir, avec une profondeur et une rigueur que le format télévisé autorise rarement, la complexité du phénomène et la diversité des acteurs.

Ces travaux sont indispensables. Ils constituent, avec les travaux universitaires et les rapports institutionnels, la base de connaissances sans laquelle aucune politique publique sérieuse ne peut être élaborée. Mais ils sont menacés — par la crise économique de la presse, par la raréfaction des financements longs, par la précarisation des journalistes, par la concurrence de l'information instantanée qui rend l'enquête au long cours économiquement non viable pour de nombreuses rédactions.

Le paradoxe est cruel : jamais le besoin de journalisme d'investigation sur le narcotrafic n'a été aussi grand, et jamais les conditions de sa production n'ont été aussi difficiles. Les rédactions qui maintiennent des équipes d'investigation le font souvent à perte, par conviction éditoriale plus que par calcul économique. Les journalistes indépendants qui enquêtent sur le trafic le font sans filet — sans salaire fixe, sans couverture juridique, sans protection physique. Et le public, qui devrait être le premier bénéficiaire de ce travail, le consomme gratuitement sur les réseaux sociaux, en lisant des articles « déverrouillés » ou partagés illégalement, sans contribuer au financement de sa production.

IX. Les réseaux sociaux : le récit sauvage

Tout ce qui précède — les biais de l'économie de l'attention, les limites du lexique, les contraintes des formats — est amplifié, déformé, parfois pulvérisé par les réseaux sociaux. Car sur TikTok, Instagram, Snapchat, X, Telegram, YouTube, le récit du narcotrafic échappe à tout cadre — journalistique, éthique, juridique — pour devenir un récit sauvage, produit par une multitude d'acteurs aux motivations hétérogènes, consommé par un public qui n'a plus aucun repère pour distinguer l'information du spectacle, le fait de la rumeur, le témoignage de la mise en scène.

Sur les réseaux sociaux, le narcotrafic est raconté par trois catégories d'acteurs.

Les trafiquants eux-mêmes, d'abord. Ils exhibent leur « réussite » — liasses de billets, voitures de sport, montres de luxe, voyages exotiques — sur des comptes Instagram ou Snapchat éphémères, créant un récit aspirationnel qui fonctionne comme une publicité pour le crime. Ils diffusent des vidéos de provocation à l'adresse de leurs rivaux, alimentant les spirales de violence documentées dans les chapitres précédents. Ils publient des morceaux de drill qui racontent leurs exploits avec une crudité que les médias traditionnels ne pourraient pas se permettre. Ils filment, parfois, leurs propres actes — des scènes de violence, des humiliations, des exhibitions d'armes — et les mettent en circulation dans les messageries cryptées, d'où elles finissent par fuiter sur les plateformes grand public.

Les « influenceurs de quartier », ensuite — un terme vague qui recouvre une réalité diverse : des jeunes qui se filment dans leur quotidien, des commentateurs autoproclamés qui livrent leur « analyse » du milieu, des rappeurs qui documentent la vie de leur cité, des activistes qui dénoncent les violences policières, des habitants qui témoignent à visage découvert ou masqué. Ces contenus, d'une qualité et d'une fiabilité très variables, occupent un espace que les médias traditionnels ont déserté : celui du récit « de l'intérieur », du témoignage brut, de la parole non filtrée. Ils comblent un vide — celui de la représentation des quartiers par leurs propres habitants — mais ils le comblent de manière anarchique, sans les garde-fous que le journalisme professionnel est censé fournir (vérification des faits, mise en contexte, respect du contradictoire, protection des sources).

Les consommateurs d'information, enfin — qui sont aussi, sur les réseaux sociaux, des producteurs d'information. Ils commentent, partagent, déforment, amplifient. Ils ajoutent leur grain de sel — un avis, une anecdote, une rumeur — au flux d'information, contribuant à une cacophonie informationnelle où le vrai et le faux, le sérieux et le fantaisiste, l'information et la propagande se mélangent dans un magma indifférencié.

Le résultat est un écosystème informatif — si l'on peut encore employer ce mot — où le narcotrafic est simultanément hyper-visible et profondément méconnu. Hyper-visible parce que les images, les vidéos, les témoignages circulent en abondance, accessibles à quiconque dispose d'un smartphone. Profondément méconnu parce que cette abondance ne produit pas de la connaissance — elle produit du bruit. Et dans le bruit, les signaux faibles (les enquêtes sérieuses, les analyses nuancées, les témoignages vérifiés) sont noyés sous les signaux forts (les images choc, les polémiques artificielles, les théories du complot).

X. La fiction comme miroir déformant

Le récit médiatique du narcotrafic ne passe pas seulement par l'information. Il passe aussi — et peut-être surtout, en termes d'impact sur l'imaginaire collectif — par la fiction. Les séries télévisées, les films, les romans, les bandes dessinées, les jeux vidéo qui mettent en scène le trafic de drogue constituent, pour une grande partie du public, la première et la principale source de « connaissance » du phénomène.

The Wire, *Breaking Bad*, *Narcos*, *Gomorra*, *La Haine*, *Bac Nord*, *Validé*, *Marseille* — la liste des œuvres de fiction qui traitent du narcotrafic, directement ou indirectement, est longue. Certaines sont des chefs-d'œuvre — *The Wire*, en particulier, reste l'une des représentations les plus rigoureuses et les plus nuancées jamais produites sur les mécanismes du trafic de drogue dans une grande ville américaine. D'autres sont des divertissements honnêtes qui, sans prétention sociologique, offrent un spectacle bien ficelé. D'autres encore sont des produits cyniques qui exploitent la fascination du public pour la violence et l'argent facile, sans le moindre souci de véracité ni de responsabilité.

Le problème n'est pas que la fiction existe. La fiction est un mode d'appréhension du réel aussi ancien que l'humanité elle-même, et elle joue un rôle irremplaçable dans la compréhension du monde — elle donne à voir les motivations, les émotions, les dilemmes moraux que le reportage factuel ne peut pas atteindre. Le problème est que la fiction se substitue à l'information dans la formation des représentations. Quand un téléspectateur regarde trois saisons de *Narcos* mais ne lit jamais un article de fond sur le narcotrafic, sa vision du phénomène est celle d'un scénariste de Netflix — brillant, certes, mais dont l'objectif est de raconter une bonne histoire, pas de documenter la réalité.

La fiction crée des archétypes qui se figent en stéréotypes. Le baron de la drogue charismatique et impitoyable. Le flic tourmenté qui franchit la ligne jaune. Le gamin des quartiers écartelé entre le droit chemin et la facilité. La mère courage qui se bat seule contre tous. Ces archétypes ne sont pas faux — ils correspondent à des réalités observables —, mais ils sont réducteurs. Ils figent la diversité du réel dans un nombre limité de « types » que le public identifie instantanément et auxquels il réduit sa compréhension du phénomène.

Et la fiction crée de la fascination. C'est son pouvoir — et son danger. Le trafiquant de fiction est, presque toujours, un personnage fascinant : intelligent, audacieux, parfois sympathique, souvent plus intéressant que les représentants de l'ordre auxquels il est confronté. Tony Montana, Walter White, Pablo Escobar version Netflix — ces personnages exercent une séduction que leurs modèles réels ne méritent en rien. Mais la séduction de la fiction est puissante — plus puissante, bien souvent, que la répulsion de l'information. Et elle contribue, insidieusement, à cette « glamourisation » du trafic qui est l'un des défis les plus redoutables posés à la société contemporaine.

XI. Ce qui n'est pas raconté

Peut-être le biais le plus grave du récit médiatique n'est-il pas dans ce qu'il dit, mais dans ce qu'il tait. Ce qui n'est pas raconté — les silences, les angles morts, les sujets esquivés — façonne les représentations au moins autant que ce qui fait la une.

Les consommateurs. Le récit médiatique du narcotrafic est presque exclusivement centré sur l'offre — les trafiquants, les réseaux, les quartiers, la violence. La demande — les consommateurs, leur profil sociologique, leurs motivations, leur responsabilité dans le système — est à peine effleurée. Quand un reportage montre un point de deal, il montre les vendeurs. Rarement les acheteurs. Quand un article décrit un réseau, il décrit les membres du réseau. Rarement les clients qui le font vivre. Ce silence sur la demande n'est pas anodin : il concentre la responsabilité du narcotrafic sur les seuls trafiquants et leurs quartiers, en épargnant la société de consommation qui constitue, pourtant, le moteur fondamental du système.

Les mécanismes économiques. Le blanchiment d'argent, la corruption, les flux financiers internationaux, les paradis fiscaux — tous ces mécanismes, qui constituent le cœur du système et qui impliquent des acteurs situés bien au-delà des quartiers populaires (banquiers, notaires, avocats, comptables, promoteurs immobiliers), sont très peu couverts par les médias. Ils sont jugés « techniques », « complexes », « peu visuels » — autant de raisons qui, dans l'économie de l'attention, équivalent à un arrêt de mort éditorial. Le résultat est une vision du narcotrafic amputée de sa dimension financière — c'est-à-dire de sa dimension la plus structurante et la plus révélatrice des complicités qui le rendent possible.

Les réussites. Les programmes de prévention qui fonctionnent, les dispositifs de réinsertion qui donnent des résultats, les quartiers qui résistent, les individus qui s'en sortent — tout cela est massivement sous-représenté dans le récit médiatique. Non pas parce que les journalistes les ignorent, mais parce que les « bonnes nouvelles » ne font pas d'audience. « Un ancien dealer devenu éducateur sportif » est un sujet de magazine dominical, pas une ouverture de journal. « Un quartier qui a réussi à éradiquer un point de deal grâce à la mobilisation des habitants » est un sujet de PQR, pas un titre de BFM TV. Cette invisibilité médiatique des réussites a un effet dévastateur : elle conforte le sentiment d'impuissance, l'idée que « rien ne marche », que le narcotrafic est un fléau irréversible auquel il est vain de s'opposer. Elle décourage ceux qui agissent et conforte ceux qui renoncent.

Les responsabilités politiques. Les décisions — ou les non-décisions — politiques qui ont contribué à créer les conditions du narcotrafic sont rarement interrogées avec la rigueur qu'elles méritent. Quarante ans de politique de la ville, des milliards d'euros investis, des dizaines de « plans banlieue » successifs — quel bilan ? Quelles erreurs ? Quelles responsabilités ? Ces questions, qui exigeraient un travail d'investigation et d'analyse de longue haleine, sont généralement éludées au profit du commentaire de l'actualité immédiate. Le résultat est un débat public qui tourne en rond : les mêmes constats, les mêmes indignations, les mêmes promesses, les mêmes déceptions — sans que jamais les causes profondes ne soient sérieusement examinées.

XII. Les journalistes dans la tourmente

Il serait injuste de conclure ce chapitre sans évoquer la situation des journalistes eux-mêmes — non pas en tant que producteurs de récit, mais en tant que professionnels confrontés à un sujet qui les met personnellement en difficulté.

Couvrir le narcotrafic en France est, de plus en plus, un exercice à risque. Les menaces contre les journalistes qui enquêtent sur le trafic de drogue sont documentées et en augmentation. Elles prennent des formes variées : appels téléphoniques anonymes, messages menaçants sur les réseaux sociaux, dégradation de véhicules, intimidation physique, parfois agressions. Certains journalistes de PQR ont été contraints de déménager après avoir publié des enquêtes dérangeantes. D'autres ont renoncé à couvrir le sujet, par peur pour eux-mêmes ou pour leur famille.

Cette insécurité a un effet direct sur la qualité de l'information. Un journaliste menacé est un journaliste qui s'autocensure — non par lâcheté, mais par instinct de survie. Il écrit moins, il creuse moins, il nomme moins. Il se contente de reprendre les communiqués de presse de la police ou du parquet, sans les questionner, sans les recouper, sans les compléter par ses propres investigations. L'information qui en résulte est une information amputée — techniquement exacte, mais incomplète, dépourvue du regard critique qui est la raison d'être du journalisme.

La protection des journalistes est un enjeu démocratique majeur — aussi important, sinon plus, que la protection des sources ou la liberté de la presse en général. Car sans journalistes capables de travailler librement, sans peur ni faveur, sur les sujets les plus sensibles, il n'y a pas de débat public informé. Et sans débat public informé, il n'y a pas de démocratie digne de ce nom.

XIII. Vers un autre récit ?

Le récit médiatique du narcotrafic n'est pas une fatalité. Il est le produit de contraintes — économiques, techniques, cognitives — qui sont réelles mais qui ne sont pas immuables. Un autre récit est possible. Pas un récit idéal, pas un récit parfait, pas un récit qui plairait à tout le monde — mais un récit plus juste, plus complet, plus respectueux de la complexité du réel et de la dignité des personnes.

Ce récit exigerait plusieurs changements.

Un changement de tempo. Consacrer du temps au narcotrafic — non pas le temps de l'urgence (le direct, le flash, le tweet), mais le temps de la compréhension (l'enquête, le documentaire, le reportage de fond). Cela suppose que les rédactions investissent dans le temps long — et que le public accepte de consommer de l'information qui ne se résume pas à un titre accrocheur ou à une vidéo de trente secondes.

Un changement de focale. Élargir le cadre — ne pas se limiter aux quartiers et aux trafiquants, mais montrer aussi les consommateurs, les blanchisseurs, les corrupteurs, les responsables politiques, les mécanismes économiques et financiers qui font système. Remonter la chaîne de causalité plutôt que de s'arrêter au dernier maillon. Contextualiser systématiquement — un chiffre sans contexte n'est pas une information, c'est un projectile.

Un changement de lexique. Interroger les mots que l'on utilise, prendre conscience de ce qu'ils charrient, de ce qu'ils occultent, de ce qu'ils imposent. Remplacer « règlement de comptes » par « assassinat ». Remplacer « quartier sensible » par le nom du quartier. Remplacer « les jeunes » par « certains jeunes » ou, mieux, par des individus identifiés. Chaque mot est un choix, et chaque choix a des conséquences.

Un changement de sources. Diversifier les voix — ne pas se contenter des sources policières et judiciaires, mais aller chercher celles des habitants, des travailleurs sociaux, des enseignants, des chercheurs, des associatifs, des élus locaux. Chaque source éclaire un angle. Aucune ne donne la totalité du tableau.

Un changement de perspective. Montrer non seulement ce qui va mal, mais aussi ce qui résiste. Non seulement les problèmes, mais aussi les solutions — fussent-elles imparfaites, locales, fragiles. Donner à voir les initiatives, les mobilisations, les réussites — non par angélisme, mais par souci d'exactitude : la réalité d'un quartier sous pression n'est pas seulement celle du trafic, elle est aussi celle de la résistance au trafic. Ne montrer que la première, c'est mentir par omission.

Ces changements ne résoudraient pas le problème du narcotrafic — aucun récit, aussi juste soit-il, n'a le pouvoir de transformer le réel à lui seul. Mais ils contribueraient à créer les conditions d'un débat public plus éclairé, plus nuancé, plus honnête — un débat dans lequel les solutions ne seraient pas réduites à des slogans et les responsabilités pas limitées aux seuls quartiers populaires.

XIV. Le miroir et la fenêtre

Les médias sont, simultanément, un miroir et une fenêtre. Un miroir, parce qu'ils reflètent la société qui les produit — ses préoccupations, ses préjugés, ses aveuglements. Une fenêtre, parce qu'ils ouvrent sur des réalités que la plupart des gens ne connaissent pas directement — et que, sans les médias, ils ne connaîtraient jamais.

Le problème survient quand le miroir est déformant et la fenêtre trop étroite. Quand le reflet que la société se renvoie à elle-même est un reflet partiel, biaisé, simplifié — un reflet qui conforte les certitudes plutôt qu'il ne les ébranle, qui caresse les préjugés plutôt qu'il ne les interroge, qui ferme le débat plutôt qu'il ne l'ouvre. Et quand la fenêtre ne montre qu'un pan du paysage — le plus spectaculaire, le plus effrayant, le plus vendeur — en laissant dans l'ombre tout le reste.

Le narcotrafic, tel qu'il est raconté par les médias français, souffre de ces deux maux. Le miroir est déformant : il renvoie une image du phénomène qui en exagère certains traits (la violence, la menace, l'altérité) et en gomme d'autres (la complexité, les responsabilités partagées, les résistances). La fenêtre est trop étroite : elle ne montre qu'un fragment du tableau — les quartiers, les trafiquants, les policiers — et laisse dans l'ombre les consommateurs, les financiers, les responsables politiques, les dynamiques économiques et sociales qui font système.

Élargir la fenêtre et ajuster le miroir : voilà, en définitive, ce que la société française est en droit d'attendre de ses médias. Non pas un récit complaisant, qui tairait les réalités dérangeantes au nom du « vivre-ensemble ». Non pas un récit militant, qui sacrifierait la vérité des faits sur l'autel d'une cause — fût-elle juste. Mais un récit exigeant, qui aurait l'ambition de dire le réel dans sa totalité — sa laideur et sa beauté, sa violence et sa résistance, ses coupables et ses victimes, ses causes lointaines et ses conséquences immédiates.

Ce récit est difficile à produire. Il est coûteux — en temps, en moyens, en courage. Il est ingrat — il ne fait pas d'audience, il ne génère pas de clics, il ne provoque pas de polémiques rentables. Mais il est nécessaire. Parce que sans lui, le débat public sur le narcotrafic restera ce qu'il est aujourd'hui : un dialogue de sourds entre ceux qui simplifient par calcul et ceux qui simplifient par ignorance, sur fond de souffrance réelle et de solutions introuvables.

La responsabilité n'incombe pas aux seuls médias. Elle incombe aussi au public — à chacun d'entre nous — qui choisit, jour après jour, ce qu'il regarde, ce qu'il lit, ce qu'il partage, ce qu'il finance. Un public qui exige de la nuance en obtient. Un public qui se contente du spectacle n'obtient que du spectacle. Le récit médiatique du narcotrafic est, en dernière analyse, le récit que nous méritons — celui que nous commandons par nos choix de consommation, celui que nous tolérons par notre indifférence, celui que nous perpétuons par notre silence.

Changer ce récit, c'est d'abord changer notre regard. Non pas détourner les yeux — la réalité du narcotrafic est trop grave pour être ignorée. Mais apprendre à voir autrement. À voir plus large, plus loin, plus profond. À ne pas se satisfaire du premier titre, de la première image, du premier commentaire. À exiger, de ceux qui nous informent et de nous-mêmes, le travail difficile et nécessaire de la pensée.

Ce travail est le prix de la lucidité. Et la lucidité est le prix de la liberté.

Chapitre 10 — Anatomie d'un système

« Un système n'est pas un complot. C'est pire : c'est un mécanisme sans auteur, qui fonctionne d'autant mieux que personne ne se sent responsable de l'ensemble. »

— Sociologue, CNRS, séminaire « Économies souterraines et territoires », 2023.

I. L'angle mort

Nous avons, au fil des chapitres précédents, parcouru les différentes facettes du narcotrafic en France. Nous avons arpenté les routes par lesquelles la drogue arrive — les ports, les frontières, les flux logistiques transnationaux. Nous avons observé les réseaux qui la distribuent — leur organisation, leur hiérarchie, leur rationalité économique. Nous avons pénétré les quartiers où elle se vend — les territoires sous emprise, le silence des habitants, la confiscation de l'espace public. Nous avons documenté la violence qu'elle engendre — les fusillades, les exécutions, les guerres de territoire, la torture comme outil de gestion. Nous avons suivi l'argent qu'elle génère — son blanchiment, sa circulation, sa réinjection dans l'économie légale. Nous avons examiné la réponse de l'État — ses forces, ses faiblesses, ses contradictions, ses moyens insuffisants. Nous avons interrogé le récit médiatique — ses biais, ses raccourcis, ses silences.

Chacune de ces facettes, prise isolément, livre une part de vérité. Mais une part seulement. Car le narcotrafic n'est pas une addition de problèmes distincts — un problème de police ici, un problème social là, un problème sanitaire ailleurs, un problème financier plus loin encore. Il est un système. Un organisme vivant dont les différentes parties sont reliées entre elles par des flux — de drogue, d'argent, de violence, d'information, de pouvoir — qui circulent en boucle et se renforcent mutuellement.

Ce chapitre est une tentative de prendre du recul. De monter en altitude, pour ainsi dire, afin de regarder le paysage dans son ensemble plutôt que de continuer à examiner chaque arbre individuellement. Non pas pour tout résumer — neuf chapitres ne se résument pas en un —, mais pour faire apparaître les liens, les boucles, les causalités circulaires qui font du narcotrafic non pas un accident de l'histoire contemporaine, mais un produit logique — presque inévitable — de la manière dont nos sociétés sont organisées.

Cette lecture systémique n'a pas pour vocation de tout expliquer, encore moins de tout excuser. Un système n'est pas une excuse. Il est une grille de compréhension. Et comprendre un système est la condition préalable — nécessaire mais non suffisante — pour espérer le transformer.

II. Qu'est-ce qu'un système ?

Le mot est galvaudé. On parle de « système » à tout propos et souvent hors de propos — le « système » politique, le « système » médiatique, le « système » scolaire, le « système » financier. L'usage abusif du terme a fini par le vider de sa substance. Il convient donc de préciser ce que nous entendons par « système » quand nous affirmons que le narcotrafic en est un.

Un système, au sens rigoureux du terme, est un ensemble d'éléments interdépendants qui interagissent entre eux de telle manière que le comportement de l'ensemble ne peut pas être déduit du comportement de chaque élément pris séparément. Un système a des propriétés émergentes — des caractéristiques qui n'apparaissent qu'au niveau de l'ensemble et qui n'existent dans aucune des parties. Un système a des boucles de rétroaction — des mécanismes par lesquels les effets d'une action reviennent influencer les causes qui l'ont produite, créant des cercles vicieux (ou vertueux) qui s'auto-entretiennent. Un système a une inertie — une résistance au changement qui fait que les interventions ponctuelles, même vigoureuses, sont absorbées et neutralisées par la dynamique d'ensemble.

Le narcotrafic présente toutes ces caractéristiques.

L'interdépendance. Chaque élément du narcotrafic dépend de tous les autres. La production dépend de la demande. La distribution dépend de la logistique. La logistique dépend de la corruption. La corruption dépend de l'argent. L'argent dépend du blanchiment. Le blanchiment dépend des failles du système financier. Les failles du système financier dépendent des choix politiques. Les choix politiques dépendent des rapports de force sociaux. Les rapports de force sociaux dépendent, entre autres, de la consommation de drogue et de ses effets sur les territoires. Retirez un élément, et le système se réorganise pour le compenser. Frappez un maillon, et les autres compensent.

Les propriétés émergentes. Le narcotrafic produit des phénomènes qui n'existent dans aucun de ses composants pris isolément. La violence territoriale, par exemple, n'est ni le fait de la drogue en tant que substance, ni le fait de la pauvreté en tant que condition sociale, ni le fait des armes en tant qu'objets : elle est le produit de la rencontre entre un marché illégal, une concentration de précarité, une disponibilité d'armes et une défaillance institutionnelle. Aucun de ces facteurs, seul, ne produirait le même résultat. C'est leur conjonction qui crée le phénomène.

Les boucles de rétroaction. Le narcotrafic est traversé de boucles de rétroaction qui en font un phénomène auto-entretenu. La plus évidente est la boucle pauvreté-trafic : la pauvreté pousse des individus vers le trafic ; le trafic aggrave les conditions de vie dans les quartiers ; la dégradation des conditions de vie renforce la pauvreté ; la pauvreté pousse de nouveaux individus vers le trafic. Mais il en existe bien d'autres : la boucle violence-silence (la violence engendre le silence ; le silence protège les auteurs de violence ; la protection des auteurs encourage de nouvelles violences), la boucle répression-adaptation (la répression pousse les réseaux à se professionnaliser ; la professionnalisation rend les réseaux plus difficiles à démanteler ; la difficulté croissante des démantèlements suscite une demande de répression accrue), la boucle consommation-offre (la demande de drogue stimule l'offre ; l'augmentation de l'offre, en rendant le produit plus disponible et moins cher, stimule la demande).

L'inertie. Le narcotrafic résiste au changement parce que trop d'acteurs — pas seulement les trafiquants, mais aussi les consommateurs, les blanchisseurs, les corrupteurs, les bénéficiaires indirects — ont un intérêt à sa perpétuation. Cette inertie n'est pas le produit d'un complot. Elle est le résultat de la convergence d'intérêts individuels qui, pris un par un, sont parfaitement rationnels : le consommateur veut son produit, le trafiquant veut son profit, le blanchisseur veut sa commission, le politique veut sa réélection, le journaliste veut son audience, le citoyen ordinaire veut sa tranquillité. Chacun de ces acteurs, en poursuivant son intérêt propre, contribue — sans le vouloir, parfois sans le savoir — à la perpétuation d'un système qui dessert l'intérêt collectif.

III. Les quatre piliers

Pour donner à cette lecture systémique une structure analytique, proposons de distinguer quatre « piliers » sur lesquels repose l'édifice du narcotrafic — quatre conditions sans lesquelles le phénomène, tel que nous le connaissons, ne pourrait pas exister. Ces quatre piliers sont : la demande, la relégation, la mondialisation et la défaillance institutionnelle.

Aucun de ces piliers n'est, à lui seul, suffisant pour expliquer le narcotrafic. Mais chacun est nécessaire. Et c'est leur conjonction — leur interaction, leur renforcement mutuel — qui produit le système que nous observons.

Premier pilier : la demande

Commençons par l'évidence la plus aveuglante et la plus ignorée.

S'il n'y avait pas de consommateurs de drogue, il n'y aurait pas de narcotrafic. Cette tautologie, d'une banalité confondante, est pourtant la grande absente du débat public français sur le sujet. On parle des trafiquants, des quartiers, de la police, des juges, des armes, des frontières — mais on ne parle presque jamais de ceux qui, en achetant le produit, font tourner la machine. Le consommateur est le fantôme du système : omniprésent mais invisible, indispensable mais irresponsable, central mais jamais nommé.

Les chiffres de la consommation de drogues en France sont pourtant éloquents. Le pays compte environ 5 millions de consommateurs de cannabis (dont 1,4 million d'usagers réguliers), 600 000 consommateurs de cocaïne (un chiffre qui a triplé en vingt ans), plusieurs centaines de milliers de consommateurs d'ecstasy, de MDMA, d'amphétamines et d'autres drogues de synthèse, et environ 70 000 usagers problématiques d'opiacés. Au total, la France est l'un des plus grands marchés de drogues illicites d'Europe — ce qui, pour un pays qui aime à se présenter comme le champion des valeurs universelles et de la rationalité, est un paradoxe assez piquant.

La demande n'est pas un phénomène uniforme. Elle varie selon les substances, les profils sociodémographiques, les motivations et les contextes de consommation. Le cadre parisien qui sniffe une ligne de cocaïne le samedi soir n'a rien de commun avec le jeune précaire qui fume du cannabis quotidiennement pour « tenir le coup », ni avec le travailleur de nuit qui prend des amphétamines pour rester éveillé, ni avec l'héroïnomane qui s'injecte dans une cage d'escalier pour échapper à un manque qui le dévore. Ces profils sont différents, leurs motivations sont différentes, les réponses qu'ils appellent sont différentes.

Mais ils ont un point commun : ils sont tous, sans exception, les financeurs du système. Chaque euro dépensé pour acheter de la drogue — quelle que soit la substance, quelle que soit la quantité, quel que soit le contexte — est un euro qui alimente la chaîne de production, de transport, de distribution, de violence et de blanchiment que nous avons décrite dans les chapitres précédents. Cette vérité est désagréable. Elle est contraire à l'image que le consommateur a de lui-même — celle d'un individu libre, autonome, responsable de ses choix, qui ne fait de mal qu'à lui-même. Mais elle est incontournable.

La question de la demande est d'autant plus cruciale qu'elle est le seul pilier du système sur lequel la France peut agir de manière autonome, sans dépendre de la coopération internationale, des évolutions géopolitiques ou des réformes structurelles de l'économie mondiale. La production de cocaïne en Colombie, la culture du cannabis au Maroc, les routes de contrebande en Méditerranée — tout cela échappe largement à l'action d'un seul État. Mais la demande de drogue en France est un phénomène français, produit par la société française, et qui ne peut être traité que par la société française.

Or cette demande est à peine traitée. La politique française en matière de drogues est massivement orientée vers l'offre — la répression des trafiquants, la saisie des produits, le démantèlement des réseaux. La demande — la prévention, la réduction des risques, le soin des addictions, l'éducation — représente une fraction marginale de l'effort public. Le budget consacré à la prévention des addictions en France est dérisoire comparé au budget consacré à la répression. Ce déséquilibre n'est pas le fruit du hasard. Il reflète un choix politique — le choix de traiter le narcotrafic comme un problème d'ordre public plutôt que comme un problème de société.

Ce choix est non seulement discutable moralement — il fait porter l'essentiel de la charge sur les quartiers les plus pauvres, en épargnant les quartiers les plus aisés où se concentre une part considérable de la consommation — mais il est aussi inefficace pragmatiquement. Toutes les études internationales convergent : la répression de l'offre, prise isolément, n'a jamais permis de réduire durablement le trafic de drogue. Elle en modifie les formes, les routes, les acteurs — mais elle n'en réduit pas le volume, parce qu'elle ne touche pas au moteur fondamental du système : la demande.

Dire cela ne signifie pas qu'il faille renoncer à la répression. La répression est un outil indispensable — pour protéger les populations, pour sanctionner les violences, pour désorganiser les réseaux les plus dangereux. Mais la répression sans politique de demande est comme une digue sans politique d'urbanisme : elle retient l'eau, mais elle ne résout pas le problème de l'inondation.

Deuxième pilier : la relégation

Le narcotrafic ne prospère pas n'importe où. Il s'enracine dans des territoires spécifiques — des quartiers, des zones, des espaces géographiques qui présentent un ensemble de caractéristiques sociales, économiques et urbaines particulières. Cette géographie n'est pas aléatoire. Elle est le produit de décennies de politiques — ou d'absence de politiques — qui ont créé, sur le territoire français, des poches de relégation où les conditions de vie sont telles que le trafic de drogue y trouve un terreau fertile.

Le mot « relégation » est choisi à dessein. Il est plus précis que « pauvreté » (tous les quartiers pauvres ne sont pas des territoires de trafic), plus juste que « exclusion » (les habitants de ces quartiers ne sont pas « exclus » de la société — ils y participent, mais dans des conditions d'inégalité flagrante), et plus honnête que « ségrégation » (le terme suggère une intentionnalité que la réalité ne confirme pas toujours, même si les effets sont similaires). La relégation, c'est le processus par lequel une fraction de la population est assignée à des espaces géographiques, sociaux et symboliques dont il est extraordinairement difficile de sortir — non pas par une décision explicite, mais par l'accumulation de mécanismes structurels dont aucun, pris isolément, ne semble décisif, mais qui, combinés, produisent un résultat d'une brutalité systématique.

Quels sont ces mécanismes ?

La concentration de la pauvreté. Les quartiers prioritaires de la politique de la ville (QPV) — cette appellation administrative qui désigne, en France, les territoires les plus défavorisés — concentrent des taux de pauvreté trois à quatre fois supérieurs à la moyenne nationale. Dans certains quartiers, le taux de pauvreté dépasse 50 %. Le revenu médian y est de l'ordre de 11 000 euros par an — moins de la moitié du revenu médian national. Cette concentration n'est pas le fruit d'un choix individuel (« les pauvres choisissent de vivre ensemble ») ; elle est le produit de mécanismes de marché (les prix immobiliers repoussent les ménages modestes vers les périphéries les moins attractives) et de politiques publiques (le logement social, conçu pour accueillir les populations les plus fragiles, a été massivement concentré dans certaines zones, créant des ghettos involontaires).

Le chômage massif. Dans les QPV, le taux de chômage est environ 2,5 fois supérieur à la moyenne nationale. Chez les jeunes de 16 à 25 ans, il peut atteindre 40 %, voire 50 % dans certains quartiers. Ce chômage n'est pas seulement le produit de la conjoncture économique : il est aussi le résultat de la discrimination à l'embauche (les études par *testing* montrent qu'un candidat portant un nom à consonance maghrébine et résidant dans un quartier répertorié a significativement moins de chances d'être convoqué à un entretien qu'un candidat au profil identique portant un nom à consonance française et résidant dans un quartier « neutre »), de l'inadéquation de la formation (les établissements scolaires des QPV sont, malgré les dispositifs d'éducation prioritaire, en moyenne moins bien dotés que les autres), et de l'enclavement (la distance physique et symbolique entre le quartier et les bassins d'emploi crée des barrières à l'accès au marché du travail).

La dégradation du cadre de vie. Les logements sont souvent vétustes, les parties communes dégradées, les espaces publics abandonnés. La politique de rénovation urbaine, lancée en 2003 avec le Programme national de rénovation urbaine (PNRU) puis poursuivie avec le Nouveau programme national de renouvellement urbain (NPNRU), a produit des résultats réels dans certains quartiers — des immeubles démolis et reconstruits, des espaces publics réaménagés, des équipements créés. Mais ces transformations physiques, si nécessaires soient-elles, n'ont pas toujours été accompagnées des transformations sociales et économiques qui auraient pu en pérenniser les effets. Rénover un quartier sans y créer de l'emploi, sans y maintenir des services publics de qualité, sans y développer une offre de transport performante, c'est repeindre la façade d'un immeuble dont les fondations sont fissurées.

Le retrait des services publics. Ce point mérite un développement particulier, tant il est central dans la mécanique de la relégation. Au fil des décennies, les services publics se sont retirés — progressivement, silencieusement, bureaucratiquement — de nombreux quartiers populaires. Les bureaux de poste ont fermé. Les commissariats de proximité ont été supprimés (en 2003, sous le ministère Sarkozy, qui les jugeait inefficaces). Les antennes de la Caisse d'allocations familiales se sont éloignées. Les permanences de la Mission locale ont réduit leurs horaires. Les centres de santé ont perdu des médecins. Les tribunaux d'instance ont été regroupés dans des juridictions plus lointaines. L'école elle-même — l'institution républicaine par excellence — a vu ses moyens se contracter : postes non remplacés, classes surchargées, bâtiments dégradés, turn-over des enseignants (qui demandent leur mutation dès que leur ancienneté le leur permet).

Ce retrait n'a été décidé par personne — aucun ministre, aucun préfet, aucun directeur d'administration n'a signé un document intitulé « Plan de retrait des services publics des quartiers populaires ». Il est le résultat de milliers de micro-décisions administratives, chacune justifiée par des arguments rationnels (rationalisation budgétaire, réorganisation territoriale, mutualisation des moyens, digitalisation des services), et dont l'effet cumulé a été dévastateur. L'État, en se retirant, a laissé un vide. Et ce vide a été comblé — par le trafic, par les réseaux, par une économie parallèle qui offre ce que l'État n'offre plus : de l'argent, du travail, de la reconnaissance, une forme de protection, une forme d'autorité.

La discrimination. Il faut le dire, parce que ne pas le dire serait mentir par omission : la relégation des quartiers populaires en France a une dimension ethnoraciale que le discours républicain universaliste peine à nommer, mais que la réalité impose. Les habitants des QPV sont, dans leur majorité, des personnes issues de l'immigration — maghrébine, subsaharienne, ultramarine. Cette surreprésentation n'est pas le produit d'une « préférence communautaire » (les populations immigrées ne « choisissent » pas de vivre dans les quartiers les plus dégradés) : elle est le résultat de l'histoire migratoire française (les vagues d'immigration de l'après-guerre ont été dirigées vers les grands ensembles, faute d'alternative), du marché immobilier (la discrimination dans l'accès au logement privé repousse les populations les plus discriminées vers le logement social), et des politiques de peuplement (les attributions de logements sociaux ont, pendant des décennies, concentré les populations les plus fragiles dans les mêmes quartiers, selon une logique de « tri » qui, sans être explicitement raciale, a produit des effets de ségrégation raciale).

La conjonction de ces mécanismes — pauvreté, chômage, dégradation, retrait de l'État, discrimination — crée les conditions structurelles du narcotrafic. Elle ne le détermine pas (des millions de personnes vivent dans ces quartiers sans jamais participer au trafic), mais elle le rend possible, probable, et, dans une certaine mesure, rationnel. Car dans un environnement où les voies légales de réussite sociale sont obstruées — par le manque d'emploi, par la discrimination, par l'insuffisance de la formation —, la voie illégale du trafic devient, pour certains, la seule voie accessible. Cette « rationalité » du choix criminel n'est pas une excuse — nul n'est contraint de devenir trafiquant, et des millions de personnes dans les mêmes conditions font d'autres choix. Mais elle est un facteur explicatif que l'honnêteté intellectuelle impose de reconnaître.

Troisième pilier : la mondialisation

Le narcotrafic n'est pas un phénomène local qui aurait des prolongements internationaux. C'est un phénomène mondial qui a des manifestations locales. Cette distinction n'est pas sémantique. Elle est fondamentale pour comprendre pourquoi les réponses nationales, si ambitieuses soient-elles, ne peuvent pas, à elles seules, résoudre le problème.

La mondialisation du narcotrafic est un fait ancien — le commerce de l'opium au XIXe siècle, la French Connection des années 1960-1970 étaient déjà des phénomènes transnationaux. Mais elle a pris, au cours des trois dernières décennies, une dimension et une intensité sans précédent, sous l'effet de trois facteurs convergents.

La libéralisation des échanges commerciaux. Le volume du commerce international a été multiplié par six depuis 1990. Des millions de conteneurs traversent les océans chaque jour, transportant des marchandises dont le contenu ne peut être contrôlé qu'à la marge. Les accords de libre-échange, la suppression des barrières douanières, la création d'espaces de libre circulation (Schengen en Europe) ont facilité le commerce légitime — et, mécaniquement, le commerce illégitime. La drogue circule dans les mêmes conteneurs, sur les mêmes navires, à travers les mêmes ports que les bananes, les téléviseurs et les pièces automobiles. La distinguer du flux légitime exigerait un niveau de contrôle incompatible avec la fluidité que l'économie mondiale requiert.

La révolution numérique. Internet, les messageries cryptées, les réseaux sociaux, les cryptomonnaies ont transformé la logistique, la communication et la finance du narcotrafic. Un grossiste à Bogotá peut négocier avec un importateur à Anvers, un distributeur à Paris et un blanchisseur à Dubaï en quelques minutes, via une messagerie cryptée, sans qu'aucun service de renseignement ne puisse intercepter la conversation. Les paiements peuvent transiter par des cryptomonnaies, échappant aux systèmes de détection bancaire. Les commandes peuvent être passées sur le darknet, le produit livré par colis postal. La révolution numérique a, en un sens, démocratisé le narcotrafic : ce qui exigeait autrefois des réseaux physiques complexes, des intermédiaires nombreux et des contacts en personne peut désormais s'organiser depuis un smartphone, n'importe où dans le monde.

La géopolitique de la drogue. La production de drogue est concentrée dans des régions du monde où l'État est faible, corrompu ou absent — les zones rurales de Colombie, de Bolivie et du Pérou pour la cocaïne ; le Rif marocain pour le cannabis ; l'Afghanistan et le Myanmar pour l'opium ; les laboratoires clandestins des Pays-Bas et de Belgique pour les drogues de synthèse. Dans ces régions, la production de drogue est souvent la seule activité économique viable pour des populations rurales qui n'ont pas d'alternative. Les tentatives d'éradication — destruction des plantations, fumigation aérienne, substitution des cultures — se sont, pour l'essentiel, soldées par des échecs : la production se déplace, se restructure, se reconstitue, portée par une demande mondiale qui ne faiblit pas.

Le narcotrafic est, en ce sens, un sous-produit de la mondialisation — ou plutôt, il est la mondialisation elle-même, dans sa version la plus crue, la plus brutale, la plus libérale. Il obéit aux mêmes lois que le commerce légal : la loi de l'offre et de la demande, la recherche de l'avantage comparatif, l'optimisation des circuits logistiques, la minimisation des coûts de transaction, la diversification des marchés, l'innovation permanente. La seule différence est qu'il opère en dehors du cadre légal — ce qui, loin de le handicaper, lui confère un avantage compétitif considérable : il ne paye ni impôts, ni charges sociales, ni droits de douane, ni frais de conformité réglementaire.

La France, dans ce système mondial, occupe une position particulière. Elle est à la fois un marché de consommation majeur (l'un des premiers d'Europe), un territoire de transit (entre les zones de production méditerranéennes et les marchés nord-européens) et, de plus en plus, un territoire de transformation (des laboratoires de « cuisine » de cocaïne et de production de drogues de synthèse ont été découverts sur le sol français). Cette triple position la rend particulièrement vulnérable — et particulièrement dépendante de la coopération internationale pour espérer agir efficacement.

Quatrième pilier : la défaillance institutionnelle

Le quatrième pilier du système est le plus délicat à analyser, parce qu'il met en cause non pas des acteurs extérieurs — les trafiquants, les producteurs, les consommateurs — mais l'État lui-même. Non pas l'État comme concept abstrait, mais l'État comme ensemble d'institutions concrètes, dotées de missions, de moyens, de procédures, et dont le fonctionnement — ou le dysfonctionnement — conditionne la capacité de la société à se défendre contre le narcotrafic.

Le mot « défaillance » n'est pas un jugement moral. Il est un constat fonctionnel. Il dit que les institutions françaises — police, justice, douanes, administration pénitentiaire, services sociaux, éducation nationale, aménagement du territoire — ne remplissent pas, dans le domaine spécifique de la lutte contre le narcotrafic, les missions qui sont les leurs. Non pas parce que les individus qui les composent seraient incompétents ou paresseux — nous avons vu, au chapitre 8, le dévouement et le professionnalisme de la grande majorité d'entre eux —, mais parce que le cadre dans lequel ils opèrent est structurellement inadapté à la nature du défi.

Cette inadaptation prend plusieurs formes.

L'inadaptation des moyens à l'ampleur du phénomène. Le narcotrafic génère en France un chiffre d'affaires annuel estimé entre 4 et 6 milliards d'euros. Les moyens consacrés par l'État à sa répression — en incluant la part des budgets de la police, de la gendarmerie, de la justice et des douanes spécifiquement affectée à la lutte antistupéfiants — sont de l'ordre de quelques centaines de millions d'euros. Le rapport est de 1 à 10, au minimum. Ce déséquilibre n'est pas conjoncturel ; il est structurel. Et il signifie que l'État, quels que soient les efforts déployés par ses agents, est condamné à ne traiter qu'une fraction marginale du phénomène.

L'inadaptation de l'organisation à la nature du problème. Le narcotrafic est un phénomène transversal — il traverse les frontières administratives (départements, régions, États), les frontières institutionnelles (police, justice, douanes, renseignement, services sociaux), les frontières disciplinaires (sécurité, santé, éducation, urbanisme, économie). Or la réponse de l'État français est organisée en silos — chaque institution dans son couloir, chaque service dans son périmètre, chaque budget dans sa ligne. La coordination existe, mais elle est imparfaite, intermittente, tributaire de la bonne volonté des acteurs. L'OFAST, créé en 2020 pour remédier à cette fragmentation, est un progrès réel mais insuffisant : il coordonne sans commander, il relie sans fusionner, il propose sans imposer.

L'inadaptation du tempo à la durée du phénomène. Le narcotrafic est un phénomène de long terme — ses causes sont anciennes, ses mécanismes sont profonds, ses effets se déploient sur des générations. Or la réponse de l'État est rythmée par le court terme — les cycles électoraux, les crises médiatiques, les alternances politiques. Un plan anti-drogue lancé par un gouvernement est abandonné ou remanié par le suivant. Une priorité affichée une année est oubliée la suivante. Les effectifs promis sont annoncés mais jamais pleinement déployés. Les budgets votés sont amputés en exécution. Cette inconstance est le produit de la démocratie elle-même — un système politique qui fonctionne en cycles courts, sous la pression de l'opinion et des médias, et qui peine structurellement à maintenir un cap sur plusieurs décennies. Mais elle est aussi, pour les trafiquants, un avantage stratégique décisif : ils n'ont, eux, aucune élection à préparer, aucun bilan à présenter, aucune alternance à redouter. Ils pensent long. L'État pense court. Et dans ce décalage se loge l'essentiel de l'avantage.

L'inadaptation du cadre juridique à l'évolution des pratiques. Le droit français en matière de stupéfiants est l'héritier de la loi du 31 décembre 1970 — un texte vieux de plus d'un demi-siècle, conçu à une époque où le cannabis était la drogue dominante, où les réseaux étaient locaux, où les communications étaient analogiques, où les cryptomonnaies n'existaient pas, où les messageries cryptées étaient de la science-fiction. Ce cadre a été modifié, complété, adapté au fil des décennies — par des lois, des décrets, des circulaires, des jurisprudences —, mais il conserve une architecture fondamentale qui n'est plus adaptée à la réalité contemporaine du narcotrafic. La proposition de loi discutée en 2024-2025 est une tentative de modernisation — bienvenue, mais tardive, et dont l'efficacité dépendra, une fois encore, des moyens mis en œuvre pour la mettre en application.

IV. Les boucles qui verrouillent

Ce qui fait la force du système — et ce qui rend sa transformation si difficile —, ce sont les boucles de rétroaction qui relient ses différents composants en un mécanisme auto-entretenu. Décrivons les principales.

La boucle de la relégation.

La pauvreté et la discrimination poussent certains individus vers le trafic → le trafic dégrade les conditions de vie dans le quartier (violence, insécurité, dégradation du bâti, fuite des habitants les plus mobiles) → la dégradation du quartier renforce la concentration de la pauvreté et la discrimination (stigmatisation de l'adresse, départ des services publics, baisse de l'attractivité) → la pauvreté et la discrimination poussent de nouveaux individus vers le trafic. Le cercle est bouclé. Chaque tour aggrave le précédent.

La boucle de la violence.

Le contrôle d'un territoire est nécessaire pour exploiter un point de deal → ce contrôle génère des rivalités avec d'autres réseaux → les rivalités produisent de la violence → la violence provoque le retrait des habitants, des services publics, des commerces légitimes → ce retrait renforce l'emprise du réseau sur le territoire → l'emprise renforcée suscite de nouvelles convoitises → les convoitises produisent de nouvelles violences. La spirale est ascendante. Et chaque palier de violence élève le seuil de violence jugé « acceptable » ou « nécessaire » par les acteurs, rendant le retour à un niveau inférieur de plus en plus improbable.

La boucle de l'impunité.

Le manque de moyens des services de police et de justice empêche le traitement de la majorité des affaires de trafic → l'impunité qui en résulte encourage de nouveaux entrants dans le trafic → l'augmentation du nombre de trafiquants accroît le volume des affaires à traiter → le volume croissant d'affaires aggrave le manque relatif de moyens → le manque de moyens empêche le traitement de la majorité des affaires. Le serpent se mord la queue. Et chaque tour accroît l'écart entre les besoins et les capacités.

La boucle du silence.

La peur des représailles empêche les habitants de coopérer avec la police → l'absence de coopération réduit la capacité d'enquête des services de police → la réduction de la capacité d'enquête diminue l'efficacité de la répression → la diminution de l'efficacité de la répression renforce le pouvoir des réseaux → le renforcement du pouvoir des réseaux augmente la capacité d'intimidation → l'augmentation de l'intimidation renforce la peur → la peur empêche la coopération. Le mur du silence s'épaissit à chaque tour.

La boucle du blanchiment.

L'argent du trafic est blanchi dans l'économie légale → l'argent blanchi finance de nouveaux investissements (immobilier, commerces, entreprises) → ces investissements génèrent des revenus apparemment légitimes → ces revenus légitimes servent à financer de nouvelles opérations de trafic → le trafic génère de l'argent sale → l'argent sale est blanchi. La boucle est parfaite — et elle a la particularité de renforcer, à chaque tour, la « surface de respectabilité » du trafiquant, rendant la détection de plus en plus difficile.

La boucle générationnelle.

Un adolescent grandit dans un quartier sous emprise → il est exposé au modèle du trafic (argent facile, reconnaissance sociale, absence d'alternative visible) → il est recruté par un réseau → il est arrêté, condamné, incarcéré → en prison, il se professionnalise, noue des contacts, se radicalise → il sort de prison sans perspective de réinsertion → il replonge dans le trafic → il devient, à son tour, un « modèle » pour les adolescents du quartier → un nouvel adolescent est exposé au modèle du trafic. La boucle se transmet de génération en génération, avec un effet cumulatif qui fait de chaque cohorte un terreau plus fertile que la précédente pour le recrutement.

Ces boucles ne sont pas des abstractions théoriques. Elles sont des mécanismes observables, documentables, mesurables. Et leur identification est essentielle pour comprendre pourquoi les interventions ponctuelles — aussi vigoureuses soient-elles — échouent à transformer le système. Frapper un point de la boucle sans agir simultanément sur les autres points, c'est s'attaquer à un symptôme sans toucher à la dynamique qui le produit. La boucle absorbe le choc et se referme.

V. Ce que le narcotrafic révèle

Si le narcotrafic est un système, alors il est aussi un symptôme. Le symptôme d'un ensemble de dysfonctionnements plus profonds, plus anciens, plus fondamentaux que le trafic lui-même. Et c'est peut-être là que réside l'enseignement le plus inconfortable de cet essai : le narcotrafic n'est pas un corps étranger dans le corps social français. Il en est une excroissance. Il pousse sur le terreau de nos propres défaillances — celles de notre modèle économique, de notre modèle social, de notre modèle politique, de notre modèle culturel.

Que révèle le narcotrafic ?

Il révèle l'échec de la promesse d'égalité. La France est le pays de la Déclaration des droits de l'homme, de l'école républicaine, de l'ascenseur social. Ces idéaux ne sont pas des fictions — ils ont une histoire, une force, une réalité. Mais ils ont aussi une face d'ombre : celle des territoires où l'égalité n'est plus qu'un mot, où l'école ne tient plus ses promesses, où l'ascenseur est en panne depuis si longtemps que personne n'attend plus qu'il redémarre. Le narcotrafic prospère dans cet écart entre la promesse et la réalité. Il se nourrit de la frustration de ceux qui ont cru à l'égalité et qui constatent, chaque jour, qu'elle ne les concerne pas.

Il révèle les limites du modèle de consommation. La France consomme des drogues — massivement, régulièrement, à travers toutes les classes sociales, tous les âges, toutes les professions. Cette consommation est le miroir d'une société qui valorise le plaisir immédiat, la performance, la fête, l'évasion — et qui ne s'interroge guère sur les conséquences de ces valeurs. Le consommateur de cocaïne qui « se fait plaisir » le samedi soir ne voit pas — ou ne veut pas voir — que son plaisir est construit sur la souffrance d'autres. Cette déconnexion entre la consommation et ses conséquences est le propre de notre modèle économique : nous consommons sans voir (les ouvriers qui fabriquent nos vêtements, les paysans qui cultivent notre café, les livreurs qui apportent nos colis). Le narcotrafic n'est, en ce sens, que la version extrême d'un aveuglement plus général.

Il révèle la fragilité de l'État de droit. L'État de droit repose sur un contrat : les citoyens renoncent à la violence privée en échange de la protection de l'État. Ce contrat fonctionne tant que l'État est capable de remplir sa part — protéger, sanctionner, garantir la sécurité et la justice. Quand il ne la remplit plus — quand des quartiers entiers sont livrés à la loi des réseaux, quand la justice est trop lente pour être crédible, quand la police est trop démunie pour être efficace —, le contrat se fissure. Et dans les fissures s'engouffrent ceux qui proposent un autre ordre — un ordre brutal, inégal, illégitime, mais qui a au moins le mérite, aux yeux de certains, de fonctionner.

Il révèle la puissance de l'argent. Le narcotrafic est, fondamentalement, une histoire d'argent. D'argent qui corrompt, qui achète, qui pervertit, qui transforme. D'argent qui circule librement dans un système financier mondial conçu pour faciliter les flux de capitaux, pas pour les contrôler. D'argent qui se blanchit à travers des mécanismes — immobilier, sociétés-écrans, paradis fiscaux — que l'économie légale a créés pour ses propres besoins et que l'économie criminelle a appris à exploiter. Le narcotrafic ne prospère pas malgré le système financier mondial ; il prospère grâce à lui. C'est une vérité que les banquiers, les régulateurs et les gouvernements préfèrent ne pas formuler trop distinctement — parce qu'elle impliquerait des réformes dont le coût serait supporté non seulement par les criminels, mais aussi par les acteurs légitimes de l'économie.

Il révèle les angles morts du regard collectif. La société française voit le narcotrafic — elle ne peut pas ne pas le voir, tant ses manifestations sont visibles (les fusillades à Marseille, les saisies record dans les ports, les points de deal dans les quartiers). Mais elle le voit à travers un prisme déformant qui en exagère certains aspects (la violence, l'altérité des trafiquants, la menace pour « notre » sécurité) et en occulte d'autres (la responsabilité des consommateurs, les complicités du système financier, les défaillances de l'État). Ce regard sélectif n'est pas le fruit d'un complot médiatique ou politique ; il est le produit de mécanismes cognitifs — la tendance humaine à catégoriser, à simplifier, à chercher des boucs émissaires — que les médias amplifient sans les avoir créés.

VI. Les fausses évidences

La lecture systémique du narcotrafic a le mérite de faire voler en éclats un certain nombre de « fausses évidences » qui encombrent le débat public et empêchent de penser le problème dans sa globalité.

Fausse évidence n° 1 : « Il suffit de réprimer plus durement. »

Si la répression suffisait, le problème serait résolu depuis longtemps. La France réprime le trafic de drogue depuis plus de cinquante ans. Elle a durci sa législation à de multiples reprises. Elle incarcère massivement pour des infractions liées aux stupéfiants (un détenu sur cinq). Elle mène des opérations « coup de poing » à un rythme soutenu. Et le trafic ne cesse de prospérer, de se diversifier, de s'étendre. Non pas parce que la répression est inutile — elle est indispensable —, mais parce que, prise isolément, elle ne traite que les effets du système sans en affecter les causes. Réprimer sans agir sur la demande, sur la relégation, sur les flux financiers et sur les failles institutionnelles, c'est couper les têtes d'une hydre : elles repoussent.

Fausse évidence n° 2 : « Il suffit de légaliser. »

L'argument de la légalisation — du cannabis, en particulier — est régulièrement avancé comme la solution miracle qui tarirait d'un coup les revenus du narcotrafic. L'argument n'est pas absurde : la légalisation supprimerait le marché noir du cannabis, réduirait les volumes de criminalité associée, et dégagerait des recettes fiscales considérables. L'exemple du Canada, de l'Uruguay ou de plusieurs États américains montre que la légalisation est possible, et que ses effets ne sont pas les catastrophes sanitaires et sociales annoncées par ses opposants.

Mais la légalisation du cannabis ne résoudrait qu'une partie du problème — et probablement pas la plus difficile. Le cannabis ne représente plus, dans le modèle économique des réseaux français, la seule ni même la principale source de revenus. La cocaïne, dont la consommation explose, prend une place croissante. Les drogues de synthèse se diversifient. Et rien n'indique que les réseaux qui contrôlent actuellement le marché du cannabis se reconvertiraient docilement dans l'économie légale en cas de légalisation. Ils se réorienteraient — vers d'autres produits, d'autres marchés, d'autres formes de criminalité. La légalisation du cannabis est un sujet légitime, qui mérite un débat dépassionné. Mais elle n'est pas une baguette magique.

Fausse évidence n° 3 : « C'est un problème de quartiers. »

Le narcotrafic est visible dans les quartiers populaires — c'est là que se trouvent les points de deal, c'est là que surviennent les fusillades, c'est là que vivent les petits soldats du trafic. Mais c'est aussi là que se concentrent les caméras, les contrôles de police et les projecteurs médiatiques. L'autre moitié du système — les consommateurs des beaux quartiers, les blanchisseurs en col blanc, les notaires complaisants, les banquiers distraits, les promoteurs immobiliers accommodants, les avocats fiscalistes ingénieux — opère dans l'ombre, à l'abri des regards, protégée par le confort de la respectabilité sociale.

Réduire le narcotrafic à un « problème de quartiers », c'est confondre le lieu du symptôme avec le lieu de la cause. C'est comme si, face à une inondation, on accusait la vallée d'être trop basse au lieu de s'interroger sur la pluie qui tombe en amont. Les quartiers populaires ne sont pas la cause du narcotrafic : ils en sont le terrain d'expression le plus visible. La cause est ailleurs — dans la demande de l'ensemble de la société, dans les failles du système financier, dans les défaillances de l'État, dans les mécanismes de la mondialisation.

Fausse évidence n° 4 : « C'est un problème culturel. »

L'explication culturaliste du narcotrafic — l'idée que le trafic serait le produit d'une « culture » spécifique, liée à l'origine ethnique ou religieuse des populations des quartiers — est une impasse intellectuelle et un poison politique. Elle est fausse, d'abord, parce que le narcotrafic existe sous toutes les latitudes, dans toutes les cultures, dans toutes les religions : les cartels mexicains ne sont pas musulmans, les 'ndrangheta calabrais ne sont pas africains, les gangs de bikers américains ne sont pas issus de l'immigration. Le narcotrafic n'a pas de culture : il a une économie. Il prospère partout où la conjonction de la demande, de la pauvreté, de la mondialisation et de la défaillance institutionnelle crée les conditions de sa rentabilité.

L'explication culturaliste est aussi dangereuse, parce qu'elle essentialise le problème — elle le fixe dans l'être plutôt que dans le faire, dans l'identité plutôt que dans la situation. Ce qui revient à dire qu'il n'y a pas de solution, puisque l'identité ne se change pas. C'est une pensée de l'impuissance — et une pensée de l'exclusion : si le problème est « eux », la solution est de les exclure, de les contenir, de les neutraliser. Pas de les inclure, de les accompagner, de les intégrer.

Fausse évidence n° 5 : « On n'y peut rien. »

Le fatalisme est la dernière et la plus pernicieuse des fausses évidences. Il est la conclusion logique de toutes les autres : si rien ne marche — ni la répression, ni la prévention, ni la coopération internationale, ni les réformes institutionnelles —, alors à quoi bon ? Le narcotrafic est un fléau éternel, inscrit dans la nature humaine, que l'on peut contenir mais jamais éradiquer. Mieux vaut l'accepter, le gérer, le « vivre avec ».

Ce fatalisme est compréhensible. Il est le produit de décennies d'échecs — ou de demi-succès présentés comme des victoires puis démentis par les faits. Mais il est faux. Des pays, des villes, des quartiers ont réussi, dans des contextes comparables, à réduire significativement l'emprise du narcotrafic. Non pas à l'éradiquer — l'éradication est un fantasme —, mais à le contenir, à le marginaliser, à en limiter les effets les plus destructeurs. Le Portugal, avec sa politique de décriminalisation des usages et d'investissement massif dans la santé publique, a réduit les morts par overdose, les infections au VIH et la petite délinquance liée aux stupéfiants. L'Italie, avec son régime de confiscation des avoirs mafieux et son statut de «

collaborateur de justice », a porté des coups significatifs à la Mafia. La ville de Medellín, en Colombie — autrefois capitale mondiale du narcotrafic —, a réduit son taux d'homicide de plus de 90 % en vingt ans, grâce à une politique combinant investissement social, urbanisme inclusif et répression ciblée.

Ces exemples ne sont pas transposables tels quels en France — chaque contexte est unique, et les recettes qui fonctionnent quelque part peuvent échouer ailleurs. Mais ils prouvent que le changement est possible. Que le fatalisme est un choix, pas une nécessité. Et que ce choix a un coût — un coût qui se mesure en vies brisées, en quartiers sacrifiés, en générations perdues.

VII. Penser le système pour agir sur le système

Si le narcotrafic est un système, alors la réponse au narcotrafic doit être elle-même systémique. C'est-à-dire qu'elle doit agir simultanément sur les différents piliers du système — demande, relégation, mondialisation, défaillance institutionnelle — et sur les boucles qui les relient. Non pas séquentiellement (d'abord la répression, puis la prévention, puis le social), mais simultanément. Non pas sectoriellement (la police d'un côté, la justice de l'autre, l'éducation ailleurs), mais transversalement. Non pas ponctuellement (une opération, un plan, un discours), mais durablement.

Cette exigence de simultanéité, de transversalité et de durabilité est facile à formuler. Elle est extraordinairement difficile à mettre en œuvre. Elle heurte toutes les habitudes de l'action publique française : la segmentation des compétences, le cloisonnement des budgets, la discontinuité des politiques, le primat du court terme, la préférence pour le spectaculaire au détriment du structurel.

Mais elle n'est pas impossible. Elle exige un effort de conception — penser le problème comme un tout —, un effort de coordination — faire travailler ensemble des acteurs qui n'en ont pas l'habitude —, un effort de constance — maintenir le cap sur une génération, au-delà des alternances politiques et des fluctuations de l'opinion —, et un effort de lucidité — accepter que les résultats ne seront ni rapides, ni spectaculaires, ni définitifs, mais que chaque progrès, même modeste, est un progrès réel qui change la vie de milliers de personnes.

Ce qui suit n'est pas un « programme » — l'auteur de cet essai n'a ni la légitimité ni la compétence pour en formuler un. Ce sont des directions — des orientations qui se dégagent de l'analyse systémique et qui pourraient, si elles étaient poursuivies avec constance, modifier les équilibres du système.

Sur la demande : investir massivement dans la prévention et le soin des addictions ; ouvrir un débat national, dépassionné et informé, sur les politiques de drogues (y compris la question de la régulation du cannabis) ; responsabiliser les consommateurs, non par la sanction punitive, mais par l'information et la conscience des conséquences de leurs actes.

Sur la relégation : réinvestir les quartiers populaires en services publics de qualité — école, santé, emploi, transport, sécurité — non pas sous forme de « plans » éphémères, mais sous forme d'engagements durables ; lutter activement contre les discriminations à l'embauche et au logement ; repenser l'urbanisme pour briser l'enclavement et favoriser la mixité.

Sur la mondialisation : renforcer la coopération internationale — policière, judiciaire, financière — et la rendre plus opérationnelle ; agir sur les paradis fiscaux et les juridictions non coopératives ; développer les capacités de contrôle dans les ports et les aéroports ; investir dans la coopération au développement avec les pays producteurs, pour offrir des alternatives économiques aux populations qui vivent de la culture de drogue.

Sur la défaillance institutionnelle : doter les services de police, de justice, de douanes et de renseignement des moyens humains, techniques et budgétaires correspondant à l'ampleur du défi ;

décloisonner les institutions et systématiser la coordination ; créer un parquet national spécialisé ; renforcer le volet patrimonial de la lutte antistupéfiants (saisies, confiscations, enquêtes financières) ; protéger les témoins et développer le statut de repenti ; lutter activement contre la corruption au sein des institutions.

Aucune de ces directions, prise isolément, ne résoudra le problème. Toutes ensemble, poursuivies avec constance sur une génération, elles pourraient — pourraient, non pas « résoudraient » — modifier les équilibres du système suffisamment pour en réduire l'emprise et en limiter les effets les plus destructeurs.

VIII. La question politique

Au fond, la question que pose le narcotrafic n'est pas une question technique — de moyens, de méthodes, d'organisation. C'est une question politique — au sens le plus noble du terme : une question qui engage la cité tout entière, qui concerne chaque citoyen, et qui exige des choix collectifs.

Ces choix sont, pour l'essentiel, au nombre de trois.

Premier choix : que sommes-nous prêts à investir ? La lutte contre le narcotrafic a un coût — en argent public, en effectifs, en temps politique, en énergie administrative. Ce coût est élevé. Mais il est largement inférieur au coût de l'inaction — que l'on mesure en vies humaines perdues, en quartiers dévastés, en économie contaminée, en institutions corrodées, en confiance civique érodée. La question n'est pas de savoir si l'investissement « en vaut la peine ». La question est de savoir si nous sommes prêts à payer le prix de notre propre sécurité et de notre propre cohésion sociale.

Deuxième choix : sommes-nous prêts à regarder en face notre propre responsabilité ? Le narcotrafic n'est pas le fait des seuls trafiquants. Il est le produit d'un système dont nous sommes tous — consommateurs, citoyens, contribuables, électeurs — des rouages. Le consommateur qui achète sa drogue finance le système. Le citoyen qui détourne le regard tolère le système. Le contribuable qui refuse de payer davantage d'impôts pour financer les services publics dans les quartiers alimente les conditions du système. L'électeur qui vote pour des promesses creuses sans exiger des résultats pérennise le système. La responsabilité n'est pas également répartie — le trafiquant qui vend du poison et celui qui l'achète ne sont pas coupables au même degré. Mais elle est collective. Et tant que nous refuserons de l'admettre, nous continuerons de traiter le narcotrafic comme un problème d'« autres » — d'autres quartiers, d'autres populations, d'autres responsables.

Troisième choix : quel horizon temporel nous fixons-nous ? Si nous abordons le narcotrafic comme un problème à résoudre dans le cadre d'un quinquennat ou d'un mandat municipal, nous sommes condamnés à l'échec. Le narcotrafic est un phénomène qui s'est installé en France en quarante ans. Il ne sera pas déraciné en cinq. La seule échelle pertinente est celle de la génération — vingt à vingt-cinq ans. Le temps de former une cohorte entière d'enfants dans des écoles dignes de ce nom. Le temps de reconstruire des services publics dans les quartiers qui en sont privés. Le temps de créer des emplois, des formations, des perspectives. Le temps de modifier les structures mentales — celles des habitants comme celles des institutions. Ce temps long est le plus difficile à tenir en démocratie, parce qu'il dépasse l'horizon de ceux qui décident. Mais c'est le seul qui ait une chance de produire des résultats durables.

IX. Ce que nous ne savons pas

L'honnêteté intellectuelle exige de reconnaître, au terme de cette analyse, l'étendue de ce que nous ne savons pas.

Nous ne savons pas, avec précision, combien le narcotrafic « pèse » réellement dans l'économie française. Les estimations varient du simple au double, selon les méthodologies et les hypothèses retenues. L'INSEE, en intégrant le trafic de drogue dans le calcul du PIB (conformément aux normes européennes de comptabilité nationale), a reconnu l'ampleur du phénomène — mais les chiffres qu'il produit restent des estimations, avec toutes les marges d'erreur que ce terme implique.

Nous ne savons pas, avec précision, combien de personnes sont impliquées dans le trafic en France. Les estimations vont de quelques dizaines de milliers à plus de 200 000, selon le périmètre retenu (des seuls chefs de réseau jusqu'aux guetteurs occasionnels). Ce flou statistique n'est pas anodin : il rend impossible toute évaluation rigoureuse de l'efficacité des politiques publiques.

Nous ne savons pas, avec certitude, quels sont les effets réels de la répression sur le volume global du trafic. Les saisies augmentent — mais est-ce parce que les services sont plus efficaces, ou parce que le volume total de drogue en circulation augmente plus vite que les saisies ? Les interpellations augmentent — mais cela réduit-il le nombre de trafiquants actifs, ou se contente-t-il de renouveler le « stock » de petits soldats remplaçables ?

Nous ne savons pas, avec certitude, ce qui marche en matière de prévention. Les programmes de prévention des addictions sont nombreux en France, mais leur évaluation est rare, méthodologiquement fragile et souvent biaisée par les intérêts de ceux qui les conduisent. La culture de l'évaluation rigoureuse — celle qui accepte de reconnaître qu'un programme a échoué, et d'en tirer les conséquences — est encore embryonnaire dans l'administration française.

Nous ne savons pas, enfin, comment se transformera le narcotrafic dans les années à venir. L'apparition de nouvelles substances de synthèse, le développement de l'impression 3D (qui pourrait permettre la production domestique de drogues complexes), l'expansion des marchés en ligne, les mutations géopolitiques (instabilité au Sahel, évolution des relations Europe-Maghreb, recomposition des alliances criminelles internationales) — tout cela dessine un paysage d'une incertitude radicale que ni les services de renseignement ni les chercheurs ne sont en mesure de prévoir avec fiabilité.

Cette reconnaissance d'ignorance n'est pas un aveu de faiblesse. Elle est une condition de lucidité. Car la pire erreur, face à un problème de cette complexité, serait de croire qu'on le comprend parfaitement — et d'agir en conséquence, avec la certitude de celui qui ne doute pas. L'histoire des politiques de drogues est jonchée de « certitudes » qui se sont révélées fausses : la certitude que la prohibition suffirait à éliminer la consommation ; la certitude que la répression suffirait à éradiquer le trafic ; la certitude que la légalisation résoudrait tous les problèmes ; la certitude que les campagnes de prévention changeraient les comportements. Toutes ces certitudes ont produit des politiques. Aucune n'a produit de résultat définitif.

L'humilité face à la complexité n'est pas un renoncement à l'action. Elle est la condition d'une action éclairée — une action qui accepte d'expérimenter, d'évaluer, de corriger, d'adapter, plutôt que de s'enfermer dans des dogmes dont l'efficacité n'est garantie que par la conviction de ceux qui les professent.

X. Le mot de la fin qui n'en est pas un

Ce livre n'a pas de conclusion. Il n'en a pas parce que le phénomène qu'il décrit n'en a pas. Le narcotrafic ne « se conclut » pas. Il évolue, se transforme, s'adapte, persiste. Prétendre le « conclure » dans un chapitre final serait une imposture — l'une de ces facilités rhétoriques qui donnent au lecteur l'illusion rassurante que le problème a été cerné, compris, maîtrisé par l'écriture.

Ce que ce livre peut offrir, en revanche, c'est une grille de lecture. Une manière de voir le narcotrafic non pas comme un fait divers à répétition, non pas comme un fléau inexplicable, non pas comme un problème d'« autres » — mais comme un système dont les rouages sont identifiables, dont les logiques sont compréhensibles, et dont les effets sont — au moins partiellement — réversibles.

Cette grille de lecture n'est pas neutre. Elle implique des partis pris que l'auteur assume.

Le parti pris de la complexité. Le narcotrafic est un phénomène complexe qui appelle des réponses complexes. Les solutions simples — « il suffit de » — sont, au mieux, des illusions et, au pire, des mensonges. Quiconque prétend résoudre le narcotrafic en une phrase n'a pas compris de quoi il parle.

Le parti pris de la responsabilité partagée. Le narcotrafic n'est pas le fait d'une catégorie de population, d'un type de quartier, d'une culture ou d'une religion. Il est le produit d'un système dans lequel chacun — du consommateur au trafiquant, du banquier au policier, de l'élu au citoyen — a sa part. Faire porter la responsabilité sur les seuls « voyous » des cités est une escroquerie intellectuelle qui sert les intérêts de ceux — consommateurs, blanchisseurs, profiteurs — qui préfèrent rester dans l'ombre.

Le parti pris de l'humanité. Derrière les chiffres, les organigrammes, les analyses systémiques, il y a des êtres humains. Des victimes qui souffrent. Des enfants qui grandissent dans la peur. Des mères qui pleurent. Des policiers qui s'épuisent. Des magistrats qui doutent. Des habitants qui résistent. Des jeunes qui hésitent. Oublier cette humanité — la réduire à des catégories, des statistiques, des « profils » — serait trahir le sujet même de ce livre.

Et le parti pris de l'espoir. Non pas un espoir béat, celui qui nie les difficultés et s'enivre de bons sentiments. Mais un espoir lucide — celui qui constate l'ampleur du défi et qui refuse, malgré tout, de conclure à l'impossibilité de le relever. Parce que des gens se battent — dans les quartiers, dans les commissariats, dans les tribunaux, dans les écoles, dans les associations — pour que le narcotrafic n'ait pas le dernier mot. Parce que des initiatives marchent, ici et là, modestement mais réellement. Parce que l'histoire n'est pas écrite d'avance, et que le fatalisme est, de toutes les postures, la plus commode et la plus lâche.

Le narcotrafic est un miroir. Il nous renvoie une image de notre société que nous préférerions ne pas voir — une image où la pauvreté côtoie l'opulence, où la violence naît de l'indifférence, où l'argent achète le silence, où la promesse républicaine s'arrête au pied des tours. Mais un miroir n'est pas un destin. On peut regarder son reflet et décider de changer. Non pas le miroir — le miroir ne fait que montrer. Mais ce qu'il montre.

Ce qui est montré dans ces pages n'est pas une fatalité. C'est un état des lieux. Et un état des lieux, par définition, est le point de départ d'un chantier — pas son point d'arrivée.

Le chantier est immense. Il est urgent. Il est possible.

Il ne manque que la volonté.

Don't miss out!

Visit the website below and you can sign up to receive emails whenever Patrick Soulard publishes a new book. There's no charge and no obligation.

https://books2read.com/r/B-A-EYUNE-JMUAJ

BOOKS 2 READ

Connecting independent readers to independent writers.

About the Author

Né en 1979 en Auvergne Rhône-Alpes, **Patrick Soulard** s'impose comme une nouvelle voix du thriller français. Après s'être passionné des années durant pour l'actualité et les grandes affaires judiciaires, il se lance dans l'écriture à **44 ans**.

Mêlant **réalité et fiction**, il signe des romans noirs et d'investigation où s'entrelacent faits réels, tensions sociales et suspense haletant. À **46 ans**, il fait de sa passion dévorante de l'écriture un art qu'il partage désormais avec ses lecteurs.

www.ingramcontent.com/pod-product-compliance
Lightning Source LLC
LaVergne TN
LVHW040418051026
849517LV00002B/361
* 9 7 9 8 2 3 3 5 6 1 9 2 4 *